世间的陌生人

梵高心理传记

[美] 艾伯特·J·卢宾 著　程应铸 译

华东师范大学出版社

·上海·

图书在版编目（CIP）数据

世间的陌生人：梵高心理传记 /（美）艾伯特·J·
卢宾著；程应铸译. —上海：华东师范大学出版社，2021
ISBN 978 - 7 - 5760 - 1761 - 8

Ⅰ. ①世… Ⅱ. ①艾… ②程… Ⅲ. ①梵高，Ⅴ.
(1853-1890)一传记 Ⅳ. ①K835.635.72

中国版本图书馆 CIP 数据核字（2021）第 184012 号

Strangers on the Earth: A Psychological Biography of Vincent van Gogh
by Albert J. Lubin
Copyright © 1972 by Albert J. Lubin
Published by arrangement with Henry Holt and Company，New York.
Simplified Chinese translation copyright © 2021 by Archipel Press
All rights reserved.

上海市版权局著作权合同登记　图字：09 - 2021 - 0415 号

世间的陌生人：梵高心理传记

著　　者　[美]艾伯特·J·卢宾
译　　者　程应铸
策划编辑　彭　伦
责任编辑　朱晓韵
审读编辑　许　静
责任校对　赵航艺　时东明
装帧设计　卢晓红

出版发行　华东师范大学出版社
社　　址　上海市中山北路 3663 号　邮编 200062
网　　址　www.ecnupress.com.cn
电　　话　021 - 60821666　行政传真 021 - 62572105
客服电话　021 - 62865537　门市（邮购）电话 021 - 62869887
门市地址　上海市中山北路 3663 号华东师范大学校内先锋路口
网　　店　http://hdsdcbs.tmall.com

印 刷 者　上海颛辉印刷厂有限公司
开　　本　850×1168　32 开
印　　张　13.5
插　　页　16
字　　数　339 千字
版　　次　2022 年 1 月第一版
印　　次　2022 年 1 月第一次
书　　号　ISBN 978 - 7 - 5760 - 1761 - 8
定　　价　78.00 元

出 版 人　王　焰

献给 V·W·梵高博士
和他亡妻内莉·梵高-范德古特

……总之,特别是对于画家,我关注创作者不亚于关注其作品本身。

[信 R6,文森特致凡·拉帕德,1881 年]

诚然,在一个人和他的作品之间必然有一种密切关系,但是,这种密切关系究竟是什么却不容易被解释清楚,在这个问题上,许多判断都是非常错误的。

[信 187,文森特致提奥,1882 年]

……我不认为我是在为研究而研究,我始终将我的工作看作是一个整体。

[信 309,文森特致提奥,1883 年]

……艺术虽然通过人的手而产生,但它决不是单由这些手来创造的。更确切地说,它是从我们灵魂深处喷涌出来的东西。

[信 R43,文森特致凡·拉帕德,1884 年]

目录

作者序言

1950 年代后期随着我研究宗教对个性形成的影响，我早年对梵高的热情又被点燃起来。在以上述视角对梵高进行追踪的过程中，我浏览到有关他的丰富资料，这是在任何其他伟大画家的案例中未见的，似乎为我们广泛研究他的心理发展与绘画之间的关系提供了基础。尽管有大量关于他的著作问世，但是，我很惊异地发现这样的课题还从未被涉及。而且我认为以这样的方式走近梵高这个愤世嫉俗的、反叛的、才气横溢的十九世纪的时代产儿，可能有助于去洞察当代的一些愤世嫉俗者、反叛者以及本世纪一些如丘吉尔、海明威这样的巨人，他们努力控制抑郁情绪，似乎也强有力地推动了他们的创造进程。

即便是对自愿服从精神分析程序的生存者做精神分析也是异常困难的，还往往不可能实现，因此，很自然，连精神分析专家都怀疑对死者进行精神分析的价值。但是，梵高已经把资料和论据留给了我们，为这项研究提供了特有的资源；梵高这个非常敏感的创造天才审视自己的能力要比大多数普通人强，他在数百封富有表现力的信中对自己的思想和情感作了生动的描述。他的信时常显露驾驭文字的娴熟技巧，并且饱含推心置腹的真诚。确实，在早期写给弟弟提奥①

---

① 提奥（1857—1891），成功的艺术商人，画家梵高的弟弟和绘画事业的精神和物质
支持者，梵高与他的通信有数百封之多。

的一封信中,他写到他会"告诉你进入我头脑中的种种想法,毫无顾虑地随意而谈,既不隐瞒我的想法,也不会对它们筛选删节。"[1]——一个和精神分析家描述自由联想技巧时非常类似的陈述。虽然我无法获得解释的回应,这是精神分析师在治疗工作中赖以验证的依据,但梵高那些具有表现力的画能够被用来和他的信进行对照,以检验解释的正确性。

作为一个陷在梵高研究中的精神病学学者,我时常面临的问题是:"他的症结是什么?"尽管这是一个吸引精神病理学专家的问题,无论是专业的还是业余的研究者都对此抱有兴趣,但这个问题并不是很重要。无数同样病症的患者早已被人遗忘,而对这种病症的研究可以在存活者身上获得更好的效果。所以,最具有要领性的问题是,究竟是什么促使他达到如此卓越的巨大成就。于是,当我不可避免地触及到梵高的诸多困扰时,我的着眼点是放在他把这些困扰转化为巨大成就的能力上。我不想把他描述成一个病态怪人与伟大画家的古怪、神秘的混合体;而是旨在把他表述为一个具有完整人格的人,他的心理冲突贯穿在他成长过程的各个方面,在抵制痛苦的斗争中,他创造性地利用这种心理冲突对他的绘画起了重要的推动作用。最终的结果是留下了大量杰出的作品,在其中,我们每个人都能感受到他为了实现目标而进行的巨大斗争。通过我们自己参与这个动态的过程,也许我们能够分享他的成功。

对人类行为的简单解释似乎往往令人信服,但是具有创造性的活动远比实验室动物的分泌唾液复杂得多。例如,强烈的心理冲突可以推动一个有才能的新手去成为一个伟大的画家,在创作过程中,具体的冲突和具体的特征之间的因果关系可以清楚地表现出来——就像梵高的例子一样。但是冲突的性质和强度,其本身并不能决定画家的伟大。左右列奥纳多·达·芬奇画《蒙娜丽莎》的心理冲突,同样可以影响另一个人去成为一个蓝胡子①。要对创造进程作较为充分的理解,还得借助其他领域的造诣,从历史学和人类文化学,到生理学和遗传学。因此,尽管生理学和遗传学不在诸如此类的研究范围之内,但我试图追踪塑造他的历史和文化的力量,并展示这些力量如何通过这种冲突、通过他对自己形象的扭曲而改变的。

带着这样的理念,我和妻子走访了文森特当年的足迹——从他出生地津德尔特②到他的埋葬地瓦兹河畔奥维尔,和许多乐于助人的知情者交谈。从 1959 年起,文森特的侄子 V·W·梵高博士③每年都耗以时间和精力,来核对、纠正和拓宽我的观察,并带领我们在荷兰农村旅行。尤为感人的是,他始终如一地鼓励我,推动我,即便是对我的结论并非完全赞同。同样,他的妻子内莉·梵高-范德古特女士始终坚定支持着我们,直到她 1967 年去世。研究梵高差不多五十年之久的热心学者马克·埃多·特拉尔鲍特博士④,无偿地提供自己多年惊人的知识积累;有时候,他还在臂上夹着一本厚重的文森特作品目录,带领我们在荷兰和普罗旺斯寻访文森特

---

① 蓝胡子是法国民间故事《蓝胡子》中一个杀害六个妻子的恶棍。以诗人夏尔·佩罗(1628—1703)1697 年的版本最为著名。

② 津德尔特(Zundert),荷兰北布拉班特省的市镇,梵高 1853 年出生于此地。

③ V·W·梵高(1890—1978),荷兰工程师,梵高的侄子和绘画收藏继承人。

④ 马克·埃多·特拉尔鲍特(1902—1976),比利时作家、记者、编辑及梵高研究者,著有《梵高传》(1969)及大量有关梵高的论著。

画中出现的真实场景——其中一些地方鲜为人知，只有特拉尔鲍特本人熟悉。我们还有幸在1960年代中期和两位普罗旺斯圣雷米的居民讨论了梵高的课题，他们现在都已去世。一位是夏尔·莫隆医生[①]，他担任圣雷米市长多年，是普罗旺斯地区艾克斯的一名教授，在精神分析方面堪称造诣精深，著有多种论述，对梵高作了最为敏锐的心理研究。另一位是埃德加·勒罗伊医生[②]，他任职圣保罗疗养院院长多年，文森特曾经在这所精神病院监禁他自己，勒罗伊医生和我们谈论文森特的病，并向我们出示医院的原始记录。

我还得到荷兰精神分析学者雅各布·施潘雅德医生[③]的无价帮助，他不仅审阅了我的书稿，而且校对了我手稿中所有翻译的引文和出于文森特之手的原文，提出许多修改意见——他承担了自己职责之外的工作。在其他众多的帮助者中，我想特别提及五位阅读过我的全部书稿并给予认真指正的专家，他们是：丹尼尔·门德洛威茨教授、斯坦利·利维医生、马丁·格罗特亚恩医生、帕特里夏·泽尔弗和理查德·卢宾。另外，莫蒂默·奥斯特罗夫医生和我一起复审了书稿的第九章。作为编辑的约瑟夫·坎尼承担了文字润色的特别工作，使得书稿更为流畅易读。最后我要提到的是我的妻子海伦·阿尔梅达·卢宾，她的帮助在本书构思的每个阶段都是如此必不可少。可以想象，没有她的支持要完成这项工

---

① 夏尔·莫隆(189S—1966)，E·M·福斯特、弗吉尼亚·伍尔夫等英国作家作品的法文翻译，也是善于使用心理分析作文学批评的评论家。著有《美学和心理学》。
② 埃德加·勒罗伊(1883—1965)，法国医生，有关梵高医学文献的首位发表者。初修文学及科学，后转攻医学。1919年任圣保罗疗养院精神病医生。
③ 雅各布·施潘雅德(1913—1985)，荷兰精神病医生。

作将会十分困难。

因为人脑是一种高度复杂的器官，人的活动可以从许多不同的角度来理解。基于这个原因，我不得不将自己的注意力收缩在看起来有特别关联的背景材料上。我还清醒地看到，即便是在专业的评论者中间，对拙著论断可信度的评价也存在很大的歧见。在我所作的解析中，既包括一些充分可信、深深打动我的，也含有另一些似乎令人生疑，但却甚为有趣的。所以我希望读者最后的评判不是出于个人对真实性的狭隘理解，而是来自一个全方位的宏观视野。

被梵高的个人经历、文化背景以及他对未来的憧憬所打动，以及对这个处于自身时代背景下的创造者的兴趣——越来越成为广泛的热点，促成了这部论著的问世。本书的宗旨并不在于做一个美术鉴赏上的尝试，有些读者也许会发现，从另一角度所作的阐述能使他们感到趣味陡增。我希望借助本书，能为那些早先满足于把梵高的绘画界定在简单的一比一关系上的读者启示一条新路；同时，也希望判断力受到束缚而不能在审美上给予回应的读者能够发现，他们对智力的兴趣已被激起。

另外要说的是，根据梵高本人的习惯，我通常把我们的主角简单称为文森特。

于加利福尼亚州伍德赛德

第一章

绘画也是布道

一

1876 年秋，在一个晴朗的星期日，二十三岁的文森特·梵高走出他任教的那所英语寄宿学校，去位于伦敦偏僻郊外的里士满镇，在那里，他将给一个卫理公会的小教堂上布道课。当他站在讲经台前面，他感到自己就像一个迷失的灵魂，从掩埋他的黑暗洞穴里飘浮出来。[1]

这个布道的内容存留在文森特的书信集里，反复阐述了一个极为普通的信念，它并不是一个具有卓越说教技巧的范例，然而，他的言辞来自他的痛苦生活，并充满了强烈的感情。他不仅向宗教的集会布道，还向他自己布道，使用的语言是和他绘画中的强大表现力相一致的。

布道所选择的经文是《诗篇》第一百十九章第十九节："我是在地上作寄居的，求你不要向我隐瞒你的命令。"①然后，年轻的布道者继续说道："那是一个古老的信念，也是一个极好的信仰，我们的生命历程是一个进行朝圣的过程，我们在地球上是寄居者，虽则如此，然而我们并不孤独，因为我们的父和我们同

---

① 本书《圣经》译文引自和合本。此处原文"stranger on the earth"即本书书名出处，亦可译为"世间的陌生人"。

在。"《诗篇》的经文对孤独和寂寞作了确认,但它们被立刻消除了;对于具有虔诚信仰的群体,"我"变成"我们",而"我们是不孤独的"。

哀伤的主题贯穿在整个布道中,忧哀被视为人类与生俱来的特质,"我们的本性是忧哀的"。但是,悲哀尽管是痛苦的,它实质上是一种乔装的赐福,是一种需要培养的品质。"忧伤胜于快乐,"他断言,"通过面带愁容,内心变得更好,因此,一个人如若是忧伤的,他也总是快乐的。"

布道直率地表露了文森特对痛苦、孤独、死亡之存在的认可,但是,通过宗教信仰的媒介,他把它们提升为欢乐、领受、不朽的必由之路。在痛苦的催化下,悲哀得以引向快乐,孤独得以变成团聚,死亡得以通往再生,尘世得以升华为天国。

就像布道所比喻的那样,文森特是地球上的寄居者,早在荷兰,在德伦特省偏僻的乡村,他悲叹命运使他"永远像一个漂泊不定的流浪者,无论走到哪里,既得不到休憩,也找不到食物,更没有遮蔽之所"。后来,在阿尔勒①,他把自己描述得像是一个旅人,在追寻着压根儿不存在的目标。[2]

他那痛苦的孤独和作为一个被放逐者的感受,是一种无所不在的忧郁的反射,虽然有时候它们隐藏着;它们筑起一道栏栅,将他隔绝于人们的友谊之外。置身人群之中,他觉察到快乐的人们彼此间的那种亲近感,这更加深了他的孤独,并且驱使他回到自我

---

① 阿尔勒,法国南部普罗旺斯地区的一个小镇,梵高在此地居住的两年,是他明亮画风的高产期。

中去。他渴望与人亲密无间，却又寻求独处：这是两害相权，取其轻者。当他投身一项工作遭到拒绝和失败时，那种压抑的自我怀疑和自我贬低又会加剧。他感到内疚，怀疑自身的价值，常常觉得在别人眼里自己是个坏人和毫无价值的人；因此，人们和他亲近倒成了带有惩罚和羞辱的威胁。一个传记作者写道，他是凭借自修来获得能力的，这个事实使他能够"顺应他自身冲动的激励，保持他与生俱有的原始活力和自身资源的丰富"；[3]但首先，这是一种必然，源于他对孤独的需要。

文森特的故事，是一场从未停歇过的，意在控制、修正、赞美或否定他那扎根至深的忧郁感和孤独感的奋斗。宗教和艺术只不过是他为了达到这一目标的不同手段，与这种情绪的奋斗不仅塑就了他的个性，也激发了他的创造冲动，最大限度地决定了他的作品内容和风格。这个年轻人的布道以及他以后大量的绘画，都涉及那些同样的主题，揭示了他的问题和他为解决它们所付出的努力。正如他自己写的："我严肃地对待工作，不会让不能表现自己个性的作品勉强问世。"[4]这些主题是一个敏感者对无时无处不在困扰着他的生与死的忧虑所做的意料中的反应。然而，各种力量的汇合，使得文森特受到强烈的推动，并且赋予这些忧虑以特有的表现语言。很少有艺术家像他这样坚持不懈，并在技巧的创新上显示如此的才能。

文森特绘画生涯中的两个重要的阶段都遵循着他布道中的两个相对立的主题。第一阶段的作品，画于1880年至1885年间，地点是在荷兰和比利时，其倾向是昏灰和阴郁，强调的是忧郁和孤独。第二阶段的作品，是1886年至1890年间在巴黎、普罗旺斯、奥维尔①创作的，其倾向是明亮、多彩和欢乐。有人试图以他和法国印象派画家的交游，以及南方阳光的影响来解释其风格从沉郁到明丽的转变，其实，这种转变是他自己内心所向往的，这种向往引导他去找到它们。

二

自始至终，充斥在文森特生活中的沮丧在他的绘画里烙下了不可磨灭的印痕。例如，1882 年 7 月，他在写于海牙的信中说道："无论肖像画抑或风景画，我希望表达的不是感伤性的忧郁，而是深沉的悲痛。"1890 年 2 月，在普罗旺斯的圣雷米，他在信中描述自己的画时，把它们称为"极度痛苦的呐喊"。[5] 由于他成了苦难人们的记录者，而不是他们中的一员，他披露了他的悲哀，但同时又和他们保持相当的距离。《矿工》(图 1.1)是他一幅最早的作品，作于博里纳日，那是他立志要成为画家之后不久，在画中他力图展现"这些贫穷的、默默无闻的劳动者身上有一些感人的、几乎是悲伤的东西——可以说，他们处于社会的最底层，最受鄙视"。[6] 若以同样的见解剖析他自己，则这幅作品既是自画像，也是社会的一个剪影。

可以看到，低垂着头的不幸者经常出现在文森特的画中，特别是那些画于荷兰和比利时的作品，例如在《精疲力尽——在永恒之

---

① 奥维尔，法国北部的一个市镇，梵高生命中最后两个月在此度过，他和弟弟提奥都葬于此地。

门》(图 1.3)和《悲哀》(图 16.1)中。然而,普罗旺斯最后也不是文森特所期望的快乐天堂,忧郁隐藏在他明亮时期耀眼的色彩和图案后面。在他自杀前两个月,他画了和作品《精疲力尽——在永恒之门》中相同的一个老人,这次用的是明亮的油色,然而尽管其色彩无比鲜艳,画面所流露的仍是深沉的忧伤。

《加歇医生》(图 1.2)仅仅是文森特在法国所作的众多悲痛、刚直、蒙受苦难,或者是面露惊恐的人物肖像画中的一幅。文森特说加歇医生①是个像他一样悲惨的人,无疑,他将他对自己的感觉,投射到这个帮助不了他的帮手身上。文森特告诉他妹妹薇尔②,那幅肖像"有一种忧郁的表情,对很多人来说那似乎是一种愁眉苦脸,……他哀伤而温和,但头脑清醒,富有才智——这就是一个人该怎样来画那些众多的肖像…… 也许在一百多年以后,人们还将会为他们而哀痛"。[7]当文森特致力这幅画的时候,死亡正在向他逼近,这幅作品表达了一个愿望,即在他逝世很久以后,能够不被人们遗忘。

忧哀还流露在文森特以北方为题材的风景画中,这些作品呈现着幽暗的雾气、被扭曲的树、荆棘丛生的灌木。例如作品《树根》(图 1.4),对他而言这幅画是和不幸者西恩③的肖像画等同的,西恩是他在海牙照料过的一个病弱妓女,他在素描《悲哀》(图 16.1)中

---

① 保罗-费迪南德·加歇(1828—1909),法国内科医生,因在梵高生命最后几周在奥维尔为他治疗而闻名,他是画家和印象派运动的有力支持者。梵高为他画了著名的肖像《加歇医生》。
② 薇尔是文森特的妹妹威廉明娜(1862—1941)的昵称。她是一名护士和早期的女权主义者。
③ 西恩(Sien),又名克利斯廷(Cristine),或克拉西亚·马利娅·贺尼克(Clasina Maria Hoornik),海牙一个穷愁潦倒的妓女,怀着孕,拖着孩子,梵高不顾亲友的反对,与之同居。

作了刻画。他尝试这样来表现风景,他解释道:"在我创作这幅风景画时,我投入的是和画肖像同样的感情,痉挛般的、热烈的树紧紧地依附着大地,而树干又被风暴撕扯得只剩下一半。"[8]一棵死柳树的树干"孤独而忧伤"[9]地矗立在海牙的路边,深深地吸引了他的注意,他回来为它画了一幅水彩画。

文森特将自然界的暴风雨和人类的悲哀等同起来,1883年冬,为了西恩的忧郁而心神不定的他描述西恩像"凋零者——确是像一棵枯萎的树,兀立在寒冷而干燥的风中,它的幼嫩的绿芽正在枯萎"。[10]不久以后,他便画了这样一棵树。西恩的忧郁是他自身的写照,而那棵枯死的树则成了他们两人的化身。文森特确信自己已经舍弃了她,为了寻找安慰,他在郊野踽踽独步,注意到一个被大风吹弯了的树丛,"这些树是宏伟的。我要说的是每一个形体都有戏剧性,我是说在每棵树中。……是的,对我来说,自然界里暴风雨的戏剧性,生活中悲哀的戏剧性,确是最好的。"[11]在文森特书信集的第307号信中,他为这些弯曲不堪的树木画了一幅速写,所流露的情绪,与他倾注在那些被悲哀压得曲身弯腰的人物的画中是一样的(见图2.3《树》)。

当文森特来到纽南和他的家人共处之际,他继续用枯燥田野的阴郁风景来描绘自己对世界的悲观看法。他观察到,屋舍与人物"非常和谐一致"[12];他笔下阴冷灰暗的农舍,反射出的正是他在那些居住者脸上看到的悲戚。那个被称为"居丧农夫"[13]的人的屋子,便成了一幅居丧之家的画。他写道,他在拉着马车的马匹身上看到了农夫的哀伤表情,[14]他的那些素描,画着疲惫不堪、弓着背的马匹,捕捉到的正是这种表情。一幅三棵截梢柳树的油画是文森特在纽南后期所画的作品之一,它的色彩组合创造了一种"柔和而忧郁的平和"。[15]

当文森特移居安特卫普的时候,明亮的色彩在他画中开始显露,而进入巴黎和普罗旺斯时期之后,这种亮丽的风格变得更为显著。这个时期,他创作了很多充满活力和摄人魂魄的风景画,但是,北方的忧哀还是经常在它们之中重现。例如作于1888年夏天的《特兰凯塔那钢桥》(图2.4),那时他正在谱写灿烂的田野和赞美法国南方的太阳。"我在寻找,"他写到它时说,"一些完全令人心碎的东西,因此我的心也完全为之破碎。"[16]大约在离开阿尔勒去圣雷米疗养院之前,他创作了一幅画,"表现了一个非常昏暗和相当忧郁的春日。"[17]他在写于圣雷米的信中说,作品《石矿的进口》里有"一些忧伤的东西是健康的"。[18]树又成为忧郁的象征,例如众所周知的"葬仪中的丝柏"[19]。在疗养院后面,他画了"悲凉的松林,在带有优雅黑色蕾丝效果的天空的映衬下,它们的轮廓鲜明地突显出来"。[20](见图3.1《松林》)在奥维尔,他自杀前匆促画就的一些风景画似乎很安详平和。而其他,如三幅描绘"在阴郁天色下的"麦田的油画,吐露了他的痛苦,他说:"我无需刻意去表现我的痛苦和极度的孤独。"但是它们也显现了"我在乡下看到的健康和复原的力量"。[21]因此,再一次提醒了我们,文森特的信念是:永久的欢乐是通过痛苦和蒙受苦难来实现的。

三

在文森特的作品里,很多孤独者的形象是和那些寂寞的无家可归者相一致的，异乡人、囚犯、流浪汉——这些其实也都是他眼中的自己。在他的一些画中，每个人物似乎都被一个私人空间环绕，使之和别人保持了距离。《截梢的柳树风景》（图3.3）表现了一个兀立于旷野中央的孤独者的形象，他既不靠近观察者的视野，也不在遥不可及的天际；在《补网》（图3.2）中，每个洗衣的妇女是孤单的，和其他的人保持疏远；在《工厂》（图3.4）里可以看到一个孤独的人站立在一块荒地的中央，大雪覆盖了整个原野，远处的工厂是阴郁的。在《柳树、牧羊人和农妇》（图3.5）中，左边孤寂的农妇和右边孤独的牧羊人被三排树隔离开来。

油画《树林里的女孩》作于1882年（图4.1系该画的素描稿），画中一个矮小的姑娘靠着一棵巨大的橡树，它使人想起年轻的文森特孤独地在津德尔特的森林散步时的情景，在那里他得以摆脱他的家庭。在《从画室窗口眺望到的风景》（图4.3）中，两个女人被晒衣绳分隔开来，同样，她们和那边的工人又被高高的栏栅分隔。右上角，一个男子推着一辆手推车，被封闭在一条树木成行的路上，远离其他所有的人，独自向遥远的地平线进发。在《从画室窗口眺望到的雪景》（图4.2）中，显现了一个劳动者在雪地中挖掘，这个主要人物被夹在两道栏栅的当中，远处，和上述相同的一条林荫路的下方，有一个人在行走，在趋于消失。文森特早期作品中所暴露的僵硬感和不可接近的距离感，可以归咎于技巧上的缺陷，如果把他上述时期的作品作为一个整体，则都带有这样的特点。事实上，同样的"缺陷"即便在他的技巧发展到炉火纯青的巅峰时期，也依然可以见到。在阿尔勒画的《鲁林太太和她的婴儿》（图4.4）中，母亲和儿童就可以作为一个引证，母亲抱着呆板、笨拙的孩子离自己远远的,似乎害怕去搂抱他。也许文森特对于"接近"的恐惧使得他很难去描绘人际那种柔和的亲近关系,虽然他本身希望这样去做。

文森特把自己比作"被判了孤独刑的囚犯"。[22] 通过临摹多雷①的《囚徒放风》(图 5.1),他对这一描述作了绘画上的表现。《织工》(图 5.3)里的人物也是一个囚犯,度过"整个孤寂的季节",[23] 织机的一根根织棒就像监狱的铁栅,把织工和社会分隔开来;织工被"因闭于牢笼中",[24] 就像文森特眼中的自己。

有时,他常常运用单体形象与成双者的对照来突出孤独者的被隔离感。他的《三等候车室》(图 5.2),使人联想起杜米埃②的作品。画中,一个男人和一个女人坐在左边,彼此谨慎地保持着距离,他们进而被一个垂直的窗框所分隔;与之形成对照的是,右边,两个妇女面对着面,沉浸在友善的交谈中,而其中一人还抱着个孩子。被疏离的男人和女人都在朝那边凝视,吸引他们的正是他们自身所缺少的亲近感。作品《小酒馆》(图 5.4)描绘的是巴黎市郊的一个小酒店,一对对夫妇亲密地坐在一起,而一个僵直的男招待就像是一具竖立的尸体,被后面狭窄的墙和身旁的电灯杆所掩埋,这种构图极大地渲染了他与那几对夫妇的疏离感。在水彩画《蒙马特》(图 6.1)中,一个像鬼魂般的人独自坐在右边,门廊的柱子将他和左边的一对男女分隔开来,而门廊的楼板又将他和上面的一对夫妇隔断。一个被孤独地置于画面最边缘的妇女增强了这种疏

---

① 保罗·古斯塔夫·多雷(1833—1883),法国画家和雕塑家。
② 奥诺雷·杜米埃(1808—1879),法国现实主义画家,曾画有《三等车厢》,反映社会下层的疾苦。

离感,而两对夫妇的亲近感则通过人物彼此间的叠合得以加强。在作于奥维尔的油画《阶梯》(图 6.3)中,两个妇女和两个姑娘朝阶梯信步而去,而一个孤寂的男子则以相反的方向,向着她们走下来。《夜色中的白屋》也作于奥维尔,它使人想起文森特父亲的牧师公馆,画中,两个妇人比肩进入这幢房子,而近景则是一个妇女孤独地举步离去,这个形象使画家想起自己,他一直渴望回到父母居住的宅邸,然而,面对父母时的不自在感迫使他远远逃离。

四

在孤独的折磨下,文森特接近别人的渴望从来没有中断过,但是对他而言,接近意味着精神和肉体两个方面的结合,为了实现这种追求,他的情绪热烈得可怕,执拗得几乎令人难以捉摸,让他的意中伴侣感到恐惧。父母、亲戚、妇女、画家、甚至他的弟弟提奥都被吓坏,也导致他每一次和他人亲近的努力都告于失败。于是,他学会了面对这些失败,转而以自然、绘画、书籍来代替朋友、婚姻和孩子。

当他在阿姆斯特丹造访荷兰国立博物馆的时候,他和他的学生科斯迈科斯①说,他愿意付出他一生中十年的时间去面壁伦勃朗②的《犹太人的新娘》,这是一幅肖像画,画中一个男人拥抱着一

---

① 安东·科斯迈科斯(1846—1924),荷兰制革工人,烟草商,业余画家,曾向梵高学画。
② 伦勃朗·凡·莱因(1606—1669),荷兰画家。吸收并发展了意大利画家卡拉瓦乔的明暗对比法而形成独特风格。

个青年女子。[25]因为爱而和一个女人结合,这是步入成年生涯以后的文森特最迫切的追求,虽然这种追求是注定要失败的。"一个男人和妻子能够合而为一,"他写道:"那就是说,是一个整体,而不是两个一半。"[26]由于对凯·沃斯①至深的爱慕,他幻想着自己和她在一起相处,这幻想使他感到激奋,虽然她拒绝了他,他说:"在我内心有一种获救的感觉,仿佛我和她不再是两个人,我们已经永远地结合在一起了。"[27]当他由于和妓女西恩同居而遭人抨击时,他回答说,他宁可"毫不犹疑去死",也决不分开。[28]

文森特对他弟弟提奥说:"成为朋友,成为兄弟,爱,那就是打开监狱的东西……"[29]如果他们两人能够"结合",他写道:"这十年中一些如同在监狱里度过的日子将会消失。"[30]"结合"意味着完全的理解,完全的分担,完全的承诺,他声称提奥像他一样对"他们的"艺术负有责任。实现这种幻想式的结合是至关重要的,然而却是不可能成功的。看来,他们之间的关系,只有在他们相互维系通信之际,或是在短暂的聚首期间,才可能得以顺利进展。

类似的失败还体现在文森特所追求的与艺术伙伴的工作联盟上,例如在北方和奥恩多·凡·拉帕德②、在阿尔勒和保罗·高更③的结盟。这些联盟不仅仅是工作上的安排,正如文森特对凡·拉帕德说的:"事实是,不管什么时候,只要不同的人们喜欢同一件事,并一起工作,他们的联盟就会产生力量;联合起来,远比他们在

---

① 凯·沃斯-斯特里克,梵高的表姐,简称凯,年轻守寡,梵高对之产生热恋,但遭拒绝。
② 奥恩多·凡·拉帕德(1858—1892),荷兰画家,是梵高交往了四年的朋友。
③ 保罗·高更(1848—1903),法国后期印象派代表画家。其画具有装饰风味和东方色彩。

不同的方向孤军奋斗为好。齐心协力,人们会变得更为强大,而一个整体就形成了……"[31]当他在纽南及阿尔勒与其他画家产生隔阂时,对人际关系的渴望化为泡影,促使他去构想一个艺术家的合作计划,这是个从未被实现的计划。而实际参与像安特卫普和巴黎那样的画家社区,并没有给他带来任何他寻求的满足。

对亲密和结合的幻想被引入到绘画中,文森特不仅描绘悲哀孤独的人物,他觉得自己就是他们中的一个,而且还描绘他所希望的伴侣。在生活中,他渴望友情,同样,在绘画中,也对它着魔般地追求。他的画中经常出现成双成对的人物——他们是伙伴抑或情人。他们在一起站立,在一起散步,在一起静坐,在一起伤心,以及在一起躺卧。比较典型的相互紧挨着的伴侣形象是:他们臂挽着臂,他们拥抱,或者他们身体相互接触。在梵高的成对人物中,具有代表性的是一个人像重叠着另一个,仿佛二者融为一体。

因为文森特时而在信中谈到这些成对的人物,显然,这些人物对他具有特殊的意义。1883年,在写于海牙的信中,他提到在构思一幅类似《老情侣》(图6.2)的画:"这对情侣,臂挽着臂,靠着山毛榉树篱,这是男人和女人在一起变老的形式,然而爱和忠诚依然。"[32]在《罗讷河的星空》(图7.5)、《情侣》(图7.2)、《诗人的花园》(图7.4)等作品中,存在着这种画意的普罗旺斯式的翻版。对第一幅,文森特写道,显示了"近景中两个画得小而色彩丰富的情侣"。[33]第二幅,"两个情人,男的身穿淡蓝色的衣服,戴着黄色的帽子,而女子则身穿粉红色的紧身胸衣和黑裙"[34];最后一幅中"两个情侣的身影笼在大树的绿荫下"。[35]作于海牙的一对老情侣被置于单调而阴暗的背景中,增强了他们处于人生晚景的凄凉感。而画于法国的年轻情侣,其背景则是高大而葱绿的树,充满了令人心动的蓬勃生气。

文森特以人的形态和情感来看自然,这种天资给予他的人生以安慰,并不断丰富他的艺术。"我的人际关系越是糟,"他写道,"我就越是懂得去信赖大自然,去关注她。"[36]树木富有表现力的树干和树枝,可以很自然地被解译为青春和垂暮、力量和软弱、美丽和丑陋、忧伤和快乐、死亡和再生。正如我们看到的,他把孤单的树和寂寞的人等同起来,他用表现成对人的方法来表现成双的树。他为作品《牧师住宅的花园》(图7.6)作了注解,画面上除了成对的人物外还有其他三个"对子","右边有两棵树,是桔色和金黄色的;中间是两簇灰绿色的灌木;而左边的两棵树则是棕黄色的。"[37]在《公园篱边一角》(图8.1)和《两棵松树》中,成对的每一棵树都温柔地抚触着对方。《纪念莫夫》(图8.3)"可能是我画得最好的风景画,"展现了"两棵粉红色的桃树掩映着蓝白的天空"。[38]它们的枝条相互交缠。

丝柏在普罗旺斯是极普遍的,它们被种植在灌木树篱中,作为防风林,抵御强劲的西北风。成对的丝柏并不常见,但文森特通过亲眼观察和揣摩,从而对它们作了多彩多姿的表现,例如两棵丝柏在《吊桥》(图8.2)里并列地耸立着,而在《麦田和丝柏》(图28.4)中,则叠合在一起了。又如《小路、丝柏和星空》(图8.4)——这幅画的标题是收藏它的库勒-穆勒博物馆给出的——所指的"丝柏"最终被弄清楚是两棵,而乍看时,两棵树干长在同一地基上,宛如融为一体。

其他物体在他笔下也成了人类伴侣的象征物,采用其中一个和另一个接触或重叠的手法。文森特画了两座农舍,他的用心十分良苦:"这个题材深深打动了我,两座已经一半朽坏的农舍披着完全相同的、用麦草铺就的屋顶,这使我想起一对饱受岁月摧折的老年夫妇,他们已经合为一体,只见他们相互依靠着。因为你看,那里是两间小屋和一对烟囱。"[39]类似的成对建筑物在《申克韦根的房屋和谷仓》(图9.3)中也有展现,在建筑物的左边还补充了一对男女;就像连体双胞胎一样,两幢建筑物是通过一个连接的结构连在一起的,这对男女则是通过妇女的手臂趋于一体化的。作于阿尔勒的《黄房子》(图9.5),也是一幅含有成双建筑物的作品,它的"对子"在左边,结构是一致的,它们通过一个极普通的环节被连接在一起,就像《申克韦根的房屋和谷仓》中的围墙。文森特还画了几幅成双的旧鞋子;他以人类的语言来想象它们,称它们为"一对衰弱的老人"(如图9.1《一双鞋子》)。"对子"还被描绘在《两只吃食的鼠》(图9.2)、《两朵向日葵》(图13.2)以及《卸货中的载沙驳船》(图9.4)中,后者展现了河中两条紧紧相靠的驳船,停泊在阿尔勒的港口。

《卧室》(图9.6)描绘的是文森特在"黄房子"里的卧室,他为这间房子买了两张"乡村式样的卧床,硕大的双人床"。[40]房间里,画中的床上,无疑是其中的一张,放了两只紧挨着的枕头。由于在画面里增加了床的长度,使之产生一种深度上的错觉,故而这张双人床看上去就像是单人床一样。类似于一对重叠的男女、两棵合拢的树、两座"成为一体"的农舍,床的两个潜在的占用者聚在一起,占据了这个属于一个人的空间。床上方的墙上挂有两幅画(一幅画的是个男人，另一幅画的是个女人），房内有两把椅子，两个瓶子放在桌上，在桌子的上方还有两扇窗。这幅油画被他一次又一次地重画，它表现了文森特的愿望，他希望"黄房子"将结束他的孤独，成为"我自己的家，把我的心从在街道游荡的忧郁中解救出来"。[41]

对于《树、常春藤和石凳》（图 10.1）这幅画，它描绘的是圣米雷疗养院的花园，他写道，那代表"情侣们用绿叶筑就的永久温巢，粗大的树干被常春藤所覆蔽"……[42]供人们相依而坐的长凳和缠绕着树干的常春藤，这两者都是亲近和爱情的象征。但是，常春藤也代表了他的忧虑，对被卷入爱情和被毁于爱情的忧虑，他在六个星期前写的那些话证实了这点，其时他还在阿尔勒，他说："常春藤爱那棵没有树枝的老柳树，每年春天，它也爱那棵患有同样绝症的老橡树，这神秘的植物，常常打动那些生活中除了热烈的爱情和不渝的忠诚之外什么也没有的人。"[43]

在作品《卧室》中，床上方的两幅画还隐含另一种意义——文森特习惯把人物（或人的替代物）组合在一起。特别是在他一生最后的一年间，这个时期他构思了许多入画的"对子"。那些呈金黄色的圆形向日葵，那些高大、黝黑、火焰形状的丝柏，都是他写生的范本。"当我画好这些向日葵的时候，我寻找相反的然而又是等值的东西。我要说——它就是丝柏。"[44]粉红天色下的橄榄树，文森特写道，"会和那些黄色天宇下的橄榄树配成很好的对子"[45]，"一幅描绘麦田……的油画，而另一幅与之配对的则画了矮树丛，淡紫色的白杨树树干，它们脚下满是草和花，呈现粉红、黄、白以及各种各样的绿色"，[46]这形成了另一种搭配。把加歇医生女儿的肖像画和表现麦田的风景画置于一处，很令人注目：肖像画是直立的，带着粉红色的调子,而风景画是水平方向的,带着青绿色和草绿色,是对于粉红色调的增补。这是两个"自然界的剖面",他又说:"它们相互解释,相互衬托和补充。"[47]早些日子,他说过有关人也是如此的话题。

互补色的使用本身还有另一种意味,对此,文森特将它喻之为如同两个人的结合。"有些色彩,彼此激发出灿烂的光亮,它们结成伴侣,就像男人和女人一样使彼此臻于完美。"[48]文森特在陈述自己的意愿时再次宣称:"要用两种互补色的结合,用它们的混合,用它们的对立,用相同调子的神秘颤动,来表现两个情侣的爱情。"[49]在《耳朵上绷带的自画像》(图 10.3)中,桔色的背景衬托着蓝色的帽子,这是所谓颜色"结合"的一个例子。从技巧和风格的角度来看,伦勃朗用明暗对照法画成的《犹太人的新娘》(在阿姆斯特丹,它曾使文森特如此倾倒),和文森特这幅原始互补色并用的奇特的普罗旺斯作品,属于截然不同的两极。对于"两个情侣的爱情"这样的信息,前者是通过它富有感染力的形象来吐露,而后者是通过颜色的"结合"来展示,对文森特而言,它们的精神实质是一脉相承的。

五

在布道中,文森特对与会听众说:"在死亡的时刻有痛苦,但是也有不可言喻的快乐……"由于这个原因,死亡不但不是可怕的,而且是令人期待的。

文森特常常受到死亡的吸引和刺激,他抓住许多机会来讨论它,特别是在他兴趣转入绘画之前的那些年月里。例如,在 1876 年 8 月,那是他从事布道职业的前几个月,他的一位英国朋友哈里·格拉德韦尔①的妹妹突然亡故。这件事促使他徒步六个小时,搭船去看望这个悲惨而可敬的家庭。他"目睹了这场巨大的悲痛,产生一种恐惧和扼腕的伤悼",他希望分担这个家庭的不幸,这一愿望激励他将自己投身到朋友的灾难之中。"〔格拉德韦尔〕的工作就是我的工作,"他继续说,"他的生活就是我的生活。"[50] 第二年,在听到一个亲友病危的消息后,他匆匆赶回津德尔特。然而当他赶到的时候,他只能探视这个痛失亲人的家庭,像他为格拉德韦尔做的那样,尽他所能去分担他们的痛苦。文森特以赞叹的口吻写道:"那高贵的头靠在枕上。"[51] 平静的痛苦和"某种神圣"的表情,把那尸体转变为一件美丽的东西。在这以后,当他在阿姆斯特丹和他的叔叔阿特米勒尔·约翰尼森共处之际,一个不知名的小男孩溺死在港湾,在孩子的尸体被送回家的途中,文森特一直跟着它。到晚上,他又再次前去看望这个哀伤的家庭,并赞美尸体说:"这小孩还这样躺在小客厅的床上——他是这样漂亮的一个小男孩。整个晚上,在我的长途徒步之中,这个印象一直和我同在。"[52]

他继续赞美死尸,甚至在激奋的阿尔勒时期也是如此。1888 年夏,其时他正处于精力和成就的巅峰阶段。他的一个叔叔死后,他问道:"为什么?……死者的面容平静、安详而又庄严,不用置疑,这样的时刻在他生前是难以经历的,无论是青年时代或是垂暮

---

① 哈里·格拉德韦尔(1857—1927),梵高 1875 年在巴黎古皮尔公司工作时认识的英国密友。父亲在伦敦经营画廊,1876 年十七岁的妹妹从马上摔死。

之年。当我看着死者时,经常获得一个类似的印象,好像要询问他们。"[53]确信死尸经历这种感觉,对他而言,就是证明了"生命在墓穴里"的存在,证明了以快乐而不是恐惧来期待死亡是正当的。"生病或死亡,"他断言,"对我都不可怕。"[54]

文森特曾经把死称之为"近于微笑的死亡",这个见解来自他对复活和永生的热烈信仰。这一信仰是他布道的中心,在布道时他提醒与会听众:"没有[原文如此]死亡,没有不混含希望的悲哀,也就是说没有绝望,有的只是永恒的再生。"

虽然在绘画的支撑下,文森特放弃了他的基督教信仰,但是再生和不朽的思想继续充塞在他脑中,并且,他以不同寻常的方式来表现它们。例如,在凯·沃斯拒绝了他的爱,而西恩替代了她的时候,他写道,他的爱情"确是已经被扼杀了,但是在死亡之后,另一个爱情从坟墓里冒了出来,东山再起了,然后我找到了克里斯廷"。甚至早在成为一个画家之前,他对法国画家多比尼①的死做出这样的回应,他说:"如果一个人知道他将因为他的作品而永生,那么死亡必定是美好的。"[55]他希望享有和法国艺术家米勒②和德拉克罗瓦③同样的不朽,他对他的学生安东·科斯迈科斯说:"他们以后真的会认可我的作品,并且在我死时和死后对我大书特书。"[56]

文森特意识到,凭借逆境和苦难的磨砺,他有可能以一个画家

---

① 夏尔·弗朗索瓦·多比尼(1817—1878),法国风景画家,巴比松画派主要代表之一。
② 让·弗朗索瓦·米勒(1814—1875),法国画家,巴比松画派代表人物。部分作品具有宗教感情,画风以质朴、凝重、富有抒情气氛著称。
③ 欧根·德拉克罗瓦(1798—1863),法国画家,浪漫主义的代表人物,画风特点是色彩绚烂,重视人物情感和动势的描绘。

的姿态出现,这就是一种"再生"。他将自己的想法告知提奥,以此来终止他已孕育了九个月的沉寂,他说他正在重新开始,像一只换了羽毛的鸟。[57]绘画本身就包含"再生"这一不可思议的涵义。与其说绘画是一种仿造,不如把它界定为"再创造",他认为绘画会给他"第二次青春"。[58]即便不是这样,"虽然我失去了很多东西,其中包括我的青春",然而,在他的作品里依然存在"青春活力和蓬勃的生机"。[59]

文森特对于绘画的热爱,起始于他的幼年时代,而消失于1874年,那是厄休拉·罗耶①拒绝了他的追求以后。[60]然而到1875年4月,他的女房东的十三岁女儿的死,又使之复燃。在她死后的一个星期日早上,文森特画了他在《书信全集》里提到的第一幅画,"一片草色茫茫的大平原长着橡树和金雀花,整夜下雨,地面湿透了,早春的嫩草又鲜又绿"。[61]在这里描绘的不是死亡本身,而是它的补充物——再生。后来他在海牙画了一系列死尸(见图10.2)。《精疲力尽——在永恒之门》(图1.3)中,一个弓着腰的老人是他在海牙所画的许多迟暮衰弱者中的一个。那是用更间接的手法来描绘死亡,虽然这些老人将不久人世,他们"不会注定归于尘土"。[62]他画了一个老人站在一口棺材的近处,"他们称里面是'尸穴'。"[63]文森特还对卢克·菲尔德斯②画的《空椅子》倾注了极大的热情,这幅画是为纪念查尔斯·狄更斯的死而作的。[64]在文森特的作品里有许多空着的椅子——如《巴塔伊的窗口》(图10.4)、《文森特的椅

---

① 厄休拉·罗耶,梵高居伦敦时的女房东之女,已订婚,梵高向她求婚遭拒,于是陷入忧郁之中。
② 卢克·菲尔德斯(1843—1929),英国画家和插图画家。

子》(图 11.1)、《高更的椅子》(图 11.3),它们提醒他死亡所引起的空缺:"空的椅子,世上有很多,甚至将来会更多,总有一天,除了空空的椅子,一切都会化为乌有……"[65]

疾病,就像衰老,对文森特而言,也代表死亡,只是它意味的不是缓慢的死亡,而是快速的死亡:"霍乱、尿结石、结核病、癌症是天上的交通工具,就像轮船、汽车、铁路是地球的交通工具。衰老者安详地死去就像步行着走向彼岸。"[66]他觉察到常春藤缠绕着一棵好像患了恶性肿瘤的老柳树,他把这种景致表现在画中,例如《树、常春藤和石凳》(图 10.1),代表快速的死亡。而在文森特的人物写生作品中,如《左眼蒙绷带的男子》(图 12.1)、《乞讨的盲人》(图 12.3)、《独眼男子》(图 12.2),此外还有在阿尔勒医院里被监护的病人以及在圣雷米疗养院里的同室病友等形象,其身体上所受的损害则代表局部的死亡。他还在《耳朵上绷带的自画像》(图 10.3)中画了他自己被绷带包扎的头部,而在《乐善好施者》(图 12.4)中,他画了一个同样绑着绷带的旅行者。

收割者——死亡最贴切的象征,是文森特十分喜爱的另一个题材。他早年画的收割者是幽暗的,和他北方时期作品的忧郁特性是一致的,而在法国南部画的收割者则是浸染在阳光和色彩之中,画出了快乐的死亡。对于他们中的一个他写道:"在他那儿,我看到了死亡的幻影,在某种意义上,人类也许就是他正在收割的麦子……但是,在这种死亡里是没有什么可以悲伤的;在大白天,纯金般的阳光沐浴万物,死亡在它的路上行进……它是一个死亡的幻影,为伟大的自然教科书所展示——但是,我寻找到的是'近于微笑'。"[67]文森特在这段文字中指出,收割秋麦的过程是人类死亡的一个象征。作于阿尔勒、圣雷米、奥维尔的以收割麦子为题材的金光灿灿的风景画，也描绘了"近于微笑"的死亡。

作为一个艺术家，文森特画了树根奇异、树干多瘤和树叶凋零的树木，它们很早就唤他想起丢勒①的铜版画《骑士、死亡和魔鬼》[68]中被扭弯的树和树桩。《树根》(图 1.4)这幅画被文森特当做是与《悲哀》(图 16.1)及《路边截梢的柳树》(图 2.1)相同类型的作品，后者是描绘一棵枯树的水彩画。它们不仅描写了悲哀，而且还描绘了死亡，有一个诗人曾经以这样的诗句打动过他："我，悲伤而孤独，我，站立着，像一棵枯死的树……"[69]砍伐(死)树是另一类这样的题材，从画于 1883 年的《伐木者》(图 14.1)到画于 1889 年模仿米勒的《伐木者》。关于丝柏，他在法国南方经常画到，无疑，自从异教徒时代以来，它就被作为死亡的象征。

在那幅描绘枯柳的水彩画中，他采用互相衬托的手法来增强印象："枯树傍着一塘死水""被烟雾熏黑的建筑"和"含着流云的天空"。[70]在纽南，冬天的乡村了无生机，笼罩着死一样的悲哀："外面一片阴郁，泥土黑得像一块块大理石的田野……鸦群，枯萎的草，还有凋零的、腐烂的、绿的和黝黑的灌木，还有白杨树和柳树的狂暴枝杈，像金属线映衬着阴沉的天空。"[71]另一次，在不同的情绪中，文森特将秋天的败叶视作为幸福和欢快的死亡。在《圣保罗医院的花园》(图 14.3)中，描绘了自然界里的五种死亡形式，"一棵巨大的树干被闪电击中，并被劈开"，"衰败的灌木丛中最后一朵玫瑰

---

① 阿尔布雷希特·丢勒(1471—1528)，德国中世纪末期、文艺复兴时期著名油画家、版画家、雕塑家和艺术评论家。

的苍白微笑","空空的石头长凳","最后一缕阳光",以及"秋天最后一朵花露出嫩粉红色的病恹恹笑容"。[72]文森特笔下的落日、黄昏,是他尤为感兴趣的题材,也可以被看作是关于死亡的思考。在作于阿尔勒的一幅描写秋天落日的作品里,他再次将这样几种有代表性的景致组合起来:"一个格外美丽的落日,带有神秘而病态的香橼色——普鲁士蓝的丝柏衬托着叶子枯死的树丛……"[73]在《播种者》(1888年10月,图17.3)中,他画了类似这样的风景,这幅画在同一封信里被提及。

文森特看到"在小小的婴儿早晨醒来的眼神中有一些比海洋更深沉、更无限、更永恒的东西"。[74]婴儿的存在代表了复活和不朽,这减轻了他的哀愁,他的大量有关婴儿的素描和油画证明了他专注于对他们的"再创造"。他们有的正被抱着或在吮奶,有的躺在摇篮里,露出来或被掩盖着。文森特被西恩的怀孕所吸引,并且迅速从新生男婴身上捕捉到艺术创作的灵感。[75]同样,1888年8月,当鲁林太太的女儿玛塞尔诞生之际,他急不可待地将婴儿搬上了画布,再次迅速地完成了他的"布道"。虽然在画中并没能看见玛塞尔,但作品《摇篮》(图15.1)还是和玛塞尔有关的:母亲鲁林太太手中牵着一根摇动摇篮的绳子,而她就躺在那摇篮里。在创作于海牙的一些画里,垂暮之年和幼儿时代——即死亡和再生,有时候往往是共存的。例如在《老年男子和孩童》(图15.2)中,一个坐着的老人握着一个小女孩的双手,她面对他站着,而在《搂着孩童的老人》中,一个留着长长白色连鬓胡子的秃顶老年男子,用双臂搂着一个幼儿。老人行将就木,而孩子将接替他,将生命延续下去。

《拉撒路的复活》(图29.2)是一幅以伦勃朗的铜版画为范本的

临摹作品,是文森特唯一直接对人的复活所作的艺术表现。在大部分情况下,他是依赖大自然来证明复活的,他的探究为他的许多著名作品提供了素材。女房东女儿的死,刺激他画了鲜嫩的春草,以此作为他带着她重返生活的象征。他用这样的方式来减轻自己的痛苦。

　　远在成为画家之前,他就频频在书信中提到自然界的复活,书信中表露的概念和以后他在画中表达的信息相一致。"在人生的早期,谁能看到……生命必将凋零,会像开着的花从树上飘落,而新生命又强劲地破土而出,以充满爱的生命归向于基督?"[76]可以看到,在他的荷兰风景中,有许多修剪过的树,带着刚从枯秃的树冠上绽出的新芽。尽管这种景致在荷兰乡村是极常见的,但它们对他有更深的意义;文森特选择将它们置于画中,并非仅仅是因为它们的广泛存在。然而,在他绘画生涯的早期,他对自然的看法是以死亡和哀伤为主导的;对文森特来说,生机盎然、色彩缤纷的新的成长物是欢乐再生的表现,直到后来才取代了前者。

　　文森特经常将老和新,即死亡和复活,置于同一幅风景画中,正像他把老人和儿童置于同一幅人物画中一样。在《悲哀》(图 16.1)中,文森特意图表达"以一个苍白、瘦弱的妇女形象所作的生命挣扎"。[77]她病了,身体很虚弱,"如果再在街上走,她会死去"。[78]但同时,她隆起的腹部又显示她孕育着新的生命。死亡和复活的共存也回应在她周围的植物生命中,她坐在一个被锯断的死树桩上,被初春的花草所环绕。背景中的幼树刚刚绽出花朵,开着花的植物长在它的下面以及前景中。后来,在阿尔勒,文森特画了一幅色彩丰富而具有变化、反映同一思想的作品《开花的梨树》(图 16.2),在

《悲哀》中,被砍下的树桩在画面最右端,而开了花的树在左边,但是,现在那棵小树位于前景之中,鲜嫩新芽和色彩绚烂的花朵主导着整个画面,枯死的树桩则被移到背景中,小小的,不甚引人注意。

《纪念莫夫》(图 8.3),这幅灿烂夺目的作品是为纪念文森特的亲友和老师而画的,两棵充满生气的粉红色桃树热烈地漫天而开。带着莫夫①之死的清晰印象,文森特回忆柯罗②临终前曾梦见"漫天都是粉红色的风景",[79]也许柯罗的梦幻影响了文森特,左右了他对这幅具有纪念意义的作品进行色彩选择。这幅画和《开花的梨树》作于同一个春天,它带来的也是相同的信息。没有死的树桩,只有复活的树,然而,把死亡的思考留在了画的题词中。

早些时候,在德伦特阴郁的雾气里,文森特注意到一棵多节的老苹果树,"在某一时刻它会开花结果,那是阳光下最美好最纯洁的东西"。[80]当他在忍受普罗旺斯复活期的巨痛之际,他反复重申一个思想:"我越是憔悴,越是生病,越是像个破碎的大水瓶,我就越是趋近于成为一个画家——一个被我们称之为致力伟大艺术复兴而充满创造力的画家。"[81]他称这个"永生的艺术"的复兴是一片"绿芽,从被砍断的老树干的根部爆了出来"。在以后的年月里,在经历了精神疾病的种种折磨后,他确是成了"一棵倒下的树干"。被幽禁在疯人院,在那里他画了《圣保罗医院的花园》(图 14.3),画中含有死亡的意象,但是,他写道,从这个被截短的"失败的"巨人

---

① 安东·莫夫(1833—1888),荷兰画家,梵高的表姐夫,梵高在海牙时曾师从他学画。

② 卡米耶·柯罗(1796—1875),法国画家,是使法国风景画从传统的历史风景画过渡到现实主义风景画的代表。

身上，"一根旁枝又蹿出来，并长得很高"。[82]

正如他把收割和衰老、死亡等同起来一样，文森特还把自然界中新的生长物与新生幼儿和复活等同起来。很久以前，他在普罗旺斯画了未成熟的麦子，他写道："关于未成熟的嫩麦，它的纯洁和柔美是不可言喻的，带有像婴儿被弄醒时所显露的那种无邪的神情。面对它，所激起的情绪如同醉心于一个熟睡婴儿的神情。"[83]他通过语言的描写将这些同等物结合起来，就像将它们结合在绘画中那样，"我认为，作为沉思冥想之所，最好的地方莫过于一个乡居的壁炉边，有个里面躺着婴儿的旧摇篮，靠着一扇窗，朝外可以瞭望一片娇嫩油绿的麦田……"[84]在他生命将近尾声之际，他把"日出时的嫩麦田"和"盛开的果园"两幅画称为他的"婴儿"[85]，把它们看作自己画过的最精致的作品。

在用收割者表现枯萎生命的同时，播种者成了复活的预兆，如文森特所言，那是无限和永恒的象征，是文森特喜爱的一个题材。

像《圣保罗医院的花园》一样，在《播种者》(1888 年 10 月，图17.3)中也有一个落日和其他死亡的象征物，也描绘了复活：太阳正在西沉，但是它将重新升起；树叶枯死，但新的叶子将代替它们；麦子被割了，但播种者将确保它们重返田间。像播种者一样，法国南部广阔浩茫的克劳平原和卡马尔格平原所展现的"不外乎是无限和永恒"，克劳平原是"如海洋般地美丽和无穷无尽"。[86]在荷兰和普罗旺斯两地，文森特还多次画了浩瀚无涯的大海。

在文森特眼中，死亡和复活不仅是对立和互补的，而且是同等的。这个观念是和印度教所说的"跨越对立的结合"相一致的。如老人和孩子，割下的麦束和新生的麦苗，以及收割者和播种者，是一对对死亡和复活的象征物，又是无限和永恒的象征。同样，他表明，他那弯曲的老橄榄树和普罗旺斯的收割风景，都是和色彩绚烂的春天生长物所对照，并形成统一的。

壁炉是文森特另一个喜爱的题材，它那人格化的火焰代表即刻的死亡和复活，他在一封信里引用了自己读到的一段话，他的解释再清楚不过："看那火焰被生着了、旺了起来、闪烁着、又此起彼伏，像是在用它们的舌头——火焰的舌头，饥渴地舔着陶罐，使人想到那就是人生：诞生了，去劳作，去爱，去成长，又趋于消亡。"然而，这还不是结束，因为烟气攀升，和天国里的一颗星星结合，"一颗星星通过烟囱的洞口送来它的光芒，像是在召唤我"。[87]

文森特的《夹竹桃》（图13.3）也在诉说死亡和复活的故事。就在画它们的前不久，他把它们形容为"极端的疯狂"。它们"正在开放，那样子很可能是感染了运动失调症"，按文森特的说法，这是一种容易使植物死亡的疾病。可是夹竹桃"披着初开的鲜花和凋谢的花朵，它们的活力在鲜嫩而强壮的新芽中持续不断地得到更新，似乎无穷无尽。一棵葬仪用的丝柏正在注视它们"。[88]文森特的向日葵油画同样描绘了充满魅力的成长。在德拉法耶目录①中有十四幅向日葵的油画。在普罗旺斯，这种花随处可见，在那里文森特创作了最为著名的几幅向日葵作品，而文森特对它们的迷恋早在居留此地之前就开始了；他在巴黎和普罗旺斯画的向日葵静物写生几乎同样的多。他打算把《摇篮》（图15.1）挂在黄房子客人住的

---

① 德拉法耶目录，由荷兰人雅各布·巴特·德拉法耶（1886—1959）所编梵高作品的第一本分类目录，于1929年出版，1970年由编委会修订重版，被公认是梵高作品的权威性目录。

卧室里,这间卧室的每一面壁上都挂了向日葵静物写生。[89]它们增强了生气勃勃、快乐生长的信念——这个信念在《摇篮》的背景中含蓄地用看不见的婴儿和色彩绚烂的花朵作了暗示。

文森特把自己比作卑微的毛虫,它奇迹般地复活为一只飞蝶,这是一个常见的基督复活的象征。[90]他在艺术上令人注目的转变体现了他自己对蜕变的渴望;在他作为画家的第一年期间,他的作品就像毛虫,接近于泥土,显得卑微和丑陋。后来它浮现在明亮的画布上,它表现了自然界的美丽多彩和比大地更为无限的天空,暗示了"一个画匠蜕变为蝴蝶的事实"。[91]在圣雷米,他画了一系列的蝴蝶,它们可以被称之为"自画像"(见图 20.3《鬼面蛾》)。

正如文森特注释的,因为甲虫是由蛆虫蜕变而来的,他画它们也是作为他自己再生的另一种表现。[92]对于莫夫的死,为了安慰自己,他说到人在死后也可能会实现转化,因为他不可能比知道将要变成甲虫的蛆虫知道得更多。[93](见图 20.1《玫瑰和甲虫》)文森特也是一条蛆虫,在矿底工作,经历了森冷的黑暗,但是他也必然会发生蜕变——在法国南方,在那灿烂的画家乐园里。

六

"只有不断地再生,"文森特在他的布道中说,然后他又用不同的言词重复它,"不断地从黑暗走进光明。"黑暗和光明在他生活中交替地出现,他生于和长于阴郁的荷兰,为了寻找光明,他在法国的南部浪游,并客死在它夏季明艳的阳光中。他的绘画是以晦暗而开始,以光灿而结束。黑暗本身并不使他感兴趣,确切地说,他是被驱使着去寻找从黑暗中腾起的光明，当他找到并凝视它的时候，就永远被迷住了。有关光明从黑暗中浮现的主题不只局限在他的布道中，涉及它的信件有数百封之多。

无论是选择画家这个职业之前还是之后，他都一样，在信中汪洋恣肆地对光的效果作了极为丰富的描述——描述黄昏、居家和教堂的灯光、街灯、篝火、夜色中的船、灯塔、闪电、发光的烟管、夜间的雪景，以及夜空与它的天体。他喜爱在黑暗和光明之间活动，这并不是绘画训练的结果，而是决定他选择绘画职业的一个重要因素。

在文森特作为一个年轻教师客居伦敦的时候，为了凝视城市的灯光，他喜爱在夜色中凭依在泰晤士河的河堤上。他喜爱从黑暗中显现的灯光，这种喜爱导致他被比利时的产煤矿区深深吸引，于是在那里生活了两年。他迷恋矿工帽上的灯光，它们在黑暗深处熠熠发光，他喜欢注视矿工从幽暗的矿坑走进白昼的光亮。同样，他喜欢在黎明时看着太阳进入视野，或者在夜里让自己醒着，对着黑暗中的烛光凝视足足一个小时之久。[94]

黑暗中的光明这一主题，在文森特的画中和信中有同样多的表现。为了画黎明的日出，天还黑着，他就起了床。他描绘荷兰农人和织工的颓败茅屋，在那些像洞穴一样的内部景观中，总是包含一个明亮的光源——从窗口泻进的阳光，或是悬着的一盏烛灯。在梵高许多描绘室内场景的作品中，最著名的是作于1885年的《食土豆者》(图24.4)和作于1888年的含有神秘意味的《夜间咖啡馆》(图25.5)，发光的黑暗背景中，一盏盏耀动着烛火的吊灯悬挂在显眼之处。在他画于普罗旺斯的诸多星空中，他把同样的思路转移到苍穹之中;他在帽子上置以烛火,利用它的光晕,在黑暗中画天上的星星。

对文森特来说,屋内闪亮的灯光似乎是在诉说里面的温馨和幸福。天空中闪烁的星星则隐喻亡故者在天国里领受复活的荣耀,并隐喻他进入一个爱和快乐的生命之中。在他早期很多关于宗教信仰的陈述中,他把黑暗与死亡、悲伤、拒绝等同起来,把光明与复活、欢乐、领受等同起来。他反复表明:需要坐守在黑暗中——那是面对哀伤、被弃、死亡——耐心地等候最后的幸福之光。他说,在通往光明的道路上,人,必须把自己扔进深深的黑暗中。他的一部分心灵真的接受了这个信念,他将他的身心扔进了一个深渊。他从黑暗的矿区,从黑暗的北方,以及从强加于自己的黑暗隔绝中浮现出来,去寻找普罗旺斯的光明,并最终,去寻找天国的光明。

第
二
章

忧郁是人生财富

一

　　"唯一真正的智慧,存在于远离人类的孤寂中,只有经受苦难才能获得,只有穷困和苦难才能打开人的心灵,使之看到别人隐藏的一切。"最早,这是一个名叫依格加卡加克的爱斯基摩僧人说的话,北极探险家克努德·拉斯穆森①将它记载下来,又被约瑟夫·坎贝尔②引用在他的著作《上帝的面罩》中。"人类遭受的'深重和持久的'苦难,然后,"他写道,"引导或者可能引导人们去获得一种经历,这种经历被懂得它的人视为他们生命的顶峰,而且还是不可言喻的。"他相信这种经历"是所有宗教的终极目标,是所有神话和习俗的基本范畴"。"当然,所有这一切并不是苦难,"坎贝尔断言,"……因为神话最重要的主题不是追求的痛苦,而是启示的喜悦,不是死亡,而是复活——哈里路亚!"[1]

　　如果把"宗教"和"神话"两个词换成"艺术的创造力",则这些箴言可以由文森特·梵高来写,或者可以是针对他写的。由于幼年的经历、父母亲的教诲、宗教的信仰,他深信苦难、悲哀以及孤独的价值。早在里士满布道时他就提到:"经过巨大的苦难,达到更

---

① 克努德·拉斯穆森(1879—1933),格陵兰-丹麦极地探险家和人类学者,被称为"爱斯基摩之父"。
② 约瑟夫·坎贝尔(1904—1987),美国神话学家、作家和教授。

巨大的欢乐。"坚持与西恩这样的困苦者一起相守，使他更加信守他所珍视的"生命就是忧郁"的观念。"我宁可感受我的悲哀，也不愿忘记它或对它无动于衷。"他解释，他对提奥说他发现自己的平静是"'出于对悲哀的礼拜'，而不是耽于幻想"。[2]对于一个表亲的死他写道："随着时间的推移，这是使我们沉浸于悲哀，然而又总让人重回喜乐的事情之一；这就是我们的宿命。"[3]在另一场合，当提奥谈到患病不是苦难时，文森特回答说："不是，因为'悲哀比欢笑为好'。不是，当上帝用手臂支撑我们的时候，病着并不是坏事，尤其是当我们产生如果不生病就不会有的新想法和新意图时，我们会获得更清晰和更坚定的信念。"[4]甚至早在成为画家之前，当父亲告诉他"悲痛并无害处，而是让我们用更神圣的眼睛来看事物"，文森特评论说："这是真正'静默的悲痛'，是纯粹的金子。"[5]当时他们谁也没有想到，经由文森特的手，这悲痛会转化为纯金般的艺术。

摆脱忧郁、孤独、绝望和恐惧的渴望，是文森特成为艺术家的强大推动力之一，并激励他为实现这一目标而迸发出生气勃勃的巨大能量。他的画成为他的伙伴、情人和孩子。"对我而言，这项工作是一种绝对的需要，"他写道，"我不能再拖延了，除了工作，我什么也不在乎；也就是说，我一旦卷入其他事务，乐趣便烟消云散，当我不能继续我的工作时，便会变得沮丧。"[6]另有一次，他注意到，努力工作是避免"忧郁地凝视深渊"[7]的方法。"若是没有令人醉心的工作吸引我，我就会感觉到一种难以言表的忧郁，你将会明白，我必须用技能工作，再工作。我必须在工作中忘掉自己，否则我会被压垮。"[8]

绘画不仅使他的苦难更可以忍受，而且文森特还把苦难本身视为一种美德，推动他去成为一名成功的画家。在寄自海牙的信中，他说："如果短暂间，我感到内心升起了对无忧无虑的生活和对成功的渴望，每一回我都恋恋地返回到烦恼和忧虑中去，返回到充满困苦的生活中去，但我认为，这样会更好些，在困顿中我学会了更多……"[9]他认为，困难会激励一位风华正茂的艺术家朋友泰奥菲尔·德·博克①的工作，就像激励自己一样："如果他落在荆棘丛里的时间不比落在花丛中多，我该为他感到遗憾，就这么简单。"[10]

苦难和期待减弱它的渴望，以各种方式激励了文森特的发展。例如，他对孤独的抗争和他对亲近的恐慌，形成了相互对立的势力，它们在他的创造进程中交替地产生作用。一方面，他期望和其他画家携手合作："因为，如果每一个画家各自为营，就几乎会陷入孤闷的绝境。"[11]而另一方面，他将自己的成就归因于从忧虑中产生的自我封闭。"我赞成新近我在左拉的作品中读到的：'如果现在我有什么价值，那是因为我是孤独的，我厌恶傻瓜、懦夫、玩世不恭的人、又笨又蠢的嘲笑者。'"[12]就像一个禅宗高僧，文森特能够包容相互对立的思想，并设法将它们结合起来，以使自己的工作受惠。他曾经一度和其他向他灌输新观念的画家保持良好的关系。而另一些时候，沉溺在孤独之中，他的思想和创作可以不受外界的干扰和左右。

绘画是一种活力，使他将孤独转变成了独处，独处为他的幻

---

① 泰奥菲尔·德·博克(1851—1904)，荷兰海牙画派画家，作品的风格阴郁幽暗。

想、沉思、学习以及阅读提供了必要的时间。1880年，在决定做一个画家之后，他给提奥的第一封信中，强调了这种自我封闭倾向的重要性，给出了既合理又有洞见的解释。他说，他的糟糕外表、他的贫寒生活以及他的被忽视，"有益于保证必需的独处，这种独处能使人集中精力学习任何想要专注的东西"。[13]

作为一个孤独的圈外人，这种处境更能激励他去创造一种全新的不同凡响的风格。就像弗洛伊德自豪于他的犹太人个性是一种宝贵的能量来源，让他"准备去接受一个孤独的对立局面"，[14]而文森特则称孤独是他创作生涯的一个必需部分。在海牙，他的表姐夫莫夫，一个卓有建树的画家，还有特斯蒂格①，一个他曾在其手下工作过的画廊经理，都对他冷漠忽视，他申明成为一个被遗弃者的好处："虽然有人也许敌视我，不可改变，永远如此！但我的职业和我的工作必然为我展开新的关系，因为没有被冻结、硬化，没有被旧的偏见搅得索然无味，所以这种关系是更为生机勃勃的。"[15]他怀念莫夫，渴望和有经验的画家一起工作，但是"独立奋斗也确实不是件坏事，一个人从自己个人经历中学到的东西不是来得很快，但是它会在记忆中留下很深的印记"。[16]它还更容易产生真挚、深刻的思想和感情。

虽然无论他走到哪里，都注定会成为一个无家可归者，可他还是不断地寻找一个适合于他的环境：在作为画家的十年间，他在十一个不同的地方居住过，因此在他面前呈现的是五光十色的人物、思想和风景，极大地增长了他的见识，并使之被充分地运用于绘

---

① H·G·特斯蒂格，古皮尔公司海牙分部的经理。

画。然而,他自我封闭的癖性不可避免的结果是,他和别人的关系只能短暂维系,他从不会毫无原则地附和任何人或任何想法,那只会成为一个模仿者而不是创新者。

像很多在忧郁中徘徊的人们一样,文森特试图在一个梦幻般的内部世界寻找安慰。他承认这种倾向是起因于他的感情问题,他也知道,这使得他有能力去成为一个画家。经过几个月的沉思默想,他的想象力驾驭他自由驰骋,使他对自己的未来有了一个清晰的勾画,然后将它转化为行动。"事实上,可能存在这样的时候,一个人变得有点心不在焉,带有几分幻想;有些人则过于神情恍惚,过于沉耽于梦幻。"1880 年,当他对外宣称他志在成为一个画家的时候,他这样写道:"这大致就是我的状态,这是我自己的错;也许毕竟存在一些借口——因为某种原因,我全神贯注、心事重重、烦恼异常——但这是一个人克服得了的。有时候梦想者跌落到深井之中,但是有人认为,从那里出来以后……一个似乎一无是处、干不了任何事和任何工作的人,终于找到了目标,变得活跃起来,有了行动的能力——他所展现的自我与他最初被人看上去的大相径庭。"[17]

文森特的梦想除了鞭策他为自己找到一条通往艺术的道路外,还给了他至深的内心感悟,从而使他的梦想有可能迸发出创造力来。真正有创造性的艺术家,必须去观察和描绘前人从未注意和表现过的东西,对于这点,幻想的作用是至关重要的。E·H·贡布里希[①]写道:"正是那些不切实际的人,那些梦想家,他们的反

---

① E·H·贡布里希(1909—2001),英国艺术史学家和艺术理论家。著有《图像与眼睛》《艺术的故事》《秩序感》等著作。

应可能不如更有能力的人那样严格和坚定,但他们教会我们把岩石看作是公牛或把公牛看作是岩石的可能性。"[18]

然而文森特还是对他的梦幻世界有所恐惧,在他的绘画中,他力图以写实来与之抗衡。他杜绝用虚幻的、空洞的以及明显的象征手法来表现他自己,极少有所例外;真的,他嘲笑这样的绘画捷径,对此他称之为"雷东①的方式"[19]。他的风景画忠实表现了描绘对象的真实地貌,还可以去比较他作品中的那些地方,甚至包括一些特殊的树和岩石,往往和他摹写的自然环境明显地保持一致。在他的绘画中,他遵循的是他自己内在的需要和荷兰的传统。这并不是说他的作品不存在幻想,凭借他的技法、他的色彩,以及隐秘在写实风景中的象征意义,这些幻想得到了间接的表现。

确实,他愿意把忧伤认同为一种荣耀,那是推动他绘画目标的另一份重要财富。他有如此的能力来解析这忧伤,描绘它,并且在自身梦幻的支撑下转化它。相比之下,一个人一味地排斥压抑感往往会导致精神上的严重僵化。然而,文森特则用转化他的压抑来重建他的内在生活,他将这种重建投入到他所在的环境中,并融入他的绘画。因此,世间的黑暗消失了,他看到一切笼罩在更为明亮的光芒下。这种形式的精神活动,通常保持在不知不觉的状态之中,人们往往没有意识到它的存在。然而,文森特的言论暗示,当这种精神活动发生时,他能清醒地去控制它或理解它。例如,在阿尔勒,当他觉得自己像一个被放逐者时,他决定摆脱这种可悲的

---

① 奥迪隆·雷东(1840—1916),法国油画家、石版画家,象征派主要画家之一。

感觉；他解释他宁可欺骗自己也不愿感到孤独。"我认为，如果对每一件事情我不是在欺骗自己的话，我的感觉应该是压抑的。"（他对明显无关的一个巴黎事件做了陈述，然后又说："新闻记者忠告布朗热将军①戴上玫瑰色的眼镜，以迷惑秘密警察，这不是一个坏主意。"）[20]文森特在普罗旺斯的状态是沉溺在自我"欺骗"之中。他也戴着玫瑰色的眼镜——但不是为了摆脱警察，而是为了驱散压抑。他在那里的绘画，是从他玫瑰色的视野世界演变出来的。为了使自己感受快乐，他投身去描绘"极度欢快的"普罗旺斯果园，然而，这种欢快的感觉却是虚幻的和短暂的。

文森特善于把他内心的和外部的感知融合起来，对他的绘画至关重要，这种力量大部分来源于他沉郁的气质。一个人根据内心世界的想象和幻觉来认知环境，这是很自然的，然而，在文森特的内心，这是一种非常强大的倾向，它既有病态的一面，又是极富创造性的。文森特将自己与周围的人和事区分开来的能力极为薄弱和不稳定，就像后面笔者试图说明的，是由于他童年的问题为他的忧郁性格奠定了基础。为了开创局面，他找到了能够出色表现自己创造状态的方法，他那种把自我感觉和外来认知相互融合的倾向非常强烈。当他面临激起他幻想的外部世界时，这是一份宝贵的资产；它带来了令人敬畏和惊奇的时刻。除了他生命最后几年中的精神疾病发作期之外，他能够清醒地分辨内心的感觉和外来的认知，也在艺术创作中把两者融合起来加以利用。他把内心

①　布朗热将军（1837—1891），法国将军、政治家，因颠覆第三共和国失败而逃亡比利时，被缺席判处终身监禁，后自杀身亡。

的想象渗入到模特儿、静物和风景中去，然后作为精神上的复活加以描绘。

<h2 align="center">二</h2>

当文森特说忧愁胜于欢乐的时候，他没有谈到导致行动迟钝和麻木的深沉的忧郁——"使人绝望的极度痛苦"。准确地说，他谈到他所谓的"积极的忧郁"[21]或"健康的忧郁"，这是一种有助于创造性工作的状态。将自己投身于工作，是他拯救自己的方法。有一次，当提奥表示了一个"对良好时代的希望"时，文森特回答道："对良好时代的希望，决不应该是一种感觉，而必须是一个即刻的行动。"[22]他在每个词下面划了线。

对西恩的幻想破灭后，在他力图逃避这种"致命的"忧郁时，他在德伦特特意寻找一个忧郁的环境。环境虽然是沮丧的，但他能够立即投入工作，因为"在此地，种种事情引起的忧郁通常属于健康的那种，就像米勒在画中所表现的"。[23]当然，他期望周围的事物对他产生一种"健康的"影响，从而使令人麻木的沮丧转化为"积极的忧郁"。

是什么使这种转化成为可能？回答这个问题也许超出了我们的认知范围，然而在遗留下来的传记材料中，有关的章节提供了诠释：是几个相互关联、重叠的因素促使了这种转化。例如，他有对成功的热切追求，这源于他的荷兰文化，也源于家庭的榜样和幼时所受熏陶的激励。去工作就是去变"好"，工作使他获得一种良好的感觉，从而减轻了由压抑带来的过失感和羞愧感。忧郁的出现意味着他开始工作，以图减弱它。此外，他用大自然和梦幻来替代他失败的、令他陷于压抑之境的人际关系，这种能力令他获得一种超越，得以避免因为忧郁而行动呆滞。对基督和过往不朽的画家的认同，使他内心产生一种次级自信。（"次级"自信是和更坚实的自信相对照的，后者建立在家长和孩子的良好关系上。）这些对崇高的认同，也为他发泄自以为正当的愤怒找到理由，这种发泄有助于中和他的忧郁。他能用极度冲动和极度敏感的状态来替代忧郁，就像躁郁症患者处于狂躁期那样。

最终，他能够将抑郁症的消极的痛苦转化为受虐狂的"积极的"痛苦，这是和他人建立关系的另一种方式。

受虐狂者可以被看作是一个抑郁者，他通过展现痛苦来诉求爱，来努力保持或恢复他的希望。[24] 笔者认为，从理论上说，在"纯粹的"抑郁与"纯粹的"受虐狂之间，存在着一个连续体：

概括地说，抑郁症患者承受痛苦而受虐狂者展示痛苦。虽然受虐狂者甚为抱怨他的不幸，但总是倾向于轻视或否认抑郁对自己的影响。情感从抑郁的混合物中分馏出来，而构成忧郁观念的残渣留下。忧郁是传染的，低落的情绪在它的尾迹中蔓延。但是，受虐狂者所爆发的愤怒和埋怨，部分是源于这种情感和理智之间的分解；有时，受虐狂者会被指责为欺骗，因为他们夸大了自己的苦难。然而，分解宣泄了极端的痛苦。

抑郁症患者感受到自己内心深处的痛苦，且为此自责。受虐狂者则用令人不快的举动设法激怒别人，让他们将痛苦置于自己身上。这有利于他抵制内部的忧愁，通过将抑郁的起因逐到外部，他能够表现癖地发出自己对帮助和同情的诉求,他对迫害者所表现的愤怒也自然成为合理,从而消除了自身的过失感。但这些安全阀对抑郁症患者是不起作用的。[25]

文森特是抑郁症和受虐狂之间关系的很好例子。他承受着压抑的痛苦,非但没有被它压垮,反而首先是以上帝的名义,其次以艺术的名义赞美它。他向他的父母、兄弟,乃至向整个世界展示这种痛苦。他摇摆于麻木的忧郁和有所作为的受虐狂式的创造状态之间,相对而言,前者是短暂的。借着对十字架上的耶稣的认同,他以受虐狂者的心态来利用压抑,让自己把接受不幸当做获得同胞赞许和天国永恒欢乐的一种方法。用赞美痛苦,把对苦难的思索遗留下来,而痛苦的感觉得到削弱。他似乎通过拒绝、惩罚、羞辱自己,来接受了这个拒绝、惩罚、羞辱他的世界的残酷要求;然而与此同时,他也弃绝了这个世界,而维护他和上帝、天国的亲密关系。他和虐待狂们订了一份"契约",但又公然藐视他们。通过成为一个殉道英雄,他将过失转化为清白,将羞愧转化为骄傲。

文森特是个明显的受虐狂者,这可以从以下几个方面看出:他的羞愧,他对自身肉体施加的暴虐,他的苦行主义饮食和衣着,他的恐惧成功和他的自毁习性。他父母对他的这种倾向有所察觉,他母亲担心:"无论文森特在哪里,无论他做什么,他都会把一切毁掉。"他父亲说:"他似乎是故意选择了最为艰难的道路。"[26] 他的反常举止使他成为笑柄,他的悲戚的面容使人报以怜悯的一瞥。一方面,这样的行止表明了他至深的苦恼;另一方面,暴露了他对关注和爱的需求,要想吸引一个喜欢嘲笑他或对他的痛苦感兴趣的观众。

他写道:"我让自己顺从一切,我忍受一切。"[27] 他遵循童年取悦母亲的模式,在他的体验中,他母亲缺少爱心,是冷酷的。很早他就知道,成为受难者比成为胜利者更容易获得赞同。作为成年人,他可以这样剖白:"宁是绵羊,不作豺狼;宁被杀害,不当凶手;宁为亚伯,不做该隐……宁遭毁灭,不事破坏。"[28] 不久以后他又说:"我有意选择了狗的道路。"[29]

他发现,他的孩子的愤怒,和被遗弃的孩子的愤怒是一样可怕的,若不是害怕比他大得多、强得多的人的可怕报复,就可能爆发出来。他希望通过自己的受苦来满足他们,他使他们预期要爆发的怒气以及他自己的愤怒转化为针对自己。他刺激他们的愤怒情绪,促使他们迁怒于他,于是就轮不到他对他们发火。文森特自豪于自己"被不幸和失败所束缚"。"我不羡慕所谓的幸运者和永远成功的人,因为对此我看得太透!"他写道,"以热罗姆①的《囚犯》为例,带脚镣者的处境当然是最为可悲的,然而,按照我的想法:成为他要比是另一个凌驾他之上、正在辱骂他的家伙好。"[30]

他的受虐狂心理,加上以努力工作为基础的荷兰价值观,迫使他耗费大量时间来学习和实践他的艺术。虽然他经常埋怨自己成了别人的负担,但绘画是他自己的负担。正如 1886 年他写的:"你能体会到吗?我的担子——每天所必需的工作有多重!要得到一个模特儿有多难!绘画材料又是多么昂贵!你能体会到吗?有时候我力不从心,简直无法坚持下去!"[31] 不久以后,他抱怨他被折磨

---

① 让·莱昂·热罗姆(1824—1904),法国学院派画家、历史题材画家。

得"精疲力尽",全都因为超负荷的工作,[32]这是内心的恶魔强加于他的工作。"精疲力尽"是他以前为一幅弯腰驼背老人的素描取的题目(见图1.3)。

在阿尔勒,他谈到他在技能上"不可忍受的贫乏"。在告知高更来到的那封信中,他对弟弟诉说:"绘画上的千辛万苦,快要耗尽了我的整个生命,那时候我好像没有活过一样。"[33]在他毁伤自己的耳朵后,他在工作上作这样的抱怨更是不足为怪。他哀叹,绘画使他的消耗"大得超乎常态,甚至可能是心血和脑力"。[34]然而,文森特那种不能公开宣泄的愤懑,并不是完全直接对着自己,它们大量地被渗透在他为绘画创作所进行的疯狂工作中。在他生命最后几年里,可以特别明显地看出,他的画布上跌宕着愤懑的情绪。

他感到缺少爱和遭人剥夺,他相信他父母以及他们精神衣钵的继承者欠了他应该得到的东西,他毫不犹豫地要求通常只会给予孩子的帮助。为了画家的职业,他自始至终期望他的父亲,后来是提奥,负责他的供给,他还期望其他的"父亲替代者"——在海牙是莫夫,在巴黎是唐居伊①,在阿尔勒是鲁林②,在奥维尔是加歇医生——在他的每一段生活之路上,为他提供给养。从文森特时常抱怨经济上的拮据,可以推测他的津贴少得不如人意。不过,夏尔·莫隆指出,提奥每月给他的150法郎,相当于一次大战前法国

---

① 儒利安·唐居伊(1825—1894),梵高居巴黎时的朋友,经营一家画品商店,常给梵高赊账提供绘画材料,梵高为他画了著名的肖像《唐居伊老爹》。
② 约瑟夫·鲁林,法国阿尔勒的邮递员,全家均和梵高关系亲密,充当他的模特儿并照料他,为此梵高留下不少描绘他一家的肖像作品。包括著名的《邮递员约瑟夫·鲁林》。

学校一个教师的两倍底薪。[35]如果文森特没有这种经济上的要求，如果他的父亲和提奥没有这样给予，他就不可能专心致志地沿着选定的道路去施展他的才能。他完全可以鄙视那些以赚钱为目标的人；虽然有时候他也会说一些觉得应该自己付账的空话，但他期待有人能够为他提供所需。

文森特渴望他和他的绘画能被人理解和认可。"当人们对我稍加欣赏，这时候对我来说是多么的美好，"他写道，"当一个人从没听到说他这里或那里是对的、是充满情感和个性的，这是多么令人沮丧和气馁，就像力作用在一个减震器上。"[36]然而，有时候他能够大胆超越这些愿望，以致它们不能阻碍他的创造努力。他能使他的依赖成为合理，例如，通过说服自己，提奥和他是一对搭档，由提奥提供钱并给予激励，而他来提供画作。他甚至可以否认他希望别人认可他的工作，因为他确信自己会被未来的一代所承认，事实证明这是正确的。如果没有这样的能力，他就不可能发现和描绘这个世界的新美景。

文森特赞同米勒的见解：他"永远不会摆脱痛苦，因为痛苦往往激励艺术家，使他们几乎充满活力地表现自己"。[37]这时，文森特弄清了自己的想法。他那具有受虐狂倾向的"积极的忧郁"，像爱斯基摩僧人的苦难一样，导出了智慧和启示——一个艺术家的启示，将快乐赋予了许多人，而自己却被快乐所拒绝。

第三章

漫长的蜕变酝酿

一

1851 年,泰奥多勒斯·梵高牧师和他的妻子安娜结婚,安娜来自荷兰一个正直而节俭的中产阶层,他们的第一个孩子文森特出生于 1852 年,并于该年夭折。文森特·威廉,这个未来的艺术家,诞生于 1853 年。继第二个文森特之后,他们又先后生了安娜(1855 年)、提奥(1857 年)、伊丽莎白(1859 年)、薇莱米恩(1862 年)和柯奈留斯(1867 年)。

文森特诞生之际,他父亲三十一岁,是津德尔特镇的荷兰革新教会牧师,该地是北布拉班特省一个和比利时接壤的小镇。梵高牧师在 1849 年被召往那里,其时他二十七岁。由于他的薪水微薄,使得他的家庭无力于奢侈的花费。虽然他是个英俊的人,并对宗教抱着至深的信仰和虔诚,但他的布道缺乏感染力,他的演讲没有生动感,大概是这个因素,最终他从未脱离过布拉班特这个不重要的教区。

安娜科妮·莉娅·梵高-卡本特斯[①],文森特的母亲,是一位面容平庸的坚强女性,勤勉而多才多艺,在写作、图画、水彩画、缝纫等方面均有造诣。她的父亲是一个订书匠,被授予"御前装帧师"

---

① 作者注:根据荷兰的习俗,妻子的闺名置于丈夫的名字之后。

的称号。直到三十二岁,安娜才以一个未婚女子的身份嫁给二十七岁的泰奥多勒斯·梵高。她是三姐妹中最迟结婚的一个,姐姐是阿姆斯特丹著名的斯特里克牧师的妻子,妹妹则嫁给泰奥多勒斯富有的弟弟文森特。

文森特的祖父,文森特·梵高长老,自 1822 年起就在布雷达附近担任新教的牧师,家里以热烈的赞美之辞描述他:年轻时,他为学校里的伙伴树立了一个"品行优良和意志坚毅"的榜样,并赢得了诸多奖品和奖状;成年之后,他成为一个具有"巨大智力"和"非凡责任感"的"杰出"人物。家庭如此地强调成就和名望,这使小文森特意识到家庭也期望他能有相同的作为。有一次文森特抗议说:"我希望我们只是为了家里的安宁而努力,自食其力,而不是去谋求高的地位。"[1]

文森特·梵高牧师有六个儿子,其中仅泰奥多勒斯步他后尘进入教会。而其他人就知名度和成就而言,都胜过泰奥多勒斯。三个成为成功的艺术品商人,他们是:亨德里克·文森特("海因"),科尼里厄斯·马里尼斯("C·M")和文森特("桑")。约翰尼斯成为一名海军副中将,这是荷兰海军中最为显贵的职位。威廉是一名文职官员。此外,泰奥多勒斯还有五个姐妹,其中两个嫁给军官,另三个却终身未嫁。梵高家族的大多数成员,生活都比这个小镇上的牧师家庭过得舒适,无疑,这种生活也很为小文森特称道和羡慕。

文森特像他朴实无华的母亲,而不像他外貌英俊的父亲。他属于中等身材,体格强健,蓝色的眼睛,一头红发,而雀斑并没有随着青少年时期的度过而消失。他的母亲声称他是家中唯一身体强壮的人,在文森特的回忆中他的少年时代是不快乐的,父母经常挑出他的"不规矩行为",因为在他置身的道德环境里,有严格的纪律规范。早年,父母甚至不许孩子们离开牧师住宅的花园。据他妹妹伊丽莎白说:"兄弟姐妹对他都像是些陌生人,对他的青少年时代也同样陌生。"[2] 和文森特相比,弟弟提奥则继承了父亲儒雅英俊的特征,并被看作是个模范儿童。

在文森特的童年时期,北布拉班特还远没有被荷兰同化。早在十六世纪反对西班牙统治的荷兰起义之前,它是布拉班特公国的一个部分,这个区域一直延伸到布鲁塞尔南部。1648 年,根据明斯特和约,它被割让给了重新组成的荷兰共和国。但是和荷兰主要的七个省份不同,它由荷兰的两院制国会控制,而不是由它自己的公民实施自治。北布拉班特成了全国廉价的劳动力市场,直到十九世纪初叶,才获得和全国其他地方相同的行政地位。甚至到了梵高的童年时代,它还继续保持低于北方各省的生活水准。

由于和老布拉班特公国的历史渊源,北布拉班特不同于荷兰的其他地方,这里,天主教占压倒的优势。在梵高牧师的小教堂里,仅有极少的人前来聚会,而其他人都加入主导着这个城镇的庞大的罗马天主教会。这两群人之间的仇视没有消除,作为一个新教牧师的性情孤闷的儿子,由于属于不受信任的少数,可能比大多数人遭受了更多侮辱的嘲讽。

津德尔特周围的布拉班特农村是一片由小农场、未利用的沼泽和松树林组成的土地。虽然在经济上依赖于像土豆、黑麦、荞麦这样的农作物,但它的土地并不是特别肥沃,只有在人口稠密的地方,土地才被利用。它的居住者是农夫,他们生活在饥饿的边缘,住着阴暗的茅屋。年轻的文森特借助这片土地和生活在这片土地上的人们,使自己从家庭和城镇生活所产生的隔阂感中逃遁出来。他总是赞美他幼年时代的环境,这环境对他的影响从未中断过。有一次他引用克伦威尔^①的一段话,这段话也适用于他自身:"土地的灵魂似乎渗进了人的灵魂。通常,生机勃勃、热烈而又深厚的信仰似乎是从贫穷而阴郁的农村产生的;可能一个国家都是,可能一个人。"[3]他感到自豪的是,在他心中,始终保留着对布拉班特的田野和灌木丛的记忆。在那里,他虽然独处而不会感到寂寞。[4]对爱的渴望使他将这个安静平和的农村当做是慈爱的、哺育万物的母亲;他引用了索维斯特尔^②的话,称这块土地是"养育你、滋润你的一切,是你所挚爱的一切"。[5]他爱在其间作徒步穿行,玩味其中的花和树、鸟和昆虫,并与它们建立亲密关系,这在若干年后对他的绘画产生效用。

文森特像迷恋这块土地一样地迷恋故乡的人们。"一个人的乡土不单单是指自然环境,"他写道,"还必须要有追求和感受同样东西的心灵。唯有如此才是乡土的全部,唯有如此你才有在家的感觉。"[6]他在"单一的布拉班特模式中"[7]发现了这些人的心灵,他们是些贫困、营养不良的农人,在土地上耕种,在织机和纺车上劳作,而住的则是阴暗的茅舍。他们并不美丽或英俊,也许是由于漫无休止的劳作和贫乏的食物,他们的脸上显示着苦难的印记。在瞻仰他父亲一个亡友的遗容时,他谈论说:"哦,它是如此之美,对于我来说,这所有的特征体现了家乡特有的魅力和布拉班特人的生活。"[8]也许,正是在这样的人中,他首先开始在别人看到丑陋的

---

① 奥利弗·克伦威尔(1599—1658),十七世纪英国资产阶级革命独立派首领。
② 索维斯特尔(1806—1854),法国小说家和民俗研究者。

地方看到了美，这种感知影响了他的绘画风格和内容。他把自己和这群粗野的、不幸的、底层的人们等同起来，视他们为美丽，因此，他觉得自己更能被接受，也更值得称赞。

毋庸置疑，梵高太太自己的兴趣激励了文森特的绘画热情，而文森特叔叔的艺术修养及其私人收藏推动了文森特去观摩这些杰作，并了解创作它们的画家。家里把文森特叔叔尊为梵高兄弟中最有天赋的一个，赞扬他功不可没，卓有成效地将古皮尔公司发展成为欧洲最大的艺术连锁商店。殷实富有的文森特叔叔退休了，住在靠近津德尔特的普林哈格，那是布雷达的一个富裕郊区。作为侄子的文森特频频造访他，文森特叔叔成为这个少年最喜爱的亲戚。在他的普林哈格宅邸中有一个出色的艺术画廊，"在那里，"文森特的弟媳梵高-邦格①写道，"文森特和提奥获得了对绘画世界的第一印象。"[9]

也许，科尼里厄斯叔叔和海因叔叔也影响了文森特在绘画上的兴趣，科尼里厄斯经营着阿姆斯特丹一家很有声望的画品商店，这家商店以他的名字冠名，文森特有一次提到，他有"你在海牙［古皮尔公司］从来没见过的绘画和版画"。[10]海因叔叔在鹿特丹有一家艺术品商店，后来他成为古皮尔公司布鲁塞尔分部的负责人。

文森特存世的最早画稿作于八到十一岁之间，题材包括画得很细致的花、树叶，以及桥、狗、牛奶罐，还有哥斯林柱等习作。其中的一幅农舍作品和一幅水彩风景画显露了一些人们在他后来的

---

① 梵高-邦格(1862—1925)，梵高的弟媳，即提奥的妻子，全名乔安娜·梵高-邦格，是一位荷兰编辑和梵高兄弟书信的译者，著有对梵高的回忆录，对挖掘梵高的生平事迹起了重要作用。

成熟作品中发现的特色。无疑,文森特童年时代所表现出来的才能,使他得到他的叔叔们——有所成就的艺术热爱者,以及他父母亲的赞许。

由于父辈的好学,由于《圣经》的启迪,由于牧师公馆的安静隔世,在如许环境的熏陶下,荷兰牧师们的子弟往往能成为有学问和有才能的人。文森特去公共学校接受正规教育,始于他八岁生日的前三个月。由于担心和农家孩子相处会使他变得过于粗野,不久,父母就让他退学,在家里由家庭教师授课。在十一岁之际,他的父母将他送入泽文伯根的扬-普罗维利寄宿学校,这所学校距津德尔特十四英里。两年后,转入另一所距津德尔特十七英里的蒂尔堡市的寄宿学校,待了十八个月,刚好在他十五足岁前夕离开。和其他许多具有卓越天资的人一样,文森特认为在学校里他"确实什么也没有"学到。[11]无论文森特所受的正规教育多么有限,他对阅读的爱好和对知识的渴求,使他成为一个在语言、文学、世界纪事、艺术历史等方面博学多识的人。他在写作上充分表现了自己的才能,据说这是来自母亲的遗传,以致他的书信集几乎和他的绘画同样出名。而他自我强加的人际隔绝,有助于他获得知识,因为书籍就像大自然一样,是他的人际关系的替代品。

梵高家的经济状况迫使文森特在十六岁的时候外出谋生;在文森特叔叔的帮助下,他被古皮尔公司雇用。古皮尔公司在巴黎、伦敦、布鲁塞尔、海牙以及纽约均有分部,除了卖画外,公司还制造和发行画的复制品。年轻的文森特首先被派往海牙分部,H·G·特斯蒂格是这个分部的经理。七年中的大部分时间他都留守在商行里,他是个勤勉的工作人员,他的举止和衣着都很传统。1873 年

5月,他被调遣到伦敦分部,这时,他甚至给自己买了一顶大礼帽,它是当时商人一致的标记。

二十岁这年,他在伦敦,这是关系到他命运走向的重要时期,他恋上了房东的女儿厄休拉·罗耶。厄休拉在父亲逝世后,和母亲从法国南部迁来伦敦。她们办了个日托学校,并接纳寄宿者;文森特在1873年8月搬来此处,其时他不满二十一岁,这对母女的亲密关系给文森特留下至深的印象,他渴望自己也能够拥有如此魅人的亲情,他写道:"我从没看过或梦想到她和她母亲之间的那种爱。"在暗恋了几个月后,他终于向厄休拉倾诉自己的爱慕,只是发现她已经订了婚,他被拒绝,他"做了所有的尝试",想说服她放弃她的未婚夫而转向他,但是失败了。由于对拒绝的极度敏感,使得他之前不敢接近她,而现在又使他陷入了长期的忧郁状态。他后来写道,这一经历让他"羞愧了许多年"。[12]

虽然文森特还继续住在罗耶家中,但他却对自己的工作失去了兴趣,他常和雇主争辩,性情变得越来越乖张异常。他把对厄休拉的愤慨转移到艺术生意上,他宣称自己厌恶将毫无价值的艺术品去卖给那些不知情的顾客。他对宗教的热忱却在与日俱增,花很多时间阅读《圣经》和作画。在1874年10月,他的雇主将他调往巴黎分部,希望暂时变换一下环境能对他有益,在那里他结识了一个伙伴,一个名叫哈里·格拉德韦尔的英国人,《圣经》是他们共同的兴趣。1875年1月,文森特返回伦敦,可是他的状态毫无改观,到了该年5月,他再次被调任巴黎,在该年的十二月,他不顾雇主的反对,丢下繁忙的生意,返回荷兰和父母亲共度圣诞节。到了1876年,他的状态进一步恶化。他的郁郁寡欢,他的情绪低落,以及他对宗教的着魔,迫使他的雇主在 4 月 1 日,即他二十三岁生日的第二天,将他从公司解雇。

由于在肯特郡海岸的拉姆斯盖特找到一个新职位,在一所男童学校担任斯托克斯先生的助理,于是文森特重返英格兰,他渴望能够接近厄休拉,然而又害怕靠她太近。学校不发他薪水,仅提供膳宿。不久,这所学校迁到了伦敦,在那里,他的职责之一是向住在贫民区的学生家长收取学费。这一经历加深了他对贫困者和受压迫者的关注,他已经把自己和他们等同起来。从那时起,他还把自己看作是他们的恩人,这一自我形象将影响他以后的所有活动。

1876 年 7 月,文森特转入艾尔沃斯的一所男童学校,担任类似的职务,艾尔沃斯是伦敦的郊区,学校由声望很高的琼斯先生主持,他是卫理公会的牧师。文森特对宗教深为着迷,他渴望帮助别人,而琼斯先生作为一个榜样,引导他考虑去做一名牧师,就在这个时候,他开始了本书第一章描述的布道。

圣诞节,文森特照例又回到父母的身边度假,在经过一场家庭谈判之后,他决定留在荷兰。从 1 月到 4 月,他在多德雷赫特的布鲁斯-凡布拉姆书店任职,在那里他的充满负疚感的忧郁更加浓重了,而他耗在研究宗教上的精力,比用在销售书籍上的多得多。一位那时候在他身边工作过的同事布拉特先生写道:"他过着绝对孤独的生活,他在岛上四处徘徊,却总是孤身一人…… 在店里,他几乎一言不发,总之,他是一个隐士。"[13]文森特把他的"深重的沮丧"归咎于他的不断失败,[14]但他没有看到,这种潜在沮丧才是导致他失败的根本原因。因为他觉得自己像个失败者,他栽培了失败,然后又进行自责。

二

由于谋生的压力,由于他最喜爱的亲戚文森特叔叔的鼓励,文森特怀着对绘画作品的迷恋进入古皮尔公司。但是做生意非他所长,他的自暴自弃行为最终导致他被解雇,然而也使他得以脱离这种令他生厌的生存方式。作为一个和自身阶层格格不入的局外人,他将自己和苦难的人们融为一体,觉得去迎合阔绰的顾主很不自在;作为一个视自己为丑陋的人,这种感觉由于厄休拉对他的拒绝而加深了,要他身穿礼服,摆出富人惯有的温文尔雅,无疑如坐针毡。作为一个爱和大自然亲近互动的人,整天在城市的店铺里工作,就像关在监狱里一样受罪。他身上有着无穷无尽和躁动不安的能量,需要借助体力上和精神上的活动来宣泄,可是却被这种呆坐的工作遏制了。

猜疑伴随着沮丧而来,他对他的雇主和买主的动机产生怀疑。"那些展览会,那些画品店,每一样东西,所有的一切,"他写道,"全被那些拼命捞钱的家伙所掌控。"[15] 此外,他抱怨大多数以昂贵价格买画的人都是投机商。"也有真正的、严肃的鉴赏家,但是这或许只占生意总额的十分之一…… 这是真正出于对艺术的信仰。"[16] 最后,这种愤懑延伸到他的叔叔们身上,因为他们是靠画品的交易致富的。例如,在文森特本人成为一个画家的时候,他宣称:他"宁可过以手糊口的生活,也不愿落入梵高先生们的支配之中"。[17]

他决定放弃艺术生意,沿袭父亲的脚印,去成为一个牧师。作为一个既能帮助别人,同时又能从讲道台上俯视他们的人,也许,他会感到负罪感少了，卑下少了，丑陋也少了。作为一个以基督的博爱精神和人们维系关系的人，他的猜疑和愤懑会被减弱。他的父亲成了这项事业的理想楷模，这样一个人"比大海还要美丽"。甚至连伟大的艺术家都不可能与这样的引路者相提并论；他父亲的生活和他最敬仰的画家——伦勃朗和米勒的很相似，但更有价值。[18]通过努力，去成为像他父亲和其他宗教前辈那样的人物，他可以去继续他们的工作。"就目前来看，"他写道，"…… 在我们家中，总有人在传布福音……我热切地祈求和真挚地希望，父亲和祖父的精神能够长驻我的心中…… 我的生活能够越来越像他们的生活。"[19]

孩子们将自己的父亲理想化是司空见惯的事情，而这种理想化没有比牧师的孩子来得更为强烈。牧师是神圣的父亲，具有旁人没有的超凡品质。特殊的衣着，特殊的神态，是他们和其他父母的区别之处，在位居天国的神秘上帝和尘世的普通会众之间，他们充当着桥梁，其时，他们始终精心修饰他们的仪表。孩子们到了青年时期，这种理想通常被非常现实的评价所替代，抑或转化为彻底的对抗。虽然幻想破灭的体验是痛苦的，却产生了一种有益的作用。独立的部分代价是，年轻人在他自己和他童年所依赖的父母之间挖下了一道鸿沟，无疑这样的情况对文森特同样发生了。但是此刻，在他二十五岁左右，由于对爱情的忧郁渴望，由于不顾一切地追求更好的生活，促使他再一次回到儿时父亲令人敬畏的形象中去。

三

1877 年 5 月 9 日，为了准备参加阿姆斯特丹大学附属神学院的入学考试,二十四岁的文森特来到阿姆斯特丹。他跟从一个犹太学者,门德斯·达·科斯塔医生①学习拉丁文和希腊文,并下榻在海军中将约翰尼斯叔叔的家里,约翰尼斯叔叔当时负责阿姆斯特丹的海军工作。文森特抱着对成功的热望开始了学习,但是到5月底,沮丧情绪又死灰复燃,他无法将心思专注在课程上。他再度责备自己,声称他的"邪恶自我"使他成为一个招致别人痛苦的蒙羞者。门德斯·达·科斯塔写了一段描画他那不幸学生的话:他垂着嘴角,露出一种"难以形容、如阴霾般的伤心绝望",[20]并且说话的语调带着浓重的忧郁。

在以后的六个月里,文森特不再专注他的学习,他认为对于希望成为一个正直牧师的学生来说,这几乎是在糟蹋时间。学习拉丁文和希腊文对他今后的主要工作——安慰人们的痛苦——毫无帮助,而教会对这些科目的强调,正是它缺乏人性的证明。在阿姆斯特丹逗留一年之后,文森特自知没有可能获得神学院的入学资格,他的家庭原谅了这个失败者,认为这是由于让他脱离学校太久的缘故,故而也不指望他能顺利入学。鉴于文森特的学养和他在通信中运用法语和英语时表现的娴熟(也许德语也是如此,因为他在英格兰曾经教过男童德语),这样的解释似乎是不充分的。更大的可能是由于忧郁和缺少推动力,才使他不能有效地从事学习。当他更接近神职人员的现实状况时,他发现,在他帮助苦难人们的愿景与神学院培养的成功牧师之间,存在着巨大的差异。他的结

---

① 门德斯·达·科斯塔(1833—1900),美国医生,以发现达-科斯塔症(一种兼有疲惫、呼吸困难、心悸、出汗的焦虑症)而闻名。

论是：从事宗教事业与投身绘画生意、经营郁金香球根的买卖并无什么不同。[21]

文森特回到父亲的牧师公馆，现在父母已经迁居埃顿。他决定做一个纯粹的福音传道者，去帮助穷人，去传布《圣经》。他希望在担任这个职务的过程中，能够避免和教会中有权势的上层作密切的接触，他觉得他们的存在是毫无价值的，而去和穷人以及被压迫者建立一种关系，他认为是值得的。

1878 年 7 月，他父亲和从英格兰来他家访问的琼斯先生一起，陪文森特来到布鲁塞尔，为的是帮他确定一所福音传道学校。文森特申请入学并被获准。8 月，他回到那里，开始一个为期三个月的课程，然而在三个月的学习期将要结束之际，福音传道委员会拒绝给他一个正式的工作任命，理由是他没有遵守有关规定。一个同学说："他不懂什么是服从。"[22]

不过，文森特还是接受了一项试用，去博里纳日做一个福音传道者，由于这是一个贫穷的地区，所以对宗教顾问的资格审定不是太严格。博里纳日在比利时的南部，是靠近蒙斯的一个脏乱而惨淡的产煤矿区，是一片贫瘠的不毛平地，其间耸立着一座座荒凉的煤丘。目前，对文森特而言这还算是个理想的职务。他的忧伤和失望被淹没在人们的贫苦生活中，被淹没在阴郁的农村里。在他眼里，这令人沉思的景象变得美丽起来，并激励他去行动。这块土地就像他自己的祖国——荷兰的那片灌木丛生的荒地，无疑，这里"朴实而温厚的"[23]人们，唤他想起可爱的布拉班特农民。

在帕图雷日村作了短暂的逗留后，文森特获得一个任命，到附近的瓦斯姆斯村去工作六个月，在那里，他的任务是讲授圣经，但他的充沛精力却主要用于帮助穷人和病人。他不再继续生活在孤独之中，现在，他成了矿工和他们家人的护理和教师，并被他们心悦诚服地接受了。

当他来到帕图雷日村的时候，当地的牧师注意到："他衣着得体，举止庄重，在身体外表上显示了荷兰人爱整洁的全部特征。"[24]可是，不久他就离开寓所，搬入到肮脏的茅屋中。"他的脸通常比矿工的还要脏。"当矿工们起来反抗残忍的矿主，将要酿成暴力冲突之时，据说是文森特用他道德上的感召力使他们恢复了自制。为了帮助这些饱受凌辱的男人和女人，他倾己所有，捐出自己的钱和衣物，为此把自己搞得憔悴不堪以致病倒。但他却被谴责表现了一种"过分的近乎于丑态的热情"。也许，正是这种表现和他不修边幅的外表，导致了他被免职的结局，虽然 1879 年 7 月，宗教委员会在拒绝继续任用他时，仅仅责备他缺乏演讲的才能。

委员会的解释有几分是真实的，即便是文森特本人，也清楚自己的弱点，像他父亲一样，他布道时，语言的表达不甚流畅达意。总而言之，此刻他确信，要想成为一名成功的福音传道者，和成为一名成功的牧师是一样的，要求他是一个"体面的人"，一如梵高家族中的其他成员，而这种体面被他谴责为虚假和伪善。"失败"可以让他放弃这一目标，转而去寻求更理想更适合他才能的生活道路。至少，这样的观念导致的部分结果是：他在开始怀疑教会的同时，也开始对父亲产生怀疑，他需要逐渐摧毁对父亲已有的认同感，以便去进行其他的追求，现在文森特在父亲身上找到的只有令他生厌的东西。

四

文森特搬到附近的库斯梅斯村,和一个名叫弗兰克的福音传道士同住。虽然教会当局已不再承认他,但他还是继续为镇上的民众服务了一段时日。对宗教的怀疑越来越令他困惑,他以阅读狄更斯和斯陀夫人等人的著作来代替阅读《圣经》。几个月后,他放弃了福音传道,从这一领地退出,在深沉而无诉的苦痛中度过了将近一年。从1879年10月到次年7月之间,他那支平时闲不住的笔,竟然连一封信都没有写。最后,在1880年7月,他突然宣称:他的目标是成为一个画家。

在为时漫长的沮丧期中,当这一决定萌发之际,提奥明显地指责他是懒惰。对此文森特不以为然,他清楚这是他在尘世能为自己找到的唯一出路:"这是一种奇妙的'懒惰'……但我不确定有些做法是不是对,比如,为了对抗这样的责难去做一个面包师。这确实是一个果断的回答…… 然而同时也是一个愚蠢的回答。"[25]精神病学者也许满足于将这个不好动的懒惰期诊断为具有精神病特征的抑郁反应,但是却忽视了它对文森特的未来以及对绘画发展所起的积极推动。在此期间,他用自己的忧郁激活了他的创造力,忧郁集合了他性格中的多种因素,忧郁使他以一个全新的姿态——农民画家文森特的姿态而崭露头角。埃里克·埃里克森①称这样

---

① 埃里克·埃里克森(1902—1994),美籍德国儿童精神分析医生,当代精神分析自我心理学的著名人物,1902年生于德国法兰克福,后移居美国。

的冬眠期为心理社会性延展①，其间一个人"可以在他所处的社群的一些层面中找到适当的位置，这位置是被严格界定的，而且也似乎是特地为他设立的。在寻找它的过程中，年轻人会获得一种具有内在连续性和社会同一性的自信意识，成为他作为一个孩子向即将来临的蜕变进行过渡的桥梁，并会调和他对自己的认知与社会对他的认识"。[26]

文森特以自己的方式来描述这个时期："作为蜕变期，对鸟类而言，这时候它们只是变换羽毛而已，但对我们人类，那样的逆境和灾难是个艰难的阶段。有人会留在其中——沉入这蜕变之中而不能自拔，也有人会重新出现。但是不管怎样，蜕变期决不会当众展示，那是绝对不引人欢喜的事，所以这时唯一要做的事就是隐匿自己，好吧，只能任其如此！"②

一个曾经把自己看作是丑陋、没有爱、孤独而不受欢迎的小男孩，在他的冬眠过程中，是怎样转变成一个负有使命感并对自己的巨大潜能充满信心的画家？至少，部分答案可以在这样一条线索中找到：在他的青少年时期，他个性的各个方面被逐渐得到矫正，从而在这个新身份中以完整的面貌展现。

五

在很大程度上，文森特的斗争，是基于他的自我形象与他被认

---

① 心理社会性延展，由埃里克森提出的心理学概念，指有些青年到达成年期后，缺乏社会义务感，迟迟不愿承担成年人的社会责任。
② 作者注：这封其中出现"重新"字眼的信[133号]是他用法文写的第一封信，也许是他蜕变的一个体现。

为是荷兰人和梵高的看法之间的不一致，然而，几乎没有人过分强调这样一个事实：只有在具有荷兰道德和绘画传统的荷兰背景中，文森特·梵高才有可能出现。

荷兰主要由一个三角洲组成，它由流入北海的莱茵河、马斯河、斯海尔德河的淤泥冲积而成。它是一片非常平坦和低洼的土地，故而被称为"下沉的船"和"渗出的洼地"。结果，它成了一个用人力来调节的国家，需要巨大的人力和物力来建造和维持复杂的工程系统，如堤坝、运河、低洼开拓地、水闸、水库、以及泵站等系统。人们还必须警惕潮水上涨所引发的危险，浩大的水量顺着海潮涌入荷兰的江流、运河和湖泊之中，导致大气潮湿，天空难得晴朗，一年之中，有二百天以上是雨天。荷兰生活中的这些艰难事实造就了这样一个民族，他们养成一种奋发工作和忠于职守必须有的美德。

一个弱小而不设防的国家是无法抵御外敌入侵的，荷兰长期处于外国的统治下，但是荷兰人最终还是赢得了解放，得以维护他们自己的地位。此外，荷兰的地理环境和荷兰人的性格的结合，使得荷兰的商业、航运业、工业以及银行业兴隆起来。结果成了一个由中产阶层占主导地位的国家，他们的财富积累达到很高的价值。而它的农业耕地和畜牧场则被分割成小块，需要一个庞大的农民阶层努力工作，尽管他们劳作不辍，但却守着贫苦的生活。

为了打破这种地理、历史、社会的局限，需要具有共同目标和特性的人们合作奋斗。只有这样，在这个人口稠密的国度里，国民才会没有摩擦地在一起工作，并防范被国外统治者并吞。孩子们被灌输的是对文化传统的信仰，一种以勤勉为荣的精神，以及一种凌驾于感官享乐之上的成就感。为了维持这块土地，需要顽强执着、严肃认真以杜绝草率轻浮；感情的表达受到克制，而刚毅的行动得以提升。在这片泥泞的土地上，清洁和整齐是有责任心的民众的必要品行，而荷兰妇女更是重视干净和端正，但是，窗子和门槛的洁净状况却始终没有被延伸到人的身体上——这是荷兰人幽默的自嘲。

处于生命早期的荷兰儿童，很少有人例外于荷兰人的传统规范。自然，进入青年期，他们往往会呈现反叛精神，而在实际的需要和孩提时代被灌输的道德的推动下，长大成人后，会再一次学会接受这种传统规范。梵高的反叛来得较晚（或者，是以另一种方式表现，他的青年期被延迟了），但是却持续到最后。

"荷兰人"这个词暗示的是辛劳的工人，他勤于行动而不善言语；又使人联想到崇尚实际的人，他自豪于准确看清事物的本质，他坚定、忍耐而又高效；还使人联想到这样的人，他的行事以精细的观察和深思熟虑为基础，而不是凭一时的冲动。连续不断地和规则在翻来覆去变化着的海洋、大河、田野、奶畜作斗争，需要一种无穷无尽的给养，这就是有备、诚实、勤奋和一丝不苟。

荷兰人被描述成这样一个人：他不相信没有根据的论断。他避开幻想，把它留给他羡慕能有这种自由的法国人。"总有空间去容纳又一只驯顺的绵羊"是一句谚语，意思是说荷兰人需要相互协作。不过他是独立的、崇尚个人主义的，宁可把自己隔绝在家庭的隐秘之所，也不愿到公众中去寻找快乐。然而，强烈的实用主义意识迫使他在实际和重要的措施上进行合作。他的无数规则表明，如果要想拥有他所珍视的秩序，就需要取得外界的支持。

强烈的好奇心吸引他将"鼻子"伸入到邻家的事务中去——这个特性也许有助荷兰人为了他们的自我生存而相互保持一致,从而去为合作付出必须的努力。他严于律己甚至谦逊,他鄙视自我美化,但对他的国家保持一种沉默的骄傲,这种骄傲是建立在成就感和抵制自我菲薄的基础上的。同时他臆想事情在别处也许会好一些,故而他留神听取外国人的声音,尽力吸收消化外国的思想观念而又不丢失自己身为荷兰人的本色。

虽然国民是绅士(deftig,荷兰语),是威严和谦卑的结合,但是荷兰人的形象也有更负面的方面。奋发工作和坚定不移也许会以固执和褊狭的形式出现。以行动为导向的反应,由于情感和想象在其中瘫痪,所以也许会导致愚钝和教条;缺乏热情的不折不挠,也许会变成玩耍的快乐和感官满足的蹩脚替代物;注重细节,也许会变成对琐碎小事的纠缠不休;爱好清洁、整齐,也许会演化为可笑而拖累人的庸人自扰。市民的自信感,会变成纯粹的自以为是;当农民还在把头弯向地面时,他的尊严和谦卑也许不会阻止他把脑袋仰向天空。梵高开始在他父母、亲戚以及同胞身上看到他们常有的这些分裂出来的消极面,对此,他毅然决然将它们从自己身上摈除。

不论这种正面和负面的描述是否准确地刻画了绝大多数荷兰人的个性,荷兰的文学作品则证明它构成了这个民族的自我形象。对文森特·梵高更重要的认知是,他自己抱有这种对荷兰人的看法,他在他的家庭和他本人身上辨识到这种荷兰人的形象。但是他童年时代受到不同寻常的事件的冲击,其影响因十九世纪下半叶荷兰社会的动荡而增强了,他不可能再接受这样的形象,但也不可能彻底抛弃它。在某种程度上,是他身上的荷兰特征与反对它的力量之间的斗争,才使文森特有可能成为一名伟大的画家。

文森特受到荷兰传统的熏陶,被赋予了赖以获得成就的必要特质。他是一个勤奋的工作者,潜心修炼他的技能,而天赋本身(不管那意味着什么)是不足以使他如此专注地沉入其中达十年之久。荷兰人不畏失败的执着是力量的另一种来源。像其他典型的荷兰人一样,文森特是个崇尚实际的人(虽然外表上有时看不出来),他不赞成过度沉湎在想象之中。他谦逊,他崇尚苦行,他沉默寡言,他厌恶炫耀和吹嘘自己。他严于律己,虽然当他没有处于极度抑郁之时,他也承认自己的优点,他有强烈的渴望去为合作而努力。

他身上的这些荷兰人特点,是在父母和荷兰文化的熏陶下形成的。但这些特点因为他童年时发生的一些偶然事件而被增强,有些甚至被夸张到了滑稽可笑的地步。

作为一个青少年,他为自己的祖国和同胞而自豪,但当他长大,便开始对他们逐渐产生怀疑和不满。他大声宣称反对他们的心胸狭窄、伪善、自以为是、贪婪和学院派作风。在他的绘画生涯中,他遵循着类似的然而更难以捉摸的道路前行。他的早期作品所表现的是荷兰人的特色,到后来,他的创作与这种风格相背,反映了他对国人的反思。

六

作为一个荷兰革新教派牧师的儿子,几乎没有必要去强调加尔文主义对他影响的重要性。加尔文派教义在荷兰的推广,加强了由荷兰的地理和历史地位发展起来的民族特征。约翰·加尔文虽然是一个具有绝顶智慧的宗教天才，然而他靠冷峻的理性和严格的信条而生活。相应的、遵循其教诲的、严谨的革新派教会，特别适合那些沉溺幻想需要被劝阻的民众的政治和经济需要，这种沉溺可能会导致他们忽视自己的职责。而它的前身，罗马天主教会，其宗教画像、精致的仪式和神秘的倾向，是不甚适合结出合作之果的，这种合作是困难的地理条件所需要的。天主教鼓励情绪上的充电，赞同以幻想的方式激励行动，于是工作可能会成为奢侈淫逸和肆情享乐的从属物，这在南方那片温柔的土地上是更能被接受的。与之相比，加尔文教派则坚守上帝的旨意，鼓励苦行，努力于工作。

根据马克斯·韦伯的论点[27]，加尔文派教义还有利于那些从事工业、商业和贸易的人。如果把生意中的利润再投资，或存起来，或用于支持制度化的慈善事业，则赚钱也就成了一种宗教行为。"顶级"的加尔文教徒往往是最富有的。坚持一切由神预定之说的加尔文派教义，总是处处为荷兰富裕的中产阶层与贫困农民和劳工之间的悬殊差别辩护（就像他们的南非后裔波尔人，现在，他们使自己与黑人的关系合理化了）。国民财富积累程度所表示的是接受恩惠的情况，如果一个人是贫穷的，则这是上帝的旨意。由于慑于触怒上帝，由于害怕蒙受耻辱，懒惰被杜绝了。教会的教义把社会的不公归于上帝的赞同，于是穷苦的农民和像梵高这样把自己和农民融为一体的人，只能将愤懑郁积在内心深处。

很多人希望修正韦伯的论点，乃至直接向他发出挑战。例如，经常有人认为，富裕的自治区市民比牧师以及普通的民众更具有宽容心。然而,就对青少年时代的文森特·梵高的影响而言,这些确实是比较重要的因素。大多数自治区市民归属于占统治地位的荷兰革新派教会,荷兰人称它"Hervormde",它虽不同于它的弱小竞争者——荷兰人称之为"Geeformeede"的刻板的加尔文派教会,但它也绝对不是一个快乐而挚爱的团体。其教义必然导致鼓励人们对威严的上帝作带罪的忏悔,而不是强调和挚爱上帝神秘结合的快乐。梵高在否定革新教派父母的同时,也否定了这个教会,因为它不能满足文森特对这样一种结合的强烈希望,而对两者的否定激发了他,他转而到艺术中去为自己的希望寻找出路。

七

当文森特以一个画家的姿态出现时,他将自己和"梵高"这个姓分开,而仅以文森特自称。在他成年期的素描和油画作品中,没有一幅签有他家族的姓,他解释这是因为外国人读不出"梵高"这个音。[28]然而他最早画的有关荷兰人物的草图,根本就无意于向外国人展示,但是签名也还是"文森特"。其实,他是遵循伦勃朗·凡·莱因——他所景仰的伦勃朗的做法,不过还有另一个含义,那就是表示他在精神上和他的父亲、梵高家族以及荷兰革新教会作彻底的决裂。这是到艺术中去寻找自己的出路必须迈出的一步。文森特认为他的父亲固执、愚蠢、冷漠,并且褊狭,他宣称:"我不是梵高。"[29]至于其他聚钱敛财的"梵高先生们和他们的公司"[30],在他看来是同样的可悲。当他意在成为一个牧师时,他的父亲和祖父是他心仪的偶像,而当他成为一个画家的时候,他们在他眼中则变了样,"他们有一些阴暗、沉闷、陈腐的东西,如此严重,以致令人作呕"。[31]

文森特在剪断与父亲精神联系的同时,加强了和弟弟提奥的联系。提奥在 1873 年进入古皮尔公司,他开始成为文森特与人世间联系的主要纽带。提奥不仅作为兄弟和幼时的伙伴照顾他,而且还像是父亲、母亲、映像、亲人、听众、良师益友、病人以及精神治疗医生。文森特之所以能够和提奥保持亲密的关系,是因为在他眼中提奥不是一个卑鄙的生意人或一个奸诈的梵高先生。"你也是梵高吗?"[32]文森特问他弟弟,然后他自己又以否定来回答:"我一直将你看作是提奥。"他原谅提奥投身艺术生意,把这归咎于父亲的影响。[33]在两兄弟之间的相互作用下,他们分享共同的兴趣,他们相互充实绘画领域的知识而能够避免陷入竞争和对抗的危境。作为一个被文森特憎恶的阶层的成员,提奥用照顾文森特来洗涤自身的"罪孽"。尽管文森特偶尔对自己的求援表示歉意,但他不仅接受了帮助,而且还加以催促,当援助迟缓了他便会抱怨不已。提奥的施予使他有可能成为一个画家;没有它,文森特必会寻找另一个提奥,或者放弃他的事业,去找一个能维持他生活的工作。

八

对父亲和教会的舍弃,使他转而皈依绘画世界的理想之父——他们位居十七世纪荷兰黄金时代的伟大名字之列,他沉入到"十七世纪荷兰的黄金时代"之中,这个伟大的名称所代表的是一个全盛时期,其时,国家的财富、权势、能量以及创造力等方面均达到了一个高峰。国民期待描绘他们自身和他们的土地,这鼓励了一批画家开始画荷兰的风景。于是,从事建设荷兰的生活形态也进入了他们的作品。荷兰在成为一个王国之前,处于没有王族形象的民主政体之下,在阻止宗教绘画的教会的引导下,他们描绘普通的荷兰人,描绘平凡的事物和农村。因为抵制天主教主导下的西班牙的统治,他们还拒绝那些天主教国家的精致而虚饰的绘画,且倾向于避开历史的、抽象的、神秘的题材。荷兰绘画的特点,就像荷兰人本身,是朴素无华的,是他们那种标志性的现实主义,是一丝不苟的。艺术家专注于描绘他的主题和周围环节的每一个细节。与浪漫主义画家删去或淡化与主题无关的背景相比,荷兰的画家在处理主题和背景上是一视同仁的。也许平坦的陆地刺激了画家的眼睛,没有丘陵和山脉的阻挡,培养了它捕捉远处景物的能力,就像放目于遥远地平线的水手,容易发现打破单调的物体。敏锐的观察力也是雄心勃勃的资助人对画家的要求,他们希望为子孙记录他们生活的所有细节。

最重要的是,荷兰画家是表现光的大师,由于荷兰少有光照,使得他们异常珍视太阳的光线,并在作品中大量渲染它们。在现代荷兰博物馆的设计中,即便是小型博物馆,也体现了荷兰人对光线的重视,以及有效利用光的能力。虽然天空经常阴晦,但运动的云层和移动的阳光,产生了一种异常的具有神秘美感的变化效果,这在气候较为晴艳的地方是见不到的。由于单调的景致缺乏强烈的视觉吸引力,这种光影特征就显得尤为重要。

像国民一样,"黄金时代"的画家的倾向是在作品中避免表现情感,避免表现飘忽的梦幻。只有像吕斯达尔①这类画家除外,他们笔下浪漫主义色彩的天空、田野以及非荷兰化的丘陵,是肖像画家所力图避免的。"黄金时代"的很多绘画,以弗美尔②的整洁的室内装饰画为例,就像荷兰人的门槛和窗户那样清洁无菌。然而,一些像斯蒂恩③那样的画家,却描绘浮嚣、贪乐的荷兰人,描绘他们沉醉吃喝、玩弄爱情的生活,以此来对抗奋发工作、节制私欲的社会风尚。

安东尼·凡·列文虎克④和克里斯蒂安·惠更斯⑤,这两位"黄金时代"的卓越科学家,他们在工作中展现了相同的特征。他们还把高超的技巧、对细部和形状的探求以及对光和视觉的专注结合起来。列文虎克完善了显微镜,并且用严谨认真的观察来揭示整个全新的微观世界。惠更斯则通过透镜制作的新技术,改善了望远镜,从而在外部空间发现新的球体,并且发展了光的波动学说,其时荷兰画家正在以前所未有的方式描绘光。两个世纪之后,同样的、追求视觉印象的荷兰幻梦,以文森特·梵高的形式而出现。

伦勃朗·凡·莱因的成就达到了"黄金时代"绘画的顶峰。伦勃朗是一个蔑视荷兰传统的革新者,这在他后期的绘画中尤为突出。虽然在光感的处理上,他很为出色,但对他来说,表现人性和

---

① 雅各布·吕斯达尔(1628/1629—1682),荷兰风景画家,以描绘海洋、平原及农村景色见长。
② 约翰内斯·弗美尔(1632—1679),荷兰风俗画家,亦画肖像及风景。
③ 扬·斯蒂恩(1625/1626—1679),荷兰画家。
④ 安东尼·凡·列文虎克(1632—1723),荷兰生物学家,英国皇家学会会员。
⑤ 克里斯蒂安·惠更斯(1629—1695),荷兰物理学家、数学家和天文学家。

人的情感远比表现微小细节更为重要。和他的同时代人不一样，他不重视背景的效果，并以印象主义的方法来处理次要对象，这样能更加突显他的主题。他不顾加尔文教派对宗教画的反对，从《圣经》中借用了很多题材。然而这些题材并不是宗教偶像，而是对人类关系的描绘，在所有人的心中激起了情感共鸣。伦勃朗挑战荷兰的法则，他是"黄金时代"唯一画了大量自画像的艺术家。直到梵高出现，还没有其他荷兰人步他所开先河的后尘，梵高的自画像画于他离弃荷兰之后。然而，在挑战传统的过程中，伦勃朗和梵高两人遵循的却是传统。他们的自画像是高度的批评，而不是美化，没有人能够从他们作品中找到自我炫耀的恶劣倾向。

弗朗茨·哈尔斯①是"黄金时代"另一个伟大的肖像画家。他带有一些伦勃朗式的革新倾向。基于他们自身精神上的因素，伦勃朗和哈尔斯在生活和艺术上都蔑视荷兰法则，就像以后梵高做的那样。他们首肯自己的情感，继而将它们宣泄于世界。然而，他们这些类似的情感却毁掉了他们个人的生活，两人都在贫困和不幸的纠缠中度过余生。哈尔斯变得一贫如洗，他的有限财产被债务耗空，虽然他设法靠哈勒姆市的一笔菲薄的养老金生存下来。伦勃朗则在不久之后就成了破产者。

九

在艺术家、科学家抑或其他公众人物中，伦勃朗和哈尔斯并非

---

① 弗朗茨·哈尔斯(1581/1585?—1666)，荷兰肖像画家，风俗画家。笔法流畅，有节奏感，色彩简朴而明亮，突破传统画法的束缚。

是仅有的在穷愁凄凉或流落异乡中度过晚境的伟大荷兰人。众所周知的文艺复兴时期最伟大的人文主义者伊拉斯谟①，在法国、英国以及意大利的流浪中耗去了他的大部分生命，最后死于巴塞尔。冯德尔②，荷兰的伟大诗人，为了自己的政治和宗教观点历经苦难，作为一个穷愁潦倒的老人，他以一个靠政府养老金维持生计的小职员身份而终老。德·格鲁特（格劳秀斯）③，国际法的奠基人，由于政治见解被判终生监禁，并被没收财产，后来设法逃离监狱，在法国写下他的重要著作。克里斯蒂安·惠更斯则客居巴黎，在那里度过了一生中的大部分岁月，他视自己为世界公民，而不是荷兰人。两位被学术同行拒绝接受的伟大荷兰生物学家：凡·列文虎克被家乡的莱顿大学排斥；博物学家和解剖学家斯旺默丹④，因为拒绝考虑父亲的要求，坚持投身自己的科学研究和医学实践，结果死于贫困。文森特·梵高所走的道路是对这些伟大荷兰前辈的沿袭。

十

文森特诞生之际，荷兰社会的发展和艺术上的恢复正开始加强，这为又一个荷兰人在绘画世界露其头角创造了时机。在十七

---

① 德西德里乌斯·伊拉斯谟(约1469—1536)，原名盖哈尔脱·盖哈尔兹，文艺复兴时期尼德兰人文主义者。
② 约斯特·冯德尔(1587—1679)，荷兰诗人、剧作家。
③ 胡果·德·格劳秀斯(1583—1645)，荷兰法学家、古典自然法学派的主要代表之一，近代国际法奠基人。
④ 简·斯旺默丹(1637—1680)，荷兰博物学家，比较解剖学和显微解剖学创始人，莱顿大学医学博士。

世纪下半叶的开初,由于英国军事力量的上升以及与法国旷日持久的战争,使得荷兰的国力、声望和创造力在很长一段时间内处于衰退状况。十八世纪,由于颓废之风在富人中盛行,加上国家内部事务的停滞,使得荷兰一蹶不振。十八世纪末,拿破仑的统治及与英国的一场战争,导致荷兰失去了很多海外属地,而且它的航运业和对外贸易业也被中断。

1813 年,拿破仑被打败,现今的君主立宪政体得以形成,荷兰开始复兴,不过直到梵高诞生的十九世纪中期,复兴才全面展开。更进步的政治力量开始掌握了国家权力,托尔贝克①,那个时代杰出的开明政治家,制定了适应时代的法律和法令,改善教育体制,推行选举制度。繁荣回来了,国家的灵魂复活了,但是这种繁荣没有惠及农民和工人。甚至可以说托尔贝克没有为他们做任何事情。很多人过着仅仅以土豆和咸肉裹腹的生活。男人、妇女和儿童夜以继日地长时间工作,直到 1889 年,即梵高逝世的前一年,十二岁到十六岁的儿童才被禁止每天工作十一小时以上。

反对这种不公平现象的舆论日益增强,爱德华·道维斯·戴克尔②以穆尔塔图里的笔名写了长篇小说《马克士·哈弗拉尔》。它在 1860 年出版,其时梵高七岁,这部著作揭露了荷兰殖民者对东印度土著的虐待。戴克尔的抨击对象很容易就转移到了国内。继《马克士·哈弗拉尔》之后,他还出版了辛辣的讽刺杂文集,矛头直对梵高年轻时特别有权势的革新派教会牧师和资产阶级。

---

① 约翰·鲁道夫·托尔贝克(1798—1872),荷兰重要政治家之一,曾任三届首相,1848 年起草修改荷兰宪法,减少国王权力,赋予国会更大权力。
② 爱德华·道维斯·戴克尔(1820—1887),荷兰作家。

他成为当时最有争议的作家,并且在诸如梵高这样的自由思想者中间产生重要影响,梵高曾经在他的一封信中提及《马克士·哈弗拉尔》。戴克尔出版了他的杂文集以后离开荷兰,在德国度过他的残年。

虽然绘画继续流行,画家的技法臻于完美,但在十八世纪到十九世纪上半叶间,荷兰没有产生独树一帜的伟大画家。1850 年左右,约翰·琼坎①在画坛出现,他沉溺在荷兰风景画的传统中。他和布丹②被誉为印象派最直接的启蒙者,一些评论家称他为那个时代最伟大的画家之一。和之后的梵高一样,他也有严重的精神问题,为逃离荷兰而来到法国。大约在 1870 年初,一个以"海牙画派"[34]命名的群体崛起,对艺术做出了贡献,他们之中,文森特格外推崇约瑟夫·伊斯雷尔③,一个卓越的人道主义画家。在法国巴比松画派、英国风景画家以及十七世纪荷兰画家的引导下,这些画家回到自然之中,回到"黄金时代"的日常主题之中,但是又增加了现代的元素。安东·莫夫,他的画在荷兰也是被珍视的,是海牙画派的一个杰出成员。但是他的名声鹊起也许最主要是出于文森特的因素,后者是他的一位姻亲,又是他的学生。

十一

文森特崇尚海牙画派的前辈,崇尚十九世纪中期其他以普通

---

① 约翰·巴尔托迪·琼坎(1819—1891),荷兰画家。
② 欧仁·路易斯·布丹(约 1824—1898),法国画家,印象派画家莫奈曾随他学画,深受其影响。
③ 约瑟夫·伊斯雷尔(1824—1911),荷兰近代代表画家。

大众和农村风景为描绘对象的画家。米勒,这个来自巴比松森林的农民画家是他绘画活动早期格外重要的一个典范:"米勒是'父亲米勒'——对年轻的画家们而言,在各个方面他都是他们的向导和顾问。"[35]他的生父将例如赚钱的责任之类的低俗价值观强加于他,而米勒父亲能够"最有效地教会我们看,并且去获得'信念'"[36]。还有"父亲德·格鲁①",他画布拉班特的农民;另外,"父亲柯罗"[37],还有其他的画家"父亲"也将进入他的视野,这些可敬的艺术家帮助他奠定了新生活的基础,而对他们的至深仰慕,推动他去成为一个具有创造力的画家。

文森特把对父亲的附属转化为对父辈艺术家的仰慕,这些艺术家热爱土地和农民,这使得文森特既将他的依恋留在自己祖国,但又否定他所厌恶的荷兰人的特性,这些特性是和作为画家的他相悖的。作为一个农民画家和风景画家,文森特将自己从荷兰的资产阶层中分离出来,资产阶层的存在使他烦心。因为他蔑视资产阶层的衣着标准和举止,他被人认为是一个性情乖张者。对于一个性情怪异者,如果他有才能,能奋发工作,那么有什么比绘画的职业更好呢?就像那句他用在法国画家莱尔米特②身上的警句,文森特也将自己看作是"一个会画画的农民"[38]。在他自己的阶层中他很不自在,他"满足于为农民所满足的食物、饮料、衣服、床榻"[39]。这种和农民的同一性,是他画家身份的重要构成。"当我称自己为一个农民画家时,这是真的事实……在那里我感觉自在,"

---

① 查尔斯·德·格鲁(1825—1870),法国写实主义画家。

② 莱昂·A·莱尔米特(1844—1925),十九世纪末期的法国画家,多以农民题材作画,风格接近米勒。

他写道，"在矿工、炭泥匠、织工和农民……的茅舍里，我消磨了如此多的夜晚，这并不是徒劳无益的。"[40]

作为一个迫切需要帮助别人的人，他问道："在这世上，我怎样才能是个有用的人？我难道不能服务于一些目标，任何好的目标？"他未能成功完成他在正规宗教事业上的使命，他将工作转入绘画之中，他自信伟大的艺术能引导人趋向上帝。"有人在一本书〔《圣经》〕里写它和讲述它，也有人在一幅画中表现它，"他断言，"……在福音书里有伦勃朗的一些东西，或者可以说在伦勃朗的画中有福音书的一些东西。"[41]他能这样用绘画作为媒介继续布道，不受他所厌恶的教会价值观的束缚。绘画还为他对大自然怀有的热切的爱提供了一条理想的宣泄途径，在绘画中，他继续保持他早年对大自然的浪漫情怀，用审视人的眼光来看自然界千姿百态的风采。

在熟悉布拉班特的农民、伦敦贫民窟的居民以及博里纳日的矿工的过程中，文森特产生了一种革命的情绪。这一特征的核心元素，早在他还是个儿童叛逆者时就已呈现，后来在他的青少年时期消失，到了成年的初期，又变形后重现。他逗留博里纳日的期间，如饥如渴地阅读有关法国大革命的书籍，这把他的革命思想推及到所有缺少平等和自由的人们。也许是由于他生性羞怯，故而不可能产生具体的政治行动，这需要直接与其他人进行接触。然而在绘画上，文森特·梵高的革命能够找到施展的一席之地。

他个性的另一面，也在农民画家文森特的身份上有了一个避风港。例如，他是易冲动的，多愁善感的，完全没有荷兰人迟钝木讷的特点。"我是个热情冲动的人，往往不经意中做出或多或少的蠢事……"他写道，"但问题在于要力图采用一切可能的办法，充分利用那些完全相同的激情。"[42] 这激情既不能在艺术生意中发挥作用,也不能为教会所接受。而绘画却是一个宣泄它们的理想形式,最终使他成为一个原型的表现主义者。绘画还使他沉溺在热烈的冲动中,以这种状态去注视世界,且用自己的手在画布上摹写这个世界,使之成为他的自我,从而表达与世界的亲近,这是他人际关系的替代。

文森特是一个有非凡抱负的人,早在孩提时代就被灌输了成为杰出人物的重要性。但是,在他称之为"绘画之国"的荷兰,要实现这一目标,没有比绘画职业更好的选择。尤为重要的因素是,在一个重视实际的国度里,他是一个潜在的神秘主义者。虽然他那荷兰人的好恶观让他批评自己"过于空幻",但他也知道,这一倾向在荷兰的商业和宗教领域里是不可能有出路的,而在绘画中却能找到,他在作品中保留了荷兰的现实主义传统;但他的写实形式却又具有象征意义,故而以绘画作为他宣泄梦幻和神秘热望的途径是十分适合的。

梵高作于荷兰的画呈现荷兰的特色,这是不足为怪的,因为在他青少年时期,就饱受荷兰过去和当代画家的熏陶。他早期作品是些现实的描绘,包括劳作中的农人、农舍、田野、普通人肖像、街景、教堂和静物写生等。它们中的许多和旧时的荷兰风俗画相近,具有"新奇的手法和道德上的教益"。像许多荷兰画家一样,他是一个具有强烈视觉感知能力的"制图员"。像他的荷兰前辈一样,他的作品旨在面向普通大众,而不是面对鉴赏家。

文森特的那些早期作品已经显示他是一个具有真情实感、才华横溢的画家。但是,如果他没有给我们留下其他东西,如果他没有对这种风格做出反叛，他就不可能成为十九世纪最伟大的荷兰画家。他在法国创作的画，带有独特的"梵高"风格，在精神上似是脱离了传统的荷兰绘画，既不像海牙画派的作品，也不像"黄金时代"的作品。它们是凭直觉画出来的，而且一气呵成，有别于那些具有代表性的荷兰前辈，他们注重对繁琐细节的刻画。他更感兴趣的是抒发情感，而不是注重自然的色彩和自然的比例，尽管他的比例常常惊人地准确。没有其他画家，尤其是没有其他荷兰的画家曾经如此大胆地运用色彩，光的效应是荷兰绘画的灵魂，而在他的作品里，光的效应则是次于色彩效应的。他将非荷兰式的耀眼强光注入他的画中，这种光和他的绘画前辈所珍爱的隐约的微光很为不同。虽然伦勃朗、哈尔斯、约瑟夫·依斯雷尔和梵高早期的作品都表达了至深的情感，但也展现了荷兰式的拘谨；相比之下，文森特后期的作品往往令人感到惊艳。

然而，他对绘画的追求和他的绘画本身，两者都保留了荷兰特色，奋发工作，坚持不懈和仔细观察对他的职业是至关重要的。技巧也是如此，没有它，直观的、粗糙的技法都会导致事业的失败。他还描绘普通的人们、平凡的生活场景和自然界，虽然这些描画时常被扭曲变形。如是，荷兰式的道德教训和他本人坚持的荷兰艺术，隐藏到了他那明艳的色彩和骚动的风格后面。

第
四
章

粗野的脏狗

一

　　1880 年 7 月,文森特毅然决定要成为一名画家,他从博里纳日发出这个信息,并搬到一个名叫德克鲁格的矿工家里。在那里,他建立了自己的第一个画室,这个画室不仅兼作他自己的卧室,也还是德克鲁格的孩子们的卧室,就这样度过了他在博里纳日的最后几个月,他用素描画了这个荒凉地区阴暗的景色和忧伤的居民,将悲哀移置到阴郁的画中。10 月,他搬到布鲁塞尔,结识了一位小他五岁,名叫凡·拉帕德的富有画家。两人在工作中相互激励,坚固的友谊使他们保持长期的通信联系。基于热衷描绘普通人物的共同兴趣,他们在一起工作了几个月。在凡·拉帕德看来,文森特是"努力、沉思、狂热、忧郁的文森特,他以前经常发脾气,非常暴躁,但是,因为他的高尚心灵和崇高的艺术家品质,还是应该赢得友谊和赞美"。[1]

　　在布鲁塞尔逗留了六个月之后,他回到埃顿①的牧师住宅,此时,他以一个职业画家的崭新姿态奋发工作。他把始于博里纳日的素描继续练习下去,他画播种者、开垦者、劳工、女裁缝、自然风景和街景。在那里,他再一次坠入了情网。

---

① 埃顿(Etten),荷兰海尔德兰省的一个村庄,梵高父亲任教此地后,全家迁居于此。

他热恋的对象是新近守寡的姨表姐凯·沃斯·斯特里克,凯的母亲是文森特母亲的长姐,父亲是阿姆斯特丹的牧师帕斯特·斯特里克。1881 年,她和四岁的儿子来到梵高家度夏。早在这以前,文森特就深深地被她吸引。那是 1877 年,在他造访凯和沃斯夫妇期间,他曾对他们的婚姻写下一段热烈的描写,就像早先他描写厄休拉与她母亲的关系一样:"我与凯和沃斯一起度过了周一的晚上;他们真心相爱着……夜晚,在小小起居室的温馨灯光中,可以看见他们紧挨着坐在一起,起居室离他们儿子的卧室很近,他不时醒来,向他母亲要些东西,其情其景,真像是一首牧歌。"[2]

但当文森特吐露他对凯的爱恋,并向她求婚时,遭到了断然的拒绝。凯为了强调自己的否定态度,立即动身返回了阿姆斯特丹的家。文森特在 9 月向提奥披露了他的心迹:"我要告诉你,这个夏季,在我心中产生了对凯的深切爱慕,但当我告知她这些时,她回答我,对她而言,过去和将来都已归属一个人了,故而她永远无法回报我的感情。"文森特又陷入追求厄休拉时的那种状态之中,他竭尽全力,试图改变凯的想法。"让忧郁和沮丧远离我",[3]他不愿接受这个重大的挫折,他宁可相信她是病了,相信她康复之后会改变主意。"但是,她爱着另一个人,她的思想总沉溺在过去,"他写道,"甚至一想到可能会有一段新的爱情,她的良心就似乎不安起来。"[4]为了她好,他决定留在她身边,希望"去触及她把自己过度埋葬在过去阴影中的致命病根",[5]这恰好是文森特自己遭受的"疾病"。

文森特没有温文儒雅地接受凯的拒绝;他的执拗态度使他与凯的家人及他自己的家人发生争吵。斯特里克夫妇指责他如此不合时宜和粗鲁地追求爱情,而文森特的父母则一味偏袒凯的家庭。他被激怒了,愤怒减弱了他的绝望,然而,在信中,他的竭力抗辩有时会让位给希望成真的幻觉:"提奥,我爱她,是她,而不是别人,爱她,永远……在我内心有一种解脱的感觉,我和她似乎不再是两个人,而是永远地结合在一起了。"[6]

到 12 月,他做了访问凯的尝试,那时凯和父母同住在阿姆斯特丹。帕斯特·斯特里克牧师厉声让他离开,要求他永远不要再来对凯纠缠;而凯则避而不露面。后来,文森特讲述了这个戏剧性场面的其他细节:"我把手放进烛灯的火焰里,我说,'让我看一看她,就在我的手能够忍受火焰烤炙的时间里,'但是我想是他们吹熄了灯,并说,'你不能见她。'"[7]① 然而由于他对绘画的热情,避免了又一场消沉的出现,他没有重蹈在伦敦遭厄休拉拒绝后的一蹶不振。他以近于骄傲的口吻表示,他不会被忧郁击垮,因为现在他找到了他的毕生事业。

在 1881 年圣诞节那天,文森特和父亲之间爆发了一场激烈的争论,最终父亲愤怒地要文森特离开。当天,他就踏上去海牙的旅程,这次突如其来的出走,对文森特未来的道路有举足轻重的影响。文森特需要挣脱父母对自己的束缚,需要找到一个比较自由宽松的环境,而最重要的是他需要有才能和有经验的画家来指导他和激励他,使自己的能力得到增长。海牙适合这个目标,因为当

---

① 原注:文森特这样做是模仿一则有关斯埃渥拉的罗马传说,在穆尔塔图里的作品《马克士·哈弗拉尔》中写到这个人物,这是文森特非常熟悉的一本书。斯埃渥拉迅猛地将自己的手放进熊熊的烈火中,直到火焰将其吞没,靠这一着他将自己从死刑中拯救出来,并且使自己成为英雄。见穆尔塔图里(埃杜瓦尔德·道韦斯·戴克尔)的《马克士·哈弗拉尔》(纽约版,1967 年)第 30 页。

时它是荷兰绘画运动最生机勃勃的中心,而且,安东·莫夫,一个受人尊敬的画家,是文森特母亲的侄女婿,已经答应给予帮助。起初,莫夫与作为弟子的文森特保持着良好的关系,通过莫夫,文森特还结识了海牙画派的另一些有才气的画家,但是文森特无法和任何人保持长久的亲密关系,更不能长期在一个人的门下拜师,很快,莫夫就受够了,拒绝再见到他。虽然文森特把他们之间关系的破裂归咎于莫夫的心胸狭窄,事实上,他自己动辄暴怒的脾气无疑是导致这一结果的必然因素。所幸的是,那时他已经从莫夫那里获得了足够的教益,他有能力跨出老师的樊篱,去走自己的路。

文森特对绘画的热爱和他与莫夫的关系并没有驱散他对女人的渴望;甚至早在他来海牙之前,他就在信中说,他生活中不能没有女人。[8]因此,他找到克拉西亚·玛利娅·贺尼克是不足为怪的,他称她为克里斯廷或西恩,并和她建立联系。西恩是一个拖着五岁女儿的孤独女人,未婚却又怀了孕,文森特相信她需要自己,而凯却从不需要。此外,他在信中写道:"我如此地讨厌孤单,我宁愿和一个坏妓女相处,也不想独自向隅。"[9]

文森特对西恩这个带着病弱之身的妇女留下如下生动的描述:"我遇见她的时候,她的一只脚已经踏入坟墓,她的精神和神经系统也很混乱、失衡。"[10]她讨厌别人,动辄发火,语言也很陋俗;"没有谁关心她,也没有谁要她,她是孤单的,像毫无价值的破布一样被人抛弃了⋯⋯"[11]她是一个"妓女,带着麻脸,已经凋零,过早地衰老了"。而文森特用自己的眼光来领悟她:"在我眼中,她是美丽的,我确实在她内心找到了我想要的东西;她的生活一直很艰难,悲哀和逆境给她留下了印记,现在,我可以为她做点什么了。"[12]

西恩怀孕的情形唤起了他乐意助人的怜悯之心,唤起了他对婴儿的爱和对家庭生活的向往。西恩产后,他把她和她的女儿,还有刚诞生的婴儿接到自己家中。西恩成了他的主妇和模特儿,和西恩相处,是他一生中唯一和女人以亲密关系持续较久的一次。他心甘情愿地接受了西恩体质上和精神上的弱点,包揽了各种家务杂事,就像他叙述的,他经常为病人这样做。[13]同时,无论什么时候,只要发现她有一丝慈母的迹象,就会对她大加赞美。

西恩和文森特本人相似的处境加深了她对他的吸引。她也是一个悲哀、丑陋、被蔑视和未老先衰的人,也有一个不关心她的母亲。他和西恩一起分担心中的隐痛,他感到不幸减轻了,蔑视减少了,自己的年龄也小了下来。他通过挖掘西恩的美而对自身的丑陋改观了,他用对西恩的关心来发出诉求,期望别人也同样关心他。由于厄休拉和凯的羞辱,他曾经写道:"我明白我必须做的是从我自己的阶级范畴中退出。"[14]加以,一个像西恩这样为社会所侮辱和蔑视的罪人,是没有资格看不起他的。

果然,这件事导致文森特和莫夫、他的父母、他的亲戚以及他以前的上司——古皮尔公司分部经理特斯蒂格的进一步疏远。他们对他的反感固然使他苦恼,也理所当然激起他的愤懑。悲痛使人窒息,他把自己的不幸归咎于莫夫,尽管也恳请这位画家理解他。[15]同时,他也在助长那些"上等"人对他的轻视,因为他们的在场使他感到极不自在。但是,偶尔他也承认其中有他自己的责任。他抱怨说,有人在他身边让他心烦意乱,和别人说话也很痛苦,因为他给人留下的是这样一种尴尬难堪的印象。[16]以非凡的洞察力,他注意到,当他处于忧郁之中并渴求获得共鸣的时候,他的举动往往适得其反,使他想要吸引的人产生反感:"我力图装得无所谓,却言语犀利,甚至常常火上加油。"[17]

1882 年 7 月,由于一场淋病的发作而健康恶化,他被送入市立医院,住了几个星期,他的忧郁达到来海牙以后最严重的程度。当他在一个穷苦病人住的病房康复治疗期间,他注意到医生们突然把导尿管插入他的膀胱进行治疗,"没有'慎重其事'或紧张不安"。[18]而奇怪的是,在这种肯定会产生不必要痛苦的治疗过程中,他似乎找到一些满足,因为他对它的评价很好。到 11 月,他抱怨"一种越来越严重的空虚"无法填补。第二年 2 月,他说,忧郁使他不能正常做任何事情,使生活变成"洗碗水的颜色…… 一堆灰烬"。[19]不过,尽管有这些抱怨,并没有使他陷于瘫痪状态,他奋发工作,富有成效;他写的信也通情达理,很有见地,向提奥的求助也没有平时来得急切。

随着 1883 年的冬天过去,他的忧郁渐趋平复。在西恩怀孕和生病期间,他悉心照料她,容忍她一家人带来的脏乱。帮助陷于苦难中的人们有助减弱他的烦恼。他提到对西恩的"深重忧虑",[20]而不是对他自己。其时,工作进展较为顺利。"我在工作上的良好精神状态和信心,都会变得好起来,毕竟一切都在开始恢复。"[21]

不出所料,西恩使他陷入失望。西恩视他的照料和恳求于不顾,又走回堕落的老路。他无法治愈西恩的灵魂,当不得不接受这一现实时,忧郁又回来了,而且他还承受着身体上的种种不良反应,胃部不适、厌食、眼花目眩、头痛等症状伴随忧郁而来。[22]以前他站在宗教的立场上赞美他的不幸,然而,现在他把不幸想象为从事绘画职业所必需的附属物。他为什么要放弃它呢? 终于他作了解释:"伟人的历史是悲剧性的…… 他们的有生之年长期处于一种忧郁之下,因为奋斗的阻力和困难贯穿于他们的生活。"[23]当他将自己和有创造力的人关联起来,他的绝望情绪就减弱了。

在海牙逗留期间,文森特把描绘农民的兴趣扩展到描绘他们的城市伙伴——劳工和贫民区的居民。"作为劳动者,"他写道,"在劳工阶层中我觉得很自在……"[24]对他而言,置身在肮脏的地方远比处于清洁之所要舒服自在,因为后者使他想起自己的家庭,过去的挫折感和愤懑情绪又会重新激起。除了他火爆的性情之外,他和西恩的关系,也加速他和自己过去的决裂,加速他和他曾经与之联合的同路人的决裂。但是,另一方面,他又强调这种疏离的合理性,他主张:"作为一个艺术家,他必须放弃其他的社交野心。"[25]这个"决定"的事后结果是,有助文森特抵挡残余的引诱,不去求助富有的、社会地位显赫的亲戚,不去继承中产阶级的衣钵。对"梵高先生们"和他们的同盟者,他不再有什么义务,他的绘画可以始终忠于他自己的价值观,他还能以自己的方式来对抗可鄙的资产阶级。

二

家人和朋友的拒绝,他和西恩在一起造成的困境,以及源源而来的忧郁并没有阻滞文森特成为一个画家的进程。相反,逆境使他身上那些荷兰人的美德得以增强,他马不停蹄地用苦干来增进他的技能,来训练他的眼睛。在巴特·德拉法耶的《文森特·梵高的作品——他的色彩画和素描》中,载入文森特作于海牙的素描、水彩画和石印画大约二百来幅,其中有不下六十幅铅笔画和三十幅水彩画。余下的是钢笔画、黑蜡笔画、天然墨质画、木炭画和粉笔画。这些画法是多种形式的结合,经常加以彩色的薄涂层。在德拉法耶目录里还有二十三幅画于海牙的油画。

为了自己的目标,文森特继续他已经开始了的苦役,他画在土地上挖掘以及在田野中播种的农人,画劳工、樵夫、矿工、木匠、铁匠、病人和老人。有些人在从事简单的日常活动,如读书、写字、饮酒、祈祷、围火取暖等。妇女在他笔下呈现的形象是,或行走、或缝纫、或织补、或扫地、或推独轮车、或搬运煤包,等等,此外还有身穿寡妇衣服的。他画的风景中,有他居住的申克韦根街区的破旧住宅,还有工厂、公园、储气罐、火车站、教堂、偶然见到的事物和当地的垃圾场。他画出了对命运和对乡土的忧思。这些风景画和他画的人物肖像一样,同样表达了人民的深沉苦难、贫困和辛劳。他还画斯赫维宁根附近的海滨和沙丘,画花圃,画有表现力的树木和树林。

在海牙的头六个月里,他忘我地沉浸在绘画之中。"绘画,"他写道,"一切都依靠它了。"迄今,他的作品尚生硬和缺少动感,他正力图"把一些动作和结构融入其中"。[26]他还提高了自己在绘画比例和透视方面的技能。他仿照丢勒在一本书里的描述,制造了一台复杂的透视机,他声称,这是一种旧日的荷兰大师们使用过的装备。在致力于比例、透视以及细节的探索中他同样遵循他的荷兰先辈。"它们是含有复杂透视的风景,要画出来十分困难,"他写道,"但是,正因为这个因素,在它们之中透出一种真正的荷兰特质和情感。"

在1882年的中期,他重返到水彩画的创作之中,早在埃顿,他就开始画水彩画了,不久,他又画了他的第一幅油画。尽管他遵循荷兰的传统，但他运用了最适合于表现自己情感的绘画材料和技法。例如，他喜爱使用木工铅笔的"粗制石墨"。"我喜欢天然的石墨，"他写道，"而不是锯得很细、用在昂贵的法贝尔铅笔^①中的那种。"^[27]同样，他喜爱"粗制的"画纸，而不是时兴的、表面平滑的那种。^[28]他写道，他限制自己使用"简单的颜色"，避免使用"甜美的"颜色。因为他不是一个"甜美的"人，那其实是伪君子，他拒绝选用甜美的颜色或成为甜美的画家。在论及他作品的"粗糙形式和粗糙技巧"时，他并没有指责自己在技法上有什么过失，而是骄傲地表明：诚实的作品揭示了他自己的个性。

在此之前，文森特在画每一幅画的起始都清晰地勾勒出对象的轮廓，很少注意造型和光的效应。而在 1882 年的下半年里，他开始了明暗比照法的尝试，明暗比照法是一种以调子的变化来表现光和明暗程度的绘画手法。对此，伦勃朗和伊斯雷尔作了最卓越的示范。开始使用油画颜料后，他对色彩的兴趣显现了。"最近作画时，"在即将离开海牙之际他写道，"我感到某种色彩的力量在我心中觉醒，它比迄今我所感受到的要更强烈，而且很不相同。"^[29]

三

文森特意识到，他必须离开西恩，离开充满不友善气氛的海牙。他在一本英文杂志上读到一个画家的故事，这个画家的健康

---

① 法贝尔铅笔（Faber），德国辉柏嘉公司的著名铅笔品牌，有"铅笔贵族"之称，该公司由卡斯柏·法贝尔于 1761 年在纽伦堡成立，享誉全球。

和他一样，经过一段困难时期的痛苦煎熬，可能使他找到了解决的办法。这个人"来到泥炭地里的一个僻静的地方，在那里，面对着阴郁的风景，他重新找到了自我，开始描绘自己看到和感觉到的大自然"。[30] 所以，文森特最终也决定离开海牙，到一个与世隔绝的地方去，除了他的工作，对任何事情都没有感觉——"在遥远遥远的乡村，和一个农民住在一起度过一段时日——在遥远的乡村，独自以大自然为伴。"[31] 这是他在海牙写的最后一封信，文森特在信中宣称，他的事业比西恩更为重要，很显然，在西恩身上，文森特能够期待到的，除了失望不会有更好的东西。[32]

像故事中的画家一样，他也去遁身于"一个僻静的地方"——荷兰东北部偏僻的德伦特地区。他于 1883 年 9 月抵达那里。德伦特是一个贫穷而沉闷的乡村，遍布着荒凉的灌木林、泥炭田，而且淫雨绵绵，激起与身处博里纳日类似的情绪。它的那些用稻草盖成的农舍，屋顶矮得几乎贴近地面，人和牲畜同栖其中。

在很短的一段时间里，文森特像是找到了他要寻找的东西。寄自德伦特的第一封信是乐观的；他画了荒凉的灌木林、阴暗的农舍和在泥炭田里工作的劳工，以此抒写他的忧愁，从而为他保持情绪上的平衡提供一个宣泄的出口。他期待一个光明的未来，他甚至恳求提奥放弃画商的职业，来做他的画家伙伴。但是不久之后，他又把他强加于自己的孤独描述为"非常、非常的悲哀"，并且诉说他几乎没有勇气继续孤独下去。[33] 他将他的忧郁归咎为"过去的必然发展"，怪罪于提奥，或者怪罪于其他可以找到的对象。[34] 当提奥的信未能准时到达时，他便觉得"和外部世界彻底隔绝了"[35]。有时，他还将他的孤独归咎于他的事业，他认为作为一个画家，必须接受这样的现实,即被人视为疯子、杀人犯、流浪汉和被遗弃者。

在德伦特住了三个月后,文森特回到纽南的父母家中,尽管他很不愿意。这时他父亲在纽南任职牧师。纽南是布拉班特省的一个乡村,靠近地区首府埃因霍温。在纽南,文森特从 1883 年 12 月一直居留到 1885 年 11 月。

在父母的帮助下,文森特在牧师住宅的洗衣房里辟建了一个画室。从而得以继续他的事业。但是没过多久,他就指责他们鼠目寸光、无知、晦气。他父亲受到他的猛烈攻击,他诉说父亲虽然外表温文尔雅,但内心冷如铁石,同时还对父亲的怒气冲冲予以嘲讽。[36] 无疑,文森特的举动即使对最坚韧的父母也是个忍耐度的考验,如果他父亲对此表示愤怒,是不足为怪的。又如,文森特还再次发出威胁,扬言要娶西恩,尽管他已断定这样的婚姻决无可能。[37]

他甚至责备提奥残忍,声称是因为提奥拒绝理解他和西恩的关系而导致他们的破裂。他怀疑在巴黎做画商的提奥没有努力推销他的画作,反倒是乐见他的失败。[38] 提奥试图谅解文森特的敌意,把文森特的抨击理解为是情急中的措辞,可文森特竟然反驳,认为这只能证明提奥不理解他,他表示他们的关系无望修复,他们之间该是没有什么关系了。当文森特沉浸在愤怒情绪中的时候,他的矛盾令人惊讶,他还在忧心提奥想要摆脱他。他指责提奥自以为是,而他自己也是自以为是。[39] 他表示他对提奥的批评毫不在乎,这是有违真实的,事实上他对提奥的话极度敏感。

文森特还抨击他叔叔们的财富是来自于艺术生意。他断言,他们的商业价值观会毁了他的艺术,他"宁可拼命苦干,过以手糊口的日子"。[40] 也不愿落入他们的掌中。他也谴责他们自以为是,一如他曾经责备提奥那样,他把提奥的自以为是描述为"一个可爱的梵高式的小伎俩"。[41]这种对骄傲的梵高家族的蔑视,平息了他由于深信自己是他们中的下等人而带来的痛苦。他需要改变对自己的贬低,在某种程度上,这种需要决定了他的人文主义和平等主义价值观。像他一样,这个地区的农民和织工、博里纳日的矿工、海牙的贫穷妓女,他们都像是被监禁在自己狭小世界里的囚犯。事实上,他感到和这些卑贱的人们在一起,远比与梵高家族以及其他类似他们的人相处要自由自在。

他来到纽南后不到一个月,他母亲的臀部受了严重损伤,卧床不起。他对父母的谴责这才中止,他以温柔的爱心照料母亲,母亲的痛苦和无助引他作了爱的吐诉,这种心迹的流露在其他信里是找不到的。[42]受难者总是唤起他的怜悯之情,他悉心照料母亲,就像先前看护病中的矿工和西恩那样。

在这一年里的晚些时候,发生了另一个悲剧性的事件。文森特和玛戈特·贝格曼之间引发了一场感情纠葛,她是一个孤独的老姑娘,住在牧师公馆隔壁,曾经帮忙护理过文森特的母亲。玛戈特是三姐妹中最小的一个,但比文森特大十岁。文森特描述她"既不漂亮,也没有天赋",[43]他们的相互吸引也许是建立在对不幸的分担上。他们讨论了婚姻,至少,玛戈特对此是急切的,文森特会娶她,准备对这个不幸的女人报以一种实质性的安慰,然而,不是真正的爱,他的感情基石仅仅是同情。

文森特对玛戈特的描述暗示在她身上他看到了自己的过去:"她在青少年时代,就被接连而来的挫折给击毁了。从某种意义上说,她是毁于她的家庭,这个信奉正统教派的家庭认为,他们当然必须时时抑制她内心积极、美好的特质,使她绝对屈从。"像她一样,他也是如此,"过去常常很屈从、很温和并且很安静……我再也不是了……"[44]在玛戈特心中,文森特本身的外在形象就让她依恋,他是一个遭受褊狭家庭误解和虐待的不幸者,承受着无时不在的痛苦。因此拯救她也就是拯救他本人。

不愿意失去一个有用的帮手,玛戈特的家庭拼命反对她和这个生性怪诞的家伙纠缠不清。不幸,玛戈特是个有着严重情感障碍的女人,面对家庭的阻挠她极为脆弱。她变得"极度忧郁","感到失去了一切"。[45]当她告诉文森特她想一死了之的时候,文森特试图将她从家庭中解救出来,但是无济于事,反而陡增更多的麻烦。在玛戈特吞咽番木鳖碱①进行自杀之际,悲剧达到了高潮,其时她和这个遭到非议的情人正在田野漫步,她发出一阵颤抖和痉挛。最后她被送入乌德勒支的疗养院,他们的关系到此似乎彻底结束。

文森特对人际情谊的渴望总是失败,1885 年 5 月,他拟定了一个有关画家联盟的计划,这个计划的雏形产生于 1882 年。联盟的成员能够在一起工作,为底层人们提供廉价的画作。稍早,他结识了三个来自埃因霍温的人,他们想要学画,一个是六十岁的退休金饰匠赫尔曼斯,一个是四十岁的制革工人科斯迈科斯,另一个是发报员,名叫凡德·沃克尔。1884 年年末,文森特义务担任他们的指导者,开始训练他们,显然学生们和教师都一样得到了极大的满足。

在 1885 年的上半年,文森特还花了大量时间在一个农民家中,户主是德·格罗特,全家人摆姿势供他写生。不幸的是,他们

---

① 番木鳖碱(Shychnine),又译士的宁,是一种剧毒的化学物质,一般用于毒杀老鼠。

的未婚女儿戈迪娜怀孕了,而文森特常常在她家作画,于是很自然成了怀疑的目标。当地的天主教神父甚至颁布一道命令,禁止天主教徒摆姿势让文森特作画,于是,他的模特儿的主要来源被切断了。文森特理直气壮地否认这一指控,整个事件只是让他更加深信他遭到误解并且受到伤害。

在纽南逗留期间,文森特卷入所有这些让人忙乱紧张的事件之中,然而他却很少抱怨忧郁。因为工作,他的大量愤怒目标,关心受伤的母亲和不幸的玛戈特,与农民保持友好关系,以及他的教学职责,这一切都化解了他的痛苦。当他被沮丧压倒,那只是短暂的片刻,很快又会带着希望缓和过来。抑郁症的第一次发作是在1884年秋季,那时,他既吃不下东西也睡不着觉。[46]然而,与以前不同的是,他立刻安慰自己说他会克服这一困难的,"尽管有许多老的和新的忧愁"[47],但相信他的未来是充满希望的。和往常一样,仲冬的阴沉让他难以忍受;1885年初,他诉说他几乎从来没有像现在这样忧郁地开始新的一年,他还悲观地预言前途的波折。[48]但是这阵发作很快就过去了。

文森特的父亲在3月27日意外去世,但是在文森特的信中几乎看不到他个人悲伤情绪的流露。不久之后,梵高夫人计划迁往布雷达,而文森特则搬出牧师住宅,住到他的画室里,画室建立在一个天主教堂的司事家中,这反映了他对母亲的继续怨恨。

四

文森特的纽南时期,为期不到两年,但也许是他绘画生涯中最多产的时期。在那里,他的创作几乎占到他存世作品总量的四分之一。在纽南他遗下了大约二百二十五幅素描,二十五幅水彩画,一百八十五幅油画,以及为数不多的石版画。油画成了他最具魅力的作品,而素描则往往是他为创作油画做的先期准备。

作为首要的任务,文森特画了许多表现织工在织机上劳作的素描和彩色画。他把织工看作是落后生产系统的牺牲品,这个系统远不能和现代工业相比。由于工资低微加以工作量不足,他们陷于焦虑和不安之中。和被困在狭暗隧道里的煤矿工人一样,织工也是囚犯,被束缚在"用肮脏橡木制成的黑色怪物"——织机上,"一种哀鸣和悲叹,"文森特写道,"必会不时地从设计奇巧的织棒中流出。"[49]

不久之后,他开始画劳作中的农民——他们播种、耕作、掘地、收割、伐树、编篓子和食土豆。像从前的农民画一样,其中,农妇在从事她们自己的日常家务活。在这些肖像中,虽然他沿袭了米勒、伊斯雷尔、布雷东①和莱尔米特等大师的足迹,但与之不同的是,文森特笔下的农民是他独有的,是他令人绝望的自我形象投射在他们身上的变形。例如,文森特笔下的农民,不像米勒笔下的农民那样悠然自得,而是反映出他对自己粗糙、丑陋、未老先衰的认定。米勒的农民是他们所耕种的土地的主人,与之形成对照的是,文森特的农民往往和泥土融为一体,或者像是被迫耕地的牲口,给人肮脏、笨拙、野性的感觉。和他的父母同住在一栋屋里,无疑会加深这种感觉,也许会激起他对往事的回忆,使他想起由于童年时代对整洁的不经意而被父母羞辱。他分析,父母把他想成那类人的缩影,他不

----

① 朱尔·布雷东(1827—1906),法国画家。

能被爱整洁和身为荷兰人的母亲所容忍,因为她们爱整洁近于膜拜神祇。他写道:"他们觉得让我待在家里和让一条粗野的大狗留在屋里同样可怕。他会带着湿了的爪子跑进房去,他是如此毛糙。他会挡每个人的路。他的吠叫如此吵嚷。总之,他是只污秽的畜牲。"[50]

尽管文森特笔下的农民面临着痛苦的现实,然而在这些画中还是透露出一种英勇气概。因为他认定的信念是:上帝的恩惠通过辛劳和苦难而获得,所以他在描绘劳作中承受苦难的农民时,其实是在赞美他们和他自身。

一座被墓地围绕的古老教堂塔楼,是文森特在纽南描绘风景时最早入画的景致;他还画了收割中的麦田、牧师住宅、老磨坊、林荫道、雪景、父亲的教堂、茅草屋、沟渠和农家景致等习作。还画了秋天的景色,画了落日、黎明和许多静物写生。

1885 年 5 月,他完成了画作《食土豆者》(图 24.4)。这标志他北方时期的艺术探索达到顶峰,昏黄的画面上,一个五口人的农民家庭围绕一碗热气腾腾的土豆坐着。"我力图强调,"文森特写道,"这些人,他们在灯光下吃土豆,他们曾经用这些伸向盘子的手去挖掘土地,所以,这涉及体力劳动和他们怎样诚实地赢得食物。"[51]阴郁的气氛,人物粗陋的造型,以及忧郁在文森特称之为"污秽农舍"的居民们之间的相互感染,[52]揭示了他们的贫穷、他们的苦难、他们的绝望。

五.

就像在《食土豆者》中那样,文森特把自己投入到画的内容、形式、笔触、结构、色彩、动作，乃至画的材质中。虽然他也借鉴其他画家的风格元素，但他所利用的或变形后为他用的，是那些有助于他展现自我的元素；只有这样，他的作品才会如此与众不同。他的自我感知——身体和精神上的特质，包括那些他认为自己有的和他觉得别人认为他有的，也包括那些他自己希望有的，都是他绘画技巧的基本工具。他把它们放上画布时，展现了他的奋斗、他的希冀，并且渐渐学会了对自己及周围世界进行变形处理的技巧。

当文森特在古皮尔公司伦敦分部工作时，他是个衣着体面、戴着一顶大礼帽的生意人；然而，在受到厄休拉的打击后他变了。1877年他虽然带着他的大礼帽来到多德雷赫特，但却是用它来讽刺以前的自己；书店里一位和他同过事的雇员写道："这样一顶帽子——如果你抓着它，会担心把它的边缘扯下来。"[53]1878年当他来到牧师住宅时，又恢复了他的体面，他"衣着入时，举止儒雅，在外表上显示了荷兰人爱整洁的所有特征"。[54]突然间，他又一次变了，他开始穿"一件旧的军人束腰外衣，戴一顶无沿的脏帽子"，"他身上荷兰人的清洁习惯奇怪地消失了；肥皂竟成为邪恶的奢侈品被排斥；那时我们的这位福音传道者还没有完全被一层煤尘覆蔽，可他的脸却通常比矿工还要脏"。

从这时开始，文森特把自己看作是一个粗野、肮脏、寒酸的人，同样，别人也把他看成这样。在海牙居住的前期，他曾写道："我将不得不忍受很多痛苦，特别是我那些改不了的怪癖。首先，是我的外貌，我讲话的习惯，我的服装。"他甚至设法找出种种理由为自己的怪癖辩护。"对于我的职业而言，我现在的模样要比我硬是把自己挤压成一个不适合我的模式来得好……在一家富丽堂皇的商店身穿时髦的外套我不会感到舒适……当我在冲积土上,在灌木丛生的荒地上,抑或在沙丘上工作时,我是一个非常与众不同的人。那时我的丑陋的脸及肮脏的外套与这环境完全协调,我保持我的自我,我愉快地工作……而当我穿上漂亮的外套时,那些我需要他们做模特的工作者会害怕我,或会怀疑我是一个魔鬼,或者会促使他们想从我这里得到更多的钱。"[55]

他以这种自我定位来继续他的画家工作,他对自己的工作做了种种描写,如"粗陋的工作,甚至有时是邋遢的工作","糟蹋时间",以及"肮脏而艰苦的职业"[56]。根据来访者说,他的画室"非常杂乱无序,肮脏不堪",[57]他的衣服被颜料染得污七八糟。在纽南的居留时期,他发展了一种尚未成形的拙朴特征,学会运用粗厚而不平滑的笔触作画,这种风格产生的效果令他如痴如醉,同时又体现了他粗犷的绘画方法。

在纽南,当他在信中写到父母将他看作是"浑身垢污的畜生"和"一条粗野的、会带着湿爪跑进房去的大狗"时,他重审了他自己的观点:他是一个粗野之人,他的存在使父母不堪忍受。然而,这个感到因弄脏屋子而遭父母厌恶的年轻人,却能够用同样的湿爪创造出令人折服的绘画。依然是肮脏,但这肮脏变得能够接受,甚至值得称道。覆盖在他画布上的稠厚深褐色颜料,放到他早年生活的框架里,就像是不能被带进屋里的肥沃的荷兰泥巴,或者像不能随意去涂抹周围环境的排泄物。然而,现在他开辟了一个通道,他掌握了转化这些污物的技巧,使之变得为人称道,而不是令人讨厌。当他用刷子和画刀涂抹画布的时候,是在象征性地蔑视他父母的权威,后来,他放弃了他的暗褐色及阴沉的灰色,代之以辉煌的黄色和蓝色,把令人生厌的污物转化为天国的荣耀。

然而,暗示文森特的绘画模式和粗犷笔触仅仅是,或主要是受这种"肛欲的"①因素推动,那就错了。它们也还是和他人接触的努力。他的画不仅对视觉具有吸引力,而且对触觉同样如此,他希望它们看起来就像立体的、具有生命感的东西,一种需要被触摸的东西。他用这样的措辞来描写一棵树:"痉挛的、热烈的树依附着大地,而树干又被风暴撕得只剩一半。"[58]此时,他试图创造一个身体状况的动态幻象,树在抓住大地的同时,也成了可以被抓住的东西。它吸引观察者自己的身体意象②,使得他在认同中与之融为一体。

文森特将自己视为令人讨厌的、不可接触的、没有根基的、"完完全全"的圈外人,这种自我认定推动他去开创他的绘画形式。他认为绘画若没有他自己定义的立体感,那是不足取的,他力图使自己的绘画具有可触摸感、立体感和生命感。他愿意被人贴近,他希望观画者接触并紧紧握到他以绘画形式延展的自我,希望通过这种迂回的方式来显示自己的特色并得以接触别人。他避开那些可能引发潜在不现实感和人格解体感的空幻主题。他放弃在作画的起始运用轮廓线的习惯,可能是基于相同的担忧。或许轮廓线里面的空间会使他想起自己内心深处所感觉到的空虚,他称这样的画是"无生命的"。[59]从内部开始画,意味着强调描绘对象的生命和本质,也间接地强调了他自己的生命和本质。

---

① 肛欲(Anal),心理学术语,弗洛伊德认为,孩子在18至36个月大,大便时肛门受到刺激,会通过粪便的保留和排除获得快感。
② 身体意象(Body image),心理学术语,是个人对自己身体的看法、信念和情感态度。

文森特是一个矮小而结实的人，有着强健的体格和驱动他的躯体以充沛能量进行工作的大脑。[60]例如，在多德雷赫特，面对危及书店仓库安全的洪水，他显示了自己不可摧折的力量和坚毅的意志，多年后，一位和他同过事的雇员还以称赞的口吻说起他不同凡响的表现。[61]而他自己谈及此事则说，他有如同船夫和铁匠一样的外貌和力量。[62]这种充沛的体能对他的绘画生涯是至关紧要的，在居留荷兰的最后的几年中，他那冲动的、强有力的笔触和形式显露出来，且在后来变得越来越突出。

　　他还是一个富有情感和容易冲动的人，他需要在工作中为这种禀性寻找宣泄的出口。在纽南，他对明暗对比法的不懈探索，提高了他表达感情的能力，尽管他会在他的法国画册的明亮色彩和骚乱运动中找到更具特色的方法。然而，他确实通过运用他的工具非常熟练地掌握了技巧，解决了喷发自己内心冲动的方法，并开始推崇绘画的快速化。"用一次性的猛冲来作画，尽可能一蹴而就"，[63]这最能表现他冲动、热情的生命风采。如果我们接受一位安特卫普目击者的报道，则表明他的冲动和混乱在绘画中找到了它们共有的土壤："梵高开始狂热和躁动不安地作画，速度之快把他的同学们给惊呆了。'他把颜料涂得如此之厚，'哈格曼先生告诉我们，'毫不夸张，他的颜料从画布滴到了地板上。'"[64]在快速作画中，他悟出他正在效法荷兰的艺术前辈："当再次观摩古代的荷兰绘画时，最打动我的是其中大多数画都是由那些伟大的荷兰绘画大师一挥而就的，像弗朗茨·哈尔斯、伦勃朗、吕斯达尔，以及其他许多人，他们作画，落下第一笔之后就一气呵成，不作过多的修改和润色。"[65]他还观察了当代"真正的画家"，如伊斯雷尔、马里斯①、莫夫，"只是依靠冲刺"。[66] 这一发现使得他心安理得地运用和前人相同的冲刺方式，他一往直前，再毋须去疑虑自己这种自然形成的倾向。

　　文森特是一个性情孤僻者，内心的压力使他的心理和体表受到扭曲。例如，有人说他给人一种"奇怪的印象"，把他形容成"一个丑陋的人"和"一群怪人中的罕见样本"[67]。他也承认自己的样子怪诞，但他希望他的作品会有助别人从他身上悟出更多的内涵，而不仅仅停留在对自己外表的印象上。"……我要让我的作品表现这样一个怪人，这样一个无名小卒的内心世界。"[68] 早在海牙，他就已经表示他是一个熟练的绘图员，能精致地绘出逼真的肖像。到了纽南，这方面的技能又有了超越，他故意对形体进行夸张变形，将他的变形理念融入到他的绘画风格之中。作为他的一种习惯，他设法到文学和艺术史中去寻找先例。"左拉进行创作，而不是对着事物举起一面镜子，"他写道，"他奇迹般地创作，但这是创造，诗意的描写……"[69] 他指出在米开朗基罗、杜米埃、米勒、莱尔米特和伊斯雷尔的画中经常存在解剖学和结构上的错误。"如果我的形体是准确的，我可能会陷于绝望，"他又说，"……有很多理由可以说米勒、莱尔米特是真正的画家，在他们笔下，不是简单和枯燥乏味地再现物体的原貌，而是画出内心对它的感觉。……事实上，我的最大渴望就是学会对我的对象进行错位、偏离、重塑和变形处理，以致可以使它们成为一种谎言——如果你高兴这样说，但那却是比不事夸张的精确更为真实的东西。"[70]

---

① 马西斯·马里斯(1839—1917)，荷兰画家、蚀刻画家、版画家。

文森特反复抱怨他是个丑陋、粗拙、未老先衰的人；有一次他写道，他看起来就像"一头厚皮的野猪"[71]，在他三十岁之际，他把自己描写成这样一个人："我的额头，我的脸上，密布着皱纹和沟槽，好像我已经四十岁了，我的手上也带着深深的纹路。"[72]与此同时，他画了许多皮肤上布满隆筋和皱纹的老人。他总是把人和自然看作是一致的等同体，在画中经常突显树干上的节疤，就像他在《食土豆者》（图24.4）中突显农民手上隆起的筋脉一样。也许他还将自己的外貌投入到他的油画纹理中，它们上面很多粗糙的沟纹类似于老人皮肤上密布的皱纹。

有些人认为，文森特笨拙地、有时反常地使用法语，是因为他不是出生在法国的缘故。雅各布·斯潘贾德曾经向我指出，他的荷兰语也有同样的特点，它们往往是笨拙的，但同时又是诗化的，带有极高的文学特质。事实上，斯潘贾德医生说，人们可以从那种"古怪而带有棱刺的"句子结构来认识文森特的绘画。他怀疑文森特的文字风格，也许还有他的绘画风格，都受到当时荷兰文学中的某种倾向的影响。例如，"八十年代"（荷兰文：Tachtige）是一个荷兰诗人和作家的团体，成立于1880年左右，他们向僵化刻板的学院派提出挑战，其中的一些人和文森特一样，用非正统的句法来增强其表现力。

六

和父亲及提奥的优雅外表相比，文森特确是其貌不扬。但如果不是因为他的忧郁信念——他不被人爱，所以他是不讨人喜欢的,他就不会如此肯定他是丑陋的。然而,尽管他欣然承认自己的丑陋,但是他对罗伯特·伯顿[①]《忧郁的解析》中的那句格言——"唯有美是医治恐惧、痛苦和忧郁发作的灵丹妙药"——有了直观的理解,正是在为减轻忧郁而作的争斗中,形成了他对美的概念。

"丑陋的"这个词的本来含义是"可怕的"、"讨厌的"或"令人心烦的";一个觉得自己很丑、令人讨厌的人,像文森特,会谨慎地和人们建立紧密关系。文森特的画家工作,一部分也是对"忧郁发作"的治疗,其过程就是将他自认形秽的感觉转化成美好而有吸引力的。为了达到这点,他采用美化自身消极状况的自虐方式。正如他相信展示痛苦可以带给他爱,他同样相信,展示丑可以为他赢得赞美。

米开朗基罗体型矮小,面部畸形,却塑造了古典美的不朽形象。图卢兹·劳特累克[②],由于残疾而行动局部受限,却创造了动态的美感。文森特所做的则不同,虽然他清楚地意识到当代的审美标准是一种随时间和地点变化的文化现象,但他拒绝受制于它的束缚,自从遭到厄休拉·罗耶的拒绝情绪陷入忧郁以后,他就一直赞美丑陋者、穷人、老人,乃至残废人。不久,他开始作画,他带着愁苦之情来画他们,以激起人们对他们的同情,也是对他的间接哀怜。意大利文艺复兴时期的美学价值观激励了米开朗基罗的创造走向。而文森特对丑陋进行自虐式的赞美,其支柱则是他的荷

---

① 罗伯特·伯顿(1577—1640),英国牛津大学牧师和学者,所著《忧郁的解析》于1624年出版。

② 图卢兹·劳特累克(1864—1901),法国印象派画家,受德加影响,并吸收日本浮世绘技法而自成一格。

兰绘画前辈。例如,伦勃朗在衰老、贫穷、丑陋的晚境中画的自画像,远比那些画于年轻、富有、英俊时期的自画像更为公众称道。[73]

文森特有一次在信中写道:"我不希望美是来自物质,而希望它来源于我自己内心深处。"[74]后来在谈到一个丑陋的经典例子——维克多·雨果笔下的加西莫多时,他想起了一句话:"在我的灵魂深处,我是美丽的。"[75]他以同样的观点来看西恩,"飘零的妇女,难道这是丑吗?""在我眼中,她是美丽的……"[76]在德伦特,他开始着迷于"那些最奇异的、长着猪脸、戴着三角帽、不墨守成规的牧师,还有可敬的犹太教徒,他们看起来丑得出奇"。[77]在安普卫特,他在一封信中写道:"有几个非常漂亮的女孩,其中最美的却相貌平平,我是说一个人……虽然长着一张丑陋和不端正的脸,但是却有弗朗兹·哈尔斯式的活泼和顽皮。"[78]

他把这种视丑为美的似非而是的观念延展到人类以外的事物上。例如在海牙他观察到的"美丽东西是:被挖掘或夷平的建筑物残骸、破棚、木屋"。[79]在纽南,他描写了一些"美丽的茅舍"。当他在阿尔勒画树干上满是疤节的果树时,他将三年前在纽南所作的陈述放入到一个视觉形式之中,那时,他说:"当一个粗野的人像开花植物一样开花时,是的,那看起来很美。"[80]

死亡、痛苦、衰老、贫穷和肮脏——这些和丑陋密切相关的概念——被认为拥有同样的美。当他看到一头母牛在劳作中不堪重负,看到一个小女孩噙着怜悯的泪花站在旁边,他称这一刻的场景为"纯洁、奇异、美丽动人",他发现了像《悲惨世界》故事里一样的"美丽"。在画了一个坐着的、双肘支着膝盖、双手托着脑袋的老人之后,文森特谈论说:"这样一个老年工人是多么的美丽动人,身穿打了补丁的粗斜纹布外衣,秃了头。"[81]有一次,他将自己描写成像是一座废墟,但他又注解道:"一些废墟的外观……是充满表情的。"[82]遇难海船和倒塌的建筑物在他眼中也是美好的事物,与其喜欢一个漂亮的女人,他更喜欢一个女人"是丑陋、衰老、贫穷的,或者在某些方面是不幸的,但是,通过阅历和忧患,她获得了智慧和灵性"。[83]

Schoon 这个荷兰单词有清洁和美丽双重含义,这说明清洁在荷兰这块土地上的重要性,可是文森特却蔑视这种观念,他在自己的画中证明肮脏也能成为美。他"在最破烂的茅舍里,在最肮脏的角落里观看画和图片。我的思想被一种不可抗拒的力量吸引到这些画面上"。[84]他喜欢画这样的场景,"人们会从中经过……甚至连肖像画家〔也会〕说:'哦,这些肮脏的人。'"[85]海牙的一幅风景画是"美丽的",里面的人们"被石灰全身染白",虽然"大多数人认为这个城市是丑陋的"[86]。有一次他呼喊道:"泥土是多么的美,还有凋零的草。"[87]

这些观念可能也适用于《食土豆者》,文森特把自己置于画中粗陋的农民、"肮脏的小屋"、不平整的笔触、泥土般的颜色以及充满生气的快速运笔之中。谁若是认同画中表现的粗陋就是一种美,也就是认可了文森特本人。故而,当凡·拉帕德站在审美的角度上批评这幅画时,事实上是在暗示文森特的丑陋和讨厌。文森特非常愤慨,断绝了他们间的友谊,这是不足为怪的。虽然《食土豆者》是文森特最为广泛流传的作品之一,但是也有人拒绝接受,或许更多的人在它面前感到的是局促不安,好像文森特内心有关自身价值观的激烈冲突被移置到了他们身上。

七

　　文森特继续画身处阴郁环境中的忧郁人物，这背后，他在为即将形成的明亮画风默默准备。甚至早在画《食土豆者》之前，他就开始考虑另一种风格，它将有别于明暗比较法所产生的暗调子效果。例如，1884年他曾经谈到德拉克罗瓦关于色彩的观念，但是，那时他还没有接受这种观念的心理准备，所以，在对约瑟夫·伊斯雷尔的阴郁色调作赞美时，立刻把它们推到了一边。[88]他甚至都没有向提奥咨询有关印象派的知识，尽管以他弟弟作为巴黎画商的能力，对印象派运动的崛起是很熟谙的。一次，他提及他曾经和凡·拉帕德谈论过印象派，[89]但是，关于这种色彩明亮的崭新绘画途径，在他写于荷兰的书信中再也找不到其他更多的论述。事实上文森特一提到这点，就臆断未来他的画会向更暗的调子发展，而不是变得更为明亮。也许他否定自己对明亮色彩日益增长的兴趣，是为了避免贸然地对它投入尝试。

　　然而，当他计划用互补色来描绘四季景色的时候，他的表述像是在对几年以后他的画风出现转变作了预言："但是现在，如果夏季可以看作是各种各样的蓝和小麦金黄古铜色中的橙色元素的对比，那么我们就有可能运用互补色的每一种对比来画出渲染季节气氛的作品……"[90]

　　1885年5月完成《食土豆者》以后，文森特绘画生涯的前半段便自然告以终结，此后他较自由地对自己的生活方式和绘画的走向进行新的探索。从该年5月到六个月后他离开纽南，这段时间里,他心理上最大的变化就是减弱了对荷兰的依恋,而且找到了另一些依附的对象,它们会促使他迁移到一个比较明艳,有更多友谊的土地上去。对他而言,荷兰已经成为一个阴郁而充满敌意的地方,是他的敌对家庭的延伸。他还感到,在自己的国家里和在这个国家的美术界里,他就像是一个门外的流浪汉——"因为我的木鞋而被驱逐"。[91]然而,他通过自建信心,确信他不再需要依赖这些浮夸的伪君子,从而击退了他的自卑感和寂寞感。"真正让人快乐的东西,"他写道,"……在这里不存在。"[92]

他的绘画作业和他的精神思索并行而进。他所寻求的绘画技巧要表达的不仅是忧伤,而且还有其他一些热烈的情绪,包括在他生活中无法体验到的快乐。而对此,荷兰明暗比照法的阴郁调子是不能胜任的。7月,他宣称在自己的生活中已经看到太多的灰色:"把描绘灰色作为一个方法,正在变得无法忍受,我们当然应该去看一看硬币的另一面。"[93]他受到明亮感的诱惑,但是在很多明亮的画中,他看到的却是乏味和冷淡的特征。"……我越来越讨厌那些整个儿都是明亮的画。"[94]这种对明亮调子贬低的结果,并没有导致他去坚守自己沉郁的风格,而是激励他去学习驾驭"明亮",用极为丰富的色彩对比法去进行表现,像德拉克罗瓦一样,去产生"色彩交响乐中的各种各样的情绪"。[95]文森特是一个色彩丰富的人,在人际关系中他多的是冲突而不是协调,他也不可能在柔和协调的色调效果中找到满足。到他离开纽南的时候,他正开始使自己适应一种热烈的、有想象力的、色彩丰富的绘画形态,这对他是最合适不过的。

放弃明暗对比法之后,文森特解脱了对伦勃朗、米勒以及伊斯雷尔的依赖。虽然他还会继续受到他们影响，但他极需求助于其他理想化的画家"父亲"，以激励他的灵感，帮助他领悟运用明亮色彩的奥秘。欧根·德拉克罗瓦是这种灵感的第一个来源。例如，他在信中写道：当他造访阿姆斯特丹博物馆，注视那些古代荷兰绘画大师的杰作时，他"正不断地想着德拉克罗瓦"。[96] 在以后的信里，他谈到"善于运用色彩的画家"哈尔斯、委罗内塞、鲁本斯、德拉克罗瓦和委拉斯开兹，然后，他承认自己心爱的伦勃朗、米勒和伊斯雷尔是"较那些善于运用色彩的画家更擅长创造和谐的人"。[97] 他表明，他的调色板正变得暖和起来，[98] 从此以后他的画渐渐变得亮丽。11月，他画了《秋天的风景》，这是他画于荷兰的最富有色彩感的一幅作品。

八

文森特在纽南感觉到的孤独，并不是他离开这里的唯一原因，作为一个画家，事业发展的需要也是一个推动力量。他已经"在彻底的孤独中工作了好些年……完全脱离了美术界"，[99] 他渴望造访博物馆，和其他画家切磋交流，画裸体人物写生。此外，纽南11月下旬的天气冷得令人打颤，不可能在室外进行绘画作业，而他又无法再得到室内写生所需的模特儿。为了实现他的目标，他必须住到一个城市里，他向提奥保证，在那里，他会有更多的机会卖出他的作品。他对荷兰腻透了，即使从艺术的角度来看也是如此。当代的荷兰画家就像"不冷不热的水"，他说，他们缺乏热情和勇气。他们已经毁掉了有才能的马里斯，[100] 而他不允许他们这样来毁掉他自己。他一旦许身艺术，生活的变迁决不能像以前那样，陷他于长期的麻木僵化状态，相反，激励他采取有益于他成为画家的行动。

他决定到南方去，这个想法意味着他要去寻找光明和欢乐；意味着他力图改变自己的风格，使之从沉郁的色调转入到一个明亮色彩相对照的调子中去，他作于荷兰的最后一幅画是一幅静物写生，画中是一本大而色调阴郁的《圣经》，还有一本左拉的著作《生命的欢乐》，它是小开本，带着明快的黄色。《圣经》是打开的，翻到《以赛亚篇》，其中描述的受难耶稣就像文森特的自我形象："［他］像根出于干地……也无美貌……被人厌弃，多受痛苦，常经忧患。"①这就是阴郁北方时期的文森特。《圣经》，属于他父亲所有，这暗示他所蒙受的痛苦是与信奉加尔文教派的严厉父母及他们的教会和国家有关的。《生命的欢乐》暗示他希望在法国寻找到他的理想归宿。那里充满明亮的光照，他的忧哀会消失并且转化为欢乐。但是这幅画所透露的信息可能是多重的，因为《圣经》还表达了他对欢乐未来的希望，而左拉这本著作的封面却颇具讽刺意味，因为书里根本没有欢乐可言（见图20.4《〈圣经〉和〈生命的欢乐〉》）。

安特卫普是他的第一站，他期望观摩鲁本斯的作品，鲁本斯是安特卫普的一位著名市民，一位色彩大师。"正是这个人，他用各种色彩的组合来着力于表现，并真正成功地表现了欢乐、平静、和忧伤的情绪……"[101]当文森特动身之际，他写道："我对他非常期待。"[102]

---

① 《圣经·以赛亚书》第五十三章第三节经文。

第
五
章

亡兄的阴影和母亲的冷漠

一

　　文森特至深的痛苦似乎是起始于他很小的时候。"我的儿时，"他写道，"是阴郁、酷冷、枯燥乏味的……"正如他妹妹伊丽莎白指出的，即使那时，他是他家里的陌生人，甚至后来，他也是这个世界的陌生人。虽然有时候他设想他的童年是幸福的，但转念一想，又怀疑那只不过是自己的想象而已。[1]

　　对于长期不快乐的起因，他有自己的看法，他用一种对他而言是驾轻就熟的语言来表达——那是关于自然界的形象语言："发芽的种子一定不能裸露在酷寒的风中，而那正是我人生一开始就面临的状况。"[2]实际上，他是在说，在他人生的最早几年，就被剥夺了母爱，母爱是由如下元素构成的神秘统一体：无偿赋予、亲密搂抱、轻声柔语、哺育滋养、看顾守护，以及母性形象的安抚行为。他就像是一株瘦削的、发育不良的、畸形的植物，时时为自己的生存而苦苦挣扎，因为当它开始生根和成长的时候，就被不友善的大自然母亲所忽视。

　　诚然，抑郁是每个人都熟悉的一种心理反应。然而通过对儿童的研究和对成年人的心理分析可知，正如文森特的解释所表明的那样，极度的脆弱可能起源于幼时养育环境的不佳：种子被裸露在酷寒的风中。

当婴儿第一次张开眼睛的时候,他不能将自己与周围的人和事物区分开来,这种现象被弗洛伊德称为"海洋感觉"。渐渐,婴儿开始知晓他生存中最重要的东西,能够区分母亲和自己。然后一步步把自己与周围的人和物区别开来。在这个求知过程中,他对自己建立起一种零碎的智力意象,这种意象的组成,一部分是他自己的所看、所触和所听,一部分是别人对他的态度和举动,另一部分则是他和亲近自己的人在某些方面的共鸣。

这种自我分化①的过程是由孩子与母亲之间相互接近和信任的关系来推进的。这种关系可能因为一些情况而被减弱,在母亲方面,情绪的低落,在孩子最需要抚慰的时候不在场,或者令人郁闷难忍的过分呵护,都会引起母子关系的减弱。在孩子方面,任何引起痛苦的因素,如疾病或者喂食上的问题,也都可能损害母子的关系。这种损害会阻碍婴儿发展他坚定而随和、自尊而独立的禀性。反而使之趋于自卑、失宠、孤独、绝望,以及对所有的刺激过度敏感。来自外界的冷酷举动,仅有的可能是引起孩子焦虑;而相对轻微的拒绝表现,会使他产生抑郁,这是一种会持续到成年期的倾向。

当儿童被调教得相信自己被期待成为一个杰出的人时,这种弱点便得以增强。正如我们已经看到,在文森特的成长中,这是一个重要的因素。低落的自尊心和高涨的期望值相结合,最容易造就一些对忧郁高度敏感的成年人。

---

① 自我分化(Differentiation of self),也称自我分辨,心理学用语,由家庭治疗代表人物鲍恩提出。在内心层面,自我分化指个体将理智和情感区分开来的能力;在人际交往中,自我分化指个体同时体验亲密感和独立性的能力。

家中其他同胞手足的命运和文森特本人的命运，可以反映出梵高太太在培育子女方面的诸多弊端，虽然仅以这些证据就断然作出结论也许会流于片面。像文森特一样，提奥也患有严重的忧郁症和焦虑症。他的三个妹妹之中，唯有薇尔和他保持亲密友好的关系，她最终变成一个丧失能力的精神病患者，可能是精神分裂症，后来一直被关在疯人院里，直到 1941 年死亡。他最小的弟弟柯奈留斯，三十三岁之际在南非丧生，一位熟人声称是死于自杀。[3]

　　从文森特和他妹妹伊丽莎白含蓄的文字里，可以了解文森特童年时代和母亲的关系，而文森特已出版的通信集是这种关系更可靠的记录，这些书信涵盖的时期，是从十九岁开始，一直持续到三十七岁死亡。当然，一个成年人与母亲的关系不可能是对童年情形的公开展示。事实上，在成长过程中，情绪和行动有时候会有逆转现象，不过，它们仍然可以为我们提供一些有价值的线索，特别是当它们成为更大行为模式的一部分时；虽然这种重复早期模式的强迫性行为可能改变，但它是人类本性中最根深蒂固、最难以根除的过程之一——即便这种重复模式对成年生活有害。

　　要想在文森特数百封揭示真相的书信中寻找他对母亲发自内心的、深切的感情流露，结果徒劳无获。仅仅在某种特殊的场合，如母亲生日，他才会表现出对她的爱，但这像是例行公事，很勉强。只有在母亲因受伤卧病不起的时候，才唤醒他对母亲的温柔之情。他确实难得批评母亲，但他这种防卫性的沉默并不亚于直率地表露他的愤懑。

　　他防守的沉默之墙终于遭到了摧毁性的击破，事情发生在 1881 年，他和父母同住在埃顿的牧师住所里。其时，他因遭到凯·

沃斯-斯特里克的拒绝而心烦意乱，他抗议，认为他母亲关闭了他与她讨论自己悲惨处境的所有机会，她像父亲一样不理解他。确实，她是站在凯的一边，而不是支持他。他的悲痛终于爆发成公开的愤懑，他抱怨："一个想有所作为的人，不可能接受他母亲要求他放弃。"[4] 后来他干脆将矛头直指母亲："真的没有比牧师，特别是牧师太太们更多疑、更铁石心肠、更世俗的人了。"[5]

当他离开牧师住宅去海牙的时候，他的愤懑很快就烟消云散了。他很少提起母亲，当他提起她的时候，一种悲悯之情和分担责任的意愿充满他的心灵："……父亲、母亲与我之间的不和，"他写道，"已经成为一个长期的苦恼，因为我们之间的误解和疏远太久了。"结果他感到自己成了一个"一半陌生，一半讨厌的人"。[6]

对母亲的最后一次炮轰，爆发在纽南的牧师住宅里，那是1885年3月，即他父亲去世后不久，他抗议母亲过于自私，要把所有的遗产转移到自己名下。针对她（并且针对三个支持她的妹妹），他又说："我认为那些…… 在家里远远没有，远远没有真诚。"[7]然后，他又一次让他的抱怨销声匿迹。

但是，到了11月，他确信他母亲将不久人世，会突然和出人意料地死亡，尽管他发出这样警报的依据是表面化的，难以令人信服。[8]据文森特回忆，她丈夫一死，她就精神恍惚不定，可是现在她已经恢复平静并坚毅起来。事实上，文森特还补充说，她看起来"特别好"，但他却把这个现象看作是回光返照，并作了可怕的断言，确认她会在几天之内去世（事实上，她很强健地生活着，一直活到二十二年后的1907年方才辞世，比她的三个儿子都活得长久）。当文森特有充分理由对母亲生气，而又不能有所发泄时，上述恐惧感冒了出来。也许,发生这种现象最令人信服的解释是:他母亲的死是他潜意识中的一个愿望;这是他的显意识所不能容忍的。

在谈论了这些以后,文森特在信中仍然坚持他母亲的死亡迫在眉睫。但他还是能够发泄了一些愤懑的情绪:她的精神生活如此复杂,她不会谈论自己"内心深处的想法",她是如此"吝于言语",以致自己对她知之甚少。文森特还觉得,她对自己的疏远和缺乏理解是他无法忍受的重荷,尽管他是属于她的。[9]

就在这个月,文森特离开了纽南和母亲,他发出抗议:"她已经忽视我很久了。"他又诉苦,说他们已经变得"比陌生人还要生疏"[10],他发誓不会再给母亲写信。接着,他插入一首诗来重复这些情绪,然而,在其中他又掺入了与之相反的爱意:

所有的邪恶来自于女人——心理阴暗,贪婪金钱,背信弃义……
金色的杯子里混合着葡萄酒和渣滓,
每一桩罪孽,每一个欢乐的谎言,每一件蠢事
都来自她。可是崇拜她吧,因为神祇
创造了她……这依然是他们所做的最好之事。[11]

几个月以后,他描述赞西佩①是"使爱变质的女人"[12],他是在形容这个女人危险和不可信赖的本性,这也许来自他对他母亲的认知。

后来,当他远离母亲居留法国时,即使他对母亲的愤懑依旧留在心中,但几乎再也没有在信中公开表露。而在阿尔勒的时候,他

---

① 赞西佩,苏格拉底之妻,泼妇。

曾经收到母亲的照片；这件事激发他画了两幅画，他对第一幅画选择的表达语言是建立在对埃顿牧师住宅的记忆上的，显示了母亲在他眼中悲伤和生气的神情："对色彩作了精心的选择，用阴郁的紫罗兰色，猛烈地涂覆在大丽花的柠檬黄上，对我而言，这是母亲个性的暗示。"[13] 至于他母亲的第二幅肖像，则被认为画得"灰蒙蒙的"，一种人们可以想象到的死气沉沉的颜色。这使他回忆起一首诗，描写一个男人渴望一个女人的爱，而这个女人却冷漠和悲伤，不能回应男人的爱。文森特在给妹妹薇尔的信中摘录了这首诗：

> 穿过冷酷的责难和诽谤的摧残，
> 我的灵魂所追寻的女人是谁？
> ……午夜祈祷中的惨淡和消瘦，
> 是她失血的面容，我的所爱……[14]

提奥的妻子，同时也是文森特传记作者的梵高-邦格女士指出：提奥和家人的通信被完整保存下来，而文森特的家信则"不幸遭到毁损"。[15] 同样，在处理他的画作上，他母亲依然是草率了事，这就更加令人信服他的受排斥感并非单单源于他的想象和虚构。事情发生在1885年11月，当文森特离开纽南的时候，他将自己画的几乎所有素描和油画都留在一个天主教堂司事的屋里，早些时候，他为了摆脱自己的家庭，在那里租了一个房间。在1886年5月他母亲离开纽南迁往布雷达时，它们和家里的家具一起被带走，装在一些运货箱里，交由一个木匠押运。当听到在运货箱里发现有"木蛀虫的迹象"后，他母亲产生一种"传染恐惧"，"恐惧"使得她把儿子的作品统统丢弃,估计有"六十多幅上了框架的油画,一百五十幅无框油画,两个装有大约九十幅钢笔画的纸夹,还有大约一二百幅蜡笔画"。如此一大笔作品最终落到一个废品商人手中,其中一些被他毁了,另一些载满一辆手推车,仅仅卖了几个便士。

然而,梵高太太是否真的轻视和排斥她的儿子,抑或是因为文森特的敌对举动驱使她这样做? 或者,是她首先排斥文森特,使之成为这样一个因为被弃而采取对抗的儿子? 文森特有时候也勇于承担这种不幸关系的责任,有一次他描述提奥是一个"让母亲得到慰藉并值得母亲爱抚的人";与之相反,他将自己比作一个只会带来悲伤和毁灭的麻风病人,为了拯救他人免受伤害,是应该被隔离开来的。[16]

然而同时,文森特的举动与上述想法相抵触,这源于他对自己家庭的厌恶,这种情绪存在于他的幼年时代,并受他幼时经历的制约。

二

第一个文森特·梵高在 1852 年 3 月 30 日诞生,并于同日死亡。这个婴儿被埋葬在津德尔特的荷兰革新教派教堂的墓地里,他的墓碑至今还可以看到。刚好一年之后的 1853 年 3 月 30 日,另一个男孩诞生在梵高家庭,他也叫文森特,他幼时的住所就位于他亡兄墓冢附近的转角处。

提奥的儿子,即文森特的侄子 V·W·梵高博士曾经谈到:"直到文森特离开父母居所之前,当他去教堂的时候,至少每周会去看一次那座小坟,但在周末、节假或其他日子回家之际,也总要前去凭吊。此外,他肯定经常听到人们提起这个男婴。"梵高博士曾写信给一位已故的、享有权威的梵高研究者夏尔·莫隆，信中说：那个画家"由一个沉浸在深深哀悼中的母亲怀胎并养大，当他长到具有足够的悟性时，便每天跑到一个人的坟前去凭吊，而他正是为替代此人来到世上的"。莫隆医生补充说："这个细节的重要心理作用是难以估量的。"[17]

文森特在任何地方都没有提起过他夭折的哥哥，或提起母亲为哥哥的死做出的反应。虽然，作为一个成年人，他也许早已对母亲的反应和它产生的结果没有清晰的记忆，但是各种各样令他内心恍惚不安的想法重复地显现在他的布道、书信以及绘画中——暗示着第一个文森特影响了第二个文森特的心理发展，并暗示了后者的生活始终被一种思想所主导，认为自己缺少爱，被母亲所漠视，因为母亲的心始终在为自己心爱的亡儿而悲痛。

当然，这样的想法只是对他幼年情形做的一种假设性重建，我们假定那时的记忆被深埋在文森特的潜意识里，到后来随着原有印象以扭曲的形式重复出现而变得明显起来。这种以重复模式为基础的重建经常运用于精神分析的实践中。[18]实验指出，重建的确立和否定取决于更深一层的信息，这些信息的获得来自于自由联想①、梦境和"移情"②——对精神分析者而言，后者涉及到把与早期重要人物有关的思想、感情和行动向精神分析师转移。通常，如果没有这些精神分析的技巧，所作的重建是不能够被证实的，但是

---

① 自由联想（Free Associations），弗洛伊德创立的一种进行精神分析的方法，要求患者在没有任何约束的状态下，提供内心浮现的一切内容，以追踪精神病症状的根源，并释放患者的心理压力，达到治疗效果。
② 移情（Transference），心理学名词，即在精神分析过程中，患者不再接受医生的理智分析，而是与医生产生感情上的牵连。

文森特的情况可以作为一个例外。他的众多的书信常常像是精神分析的自由联想，他的画以及他在作画时的思维活动可以被用来替代梦和梦的联想。他和他的弟弟提奥的复杂关系，记录在数百封饱含情感的信中，可以和精神分析中的移情现象相对照；(有人提出，弗洛伊德和威廉·弗利斯[1]的关系，同样在一封长信中表达出来，在他的自我分析中起着移情的作用)[19]。这种假设的可能性，取决于本书所积累的所有信息。

正如文森特的侄媳内莉·梵高-范德古特女士所说：文森特的母亲因为第一个文森特的死而承受的悲伤，可能持久地贯穿在第二个文森特的早年生活中，因为悲悼而转化成慢性的忧郁，这在痛失孩子的妇女中是屡见不鲜的。于是会使她很难满足这个男孩对温暖和亲近的需要，这种需要来自一个快乐母亲的关爱。反过来，孩子也要忍受被剥夺的痛苦，变得压抑起来。由于使用了哥哥的名字，他在时时刻刻提醒母亲想起失去的儿子。一个死去的孩子很容易成为理想的孩子。早夭的第一个文森特因为生命期如此短暂，不可能留下坏的印象，相比之下继续活着的孩子不可避免地会有过失。母亲自己对亡儿的负罪感，会在后来移置到下一个孩子身上：使他成为负罪之人。这个小男孩因为这一经历所产生的沮丧，也许为后来他人生所承受的忧郁打下了基础。[2]

文森特的哥哥作为一个范例，使他领悟到死意味着疼爱和抚

----

① 威廉·弗利斯，柏林的耳鼻喉科医生兼生物学家，弗洛伊德的密友，彼此曾频繁通信，对弗氏学说的形成有较大影响。

② 作者注：雅各布·斯潘雅德医生发现，母亲不能维系自己和活着的孩子间的亲密关系，是因为她希望保存亡儿还活着的梦幻；认为深切依恋活着的孩子就等同于抛弃死了的孩子。因此，前者可能成了一个恶毒的诱惑物。

慰,而活着则意味被丢弃。埃里克·埃里克森提到另一个家庭类似的悲剧,他写道:"例如,一个母亲的初生儿死了,她(因为复杂的负罪感)不能再将自己虔诚专一的爱去等量施给后面活着的孩子们,那种施加在对亡儿记忆上的情感,可能会使她的一个孩子产生一种信念:生病或死亡是更好的保证,比健康和正常更能获得'赞赏'。"[20]这样的模式是与文森特所热衷的病痛和伤残的局部死亡相一致的,也是与他对死亡的期待和赞美一致的,1876年他在里士满布道时说:"与其去一个盛宴款待的家庭,不如去一个服丧的家庭更好。"

当然,文森特在潜意识中对他幼年际遇的定位,也许是缺乏事实根据的。他的母亲也许并不抑郁,也不是没有爱心,在第二个文森特的童年,她的心也许并没有在时刻想念着第一个文森特。这个概念可以被回溯性地重建,以合理解释他童年后期和母亲发生的冲突,这冲突引起他对母亲的怨恨,也反过来使他觉得遭到了母亲的厌恶。然而,就我们的目的而言,这个问题是事实或是幻想并不重要,因为幻想也可以像现实一样多地影响文森特的心理发展。

三

通过回顾文森特与其他女人的关系,可以在他和母亲早期的关系中获得另外的启发。由于人们有固执而重复地模仿以前行为的习性,一个男人对女性的感觉,在某种程度上反映了他对自己生活中第一个女人所持的态度。他选择的配偶,他在爱情中的成功或失败倾向,他寻求的爱情关系的性质,都无不烙上第一次爱情的印记,里面含有甜蜜和苦涩的成份。正如我们已经看到,文森特和女性的关系总是以不幸而告终。厄休拉和凯·沃斯-斯特里克拒绝他的爱,从而引起他的极度痛苦。他和西恩的结合彻底瓦解了他和自己家庭的关系;而西恩自身的行为证明她全然是不可靠的,他不得不放弃她和她的孩子们。他力图帮助处于困境中的玛戈特,然而却使她陷于家庭骚乱的困境中,最终导致她的轻生之念。在与厄休拉和凯的关系中,他像是处于孩子的位置,渴望着没有爱心的母亲的爱,而他与西恩和玛戈特的关系,则是角色的颠倒,他成了一个父亲,但他的"孩子"却不能接受他付出的关爱。在所有这些关系中,有迹象可以使人产生如下联想:文森特在潜意识状态中找到的全都是会导致他失败和蒙羞的局面。

来到法国后,文森特和女性之间的不幸关系延续不断,尽管我们对此所知甚少。1887 年,他写道,他继续卷入在"最不可能的爱情旋涡中,那也是不甚得体的,我从里面浮现,作为一个规则,总是被伤害、被羞辱,此外一无所获"。[21]

厄休拉和凯之所以能成为他的母亲的替代者,也许是因为像他母亲一样,她们两人都和教会有密切的联系:厄休拉的父亲是助理牧师,而凯的父亲和已故丈夫都是牧师,凯是他母亲的外甥女,她们有相同的血缘。凯和他母亲之间的相似之处在他画于阿尔勒的一幅油画中有所表露,这幅画是根据对埃顿牧师公馆花园的记忆而创作的,画中,文森特的母亲和一个较年轻的妇女在花园里散步。虽然文森特曾经暗示那个年轻妇女是他的妹妹薇尔,但 M·E·特拉尔鲍特指出事实上她是凯的绝妙肖像。那是七年前,她来埃顿消夏,与文森特邂逅。[22]值得注意的是,虽然自那以后文森特再没有看到过她，可是他却能回想起她容貌中的细微之处。画中，两个妇人外表上的共同点以及她们的身体在画面上的重叠，暗示文森特看出她们之间在精神上有很近的亲属关系。

文森特先后陷于对厄休拉和凯的爱慕之中，但他所选择的情侣都已另有所爱，她们的心早就交给了别人，这情形令人想起他母亲对亡儿刻骨铭心的依恋和怀想。厄休拉打算嫁给她热恋的情人；而凯继续深爱着她的亡夫。文森特像是个侵入者，不合时宜地闯入到这些爱的纠葛之中，他再度经历了幼年时代的遭遇。当他抱怨凯对丈夫的爱使她把自己埋葬在过去的阴影中，并造成不能把爱转移给另一个人的过失时，他可能是在解释他母亲对第一个文森特的依恋。[23]当他在梦幻中要想和凯"永永远远"[24]结合在一起的时候，他正在重复一个童年时代未能实现的愿望——和一个充满关爱的母亲亲近。

文森特写道，遇上西恩这样一个悲伤而令人可怜的妇女，就像碰到了一个自己过去的幻影；它"将把你的思绪带回到十年乃至二十年之前，甚至更遥远的岁月……在她身上，你将重新发现你自己，再次看到你自己那种几乎快被忘却了的生活状况"[25]，这一隐晦的说法，可能是指他被唤醒的对儿时不幸母亲的朦胧记忆，他在几幅西恩怀孕的素描中作了表现，题名为《悲哀》（见图 16.1）。然而，他作为一个成年人，和西恩相处，他是救援者，而不是无助、得不到爱、被轻视的孩子。他和前两个女人的关系遭到惨败，她们是他那笃信宗教的母亲的"绝妙"化身，失败带来了绝望，促使他最终变成一个社会的弃儿和异类。

西恩并不是第一个因为带着"忧虑和贫寒特征"而吸引他的"被

藐视的"女人。文森特说,对于这样一类女性他有一种由来已久和根深蒂固的好感,他想起自己小时候被一个很像她的人吸引过,在她那张"少有血色的"脸上,"现实生活已经留下了印记"[26]。他把这样的女人认同为他的母亲,他能原谅她的弱点、她的不足是因为她没有能力去做更多的,而不是由于不爱他;是不堪重负的生活迫使她不可能这样做。这有助他去抑制各种各样对母亲的逆反心理,抑制那种认为母亲可恶可憎,以及认为母亲抱怨他存在的想法。另一方面,对西恩这类女人的关注,还使他能够嘲笑和蔑视他的母亲,就像他在一幅脏兮兮的妓女裸像上作的幽默题签——"伟大的女士"。

西恩还唤文森特想起他幼时的保姆:"你还记得我们在津德尔特的老保姆莉恩·弗曼吗?"他问提奥:"如果我的记忆没有欺骗我的话,西恩就是那一类人。"[27]保姆和妓女都是廉价的有偿替代者,两者有类似的作用。幼年时期,一个保姆有报酬地看护孩子,这是一个母亲原本会无偿给予的。成年时期,一个妓女为了钱给与性的满足,这是一个妻子原本会无偿给予的。早在童年,文森特就学会了接受处于第二位的替代者,虽然他渴望原物。作为一个成年人,他对一个母亲式的妻子的渴望促使他去重复一个不幸的童年经历,而要把它转变为一个快乐的经历,希望非常渺茫。当他和一个类似母亲的女人的关系破产之际,他转而进入到一个类似母亲的有偿替代者之中。

到他遇见玛戈特的时候,他已经认定一个事实,这也是他必须接受的命运:作为一个男人,他从来没能成功地和一个哪怕微不足道的"替身"保持长久的关系。渴望结婚的是玛戈特,不是他。玛戈特事件之后,文森特不再认真考虑婚姻问题,在他的生涯中,女人成了次要的枝节,而艺术才是他真正的伴侣。

让我们来看文森特这些画中相互对照的主题——悲哀和欢乐,孤独和亲密,死亡和复活,黑暗和光明,尘世和天国。笔者以为,它们来源于他童年持续而深埋的记忆。他是一个不幸的圈外人,被痛苦的母亲所轻视和排斥,因为母亲的感情始终萦系在他死了的哥哥身上,他哥哥虽然被葬在地下,但却已升入天堂。在抗辩中,第二个文森特渐渐对第一个文森特产生嫉妒,由于名字和生日的神秘巧合,这种结果是不可避免的。在绘画生涯的幻想中,他时而描绘忧郁而得不到爱的圈外人,他生活在黑暗中,只能在死亡中得到救赎;又时而描绘令人爱慕的儿童,他在尘世复活,或飞升到光明的天国。

四

文森特的作品所刻画的妇女,大多都带着忧伤和悲剧气息的印记,这些非常沉郁的妇女形象如此根深蒂固地植入他的心中。早期,他作于海牙、德伦特和纽南的肖像画,展示了低垂着头、眼神哀切茫然的妇女,这些女性在无望中生活,因为忧愁和哀伤的折磨而变丑。在这些画中,包括两幅素描和一幅石版画,其中有《悲哀》《哭泣的妇人》(图 18.1)、《女人的头像——正面像》(图 18.3)、《戴黑帽的女人》(图 18.2)。A·M·哈马切尔[①]指出,在很多画中,掺和着忧伤的凯和悲惨的西恩的身影。[28]

---

① A·M·哈马切尔(1897—2002),荷兰著名艺术评论家,梵高研究者。

在安特卫普,由于无法和女性亲近,他进入一个新的时期,他宣称,他宁可画女人的肖像,而不拥有她。[29]因为描绘女人不会使他堕入毁灭和抑郁的危境,这确实来源于一种试图拥有她的欲念。然而,妇女的悲惨容貌仍然持续出现在文森特的画中,如两幅为一个安特卫普咖啡馆歌女所作的肖像画(见图19.1《女人的头像——近于正面像》)所表现的那样,对此文森特加以说明:"我力图表现一些既妖娆但同时又是悲哀的东西。"[30]

除了少数例外,他后来在法国描绘的妇女似乎是悲哀、疲惫或丑陋的(图19.3《阿尔勒的老妇人》和图19.2《阿德琳·拉乌》),虽然作于普罗旺斯的肖像画通常都有明亮的色彩和刺激性的背景,可能会分散观众对这些悲惨形象的注意。他画于巴黎的裸体人像习作(如图19.4《躺着的裸女》)可以被置于绘画史上最丑陋、最不讨人欢喜的妇女之列。在阿尔勒,文森特指出鲁林太太的肖像(图4.4《鲁林太太和她的婴儿》及图15.1《摇篮》)是从他在荷兰画的头像转化来的,脸上带着同样的悲哀。关于圣雷米疯人院管理人妻子的肖像,文森特写道,他刻画了"一个萎靡不振的妇女,一个卑微的、不快乐的、听天由命的人"。[31]鲁林太太和管理人妻子的这些肖像意在表现中层妇女,她们令文森特想起痛苦的圣徒和神圣的女性。然而,因为"激起的情绪太强烈了",他缺乏力量继续表现她们。

文森特认为自己是忧郁的母亲被迫忍受的负担。他对母爱的渴望无从得到满足,使他继续觉得他的余生是对别人的负担,他久久地陷于矛盾万端的境地——既想竭力去实现这种渴望,又力图将自己从渴望中摆脱出来,还想去分担别人的重负。当他成为画家以后,他的弟弟提奥处于他母亲的位置来忍受他,而文森特也反复责备自己成了弟弟的一个沉重负担,他在海牙写信说:"我时常悲哀地想,我谅必成为你的一种负担,一而再,再而三地忧烦你。""但是谁知道呢,也许你能适时找到某个对我作品感兴趣的人,他将会从你肩上卸下你在最困难时挑起的重担。"[32]

在文森特决心走绘画道路之后不久,他画了《负重者》(图 21.1),在搬运者行列中,每个妇女都被压弯了腰,因为她们背上负着沉重的煤袋。一个钉在十字架上的基督像挂在前景中的树上,一把铲子靠着树,这些物像唤人想起死了的第一个文森特,他被葬在地下,却飞升到天国,达到了完美的极致。那些被沉重的煤包压弯了腰和背的妇女,使人想起梵高母亲,她不顾痛苦承受着第二个文森特;也使人想起第二个文森特本人,他成了她的沉重负荷。

文森特被承受重压的妇女所吸引。博里纳日的 M·邦特牧师看到他醉心于工作的情形:"他会蹲在煤田里,画那些挖掘煤块和负着沉重煤包离去的妇女。"[33] 离开了这个煤乡很久,文森特还在思索这些妇女和她们的重负。在告别那里两年之后,他还在一封信中写道:"费了一番周折,我终于发现博里纳日的矿工妻子是怎样背煤袋的……我经常让一个妇女摆出背煤袋的姿势供我写生,可结果从没正确过。"[34] 在这一封信中,他还附入一幅装煤麻袋的草图,他至少画了十二幅负重妇女的习作(见图 21.3《背负煤袋的矿工妻子》)。

《冬天的牧师住宅花园》(图 22.1)是一组素描中的一幅,画中,一个身着黑色服饰、神情严肃的妇女站在花园里,面对着一座教堂的尖塔,这尖塔耸立在墓地的中央;文森特把这幅画注解为"忧郁"。画中显现的妇女忧郁地踏足于大地,但却遥望着天空出神,这情景唤人想起一个母亲对亡儿的悲切思念,他被埋在地下,但也许此刻已经到达天国。

虽然,文森特没有提到他作于 1883 年的石印版画《烧杂草的农人》(图 21.2)。但是可以看出,这无疑是受米勒《晚祷》的影响而作,三年前文森特临摹了米勒的这幅油画(见图 21.4)。对农民燃烧野草的情景产生兴趣是刺激文森特修改《晚祷》的直接因素(文森特对燃烧野草的兴趣不只是一时的,因为在津德尔特,他又回到这个兴趣中)。《晚祷》和石印版画,两者都以田野为背景,画中有一个男人、一个女人及一辆手推车。考虑到石印画印刷后和原来的画稿正好相反,所以上述三个元素在两幅画中的位置是相同的。然而两者却有意味深长的区别:《晚祷》中,两个人都站着,低垂着头在做祈祷;手推车置于妇女身后。石印版画中,男子弯着腰,在照料燃烧的杂草;女子坐在手推车上,用手撑着垂下的头。石印画中还增加了另一个人物:一个青年人孤独地站在远处。米勒风景画中的感恩情绪被转变成静默的绝望。这是和文森特惯有的下意识相一致的:一个妇女为死去的儿子而悲痛,从而忽视了另一个因被疏远而深感孤独的孩子。这些杂草的灰烬就像第一个文森特,它们将和泥土结合,但是火焰和烟气却袅袅升起,携着它们的不朽灵魂到达天国。

<h2 style="text-align:center">五</h2>

可以找到一些这样的精神病患者,他们被当做一个死亡儿童的替身而抚养成长,像文森特一样,他们迷醉于死亡、病痛和意外

的人身伤残。[35]像文森特一样，他们也动辄相信自己会死于很小的年龄，并且对坟墓有着极大的兴趣。

1877年，由于父母的一个老朋友病危，他回到家中，并立即去了墓地："当我到达津德尔特的墓地时，天色微明（星期天早晨）：一切是如此静默。我走遍所有亲切熟悉的老场所，还有一条条幽幽小径，我在那里等候太阳升起。你知道复活的故事——那天早晨在这片宁静的墓地里，每一样东西都唤我想起了它。"[36]在这里，在这个星期日清晨的冥想时光里，当太阳再度升起，一切都在曙光的笼罩之下——他会成为他的哥哥，一个可爱的复活的文森特。

不要过于惊奇，文森特的散步是经常以墓地为目标的，他不是把墓地看作腐烂尸体的储藏所，而是把它们当做一个美丽的地方，那里有从土壤里萌发出来的东西。例如，在阿姆斯特丹，他最爱在奥斯特贝格莱弗拉兹坟场（东方公墓）散步，他在那里总爱采摘一种属于石蒜科的植物——雪花莲，"从积雪下面采摘最为适宜"[37]，在海牙，当因为西恩的原因和提奥的关系出现危机时，他想安排一次晤面来弥合彼此的分歧，打算在一个古老的乡村墓地和提奥约会。[38]根据文森特的观点，墓地是一个理想的团聚场所，因为，它很早就激起了他和另一个兄弟团聚的念头。

后来，在德伦特，他发现了一个"奇特的公墓"，这是以前从未见过的："想象一下，一块荒地被长得稠密的小松树篱墙围合着，以致使人觉得它只是一个平常的小松林……看见坟墓上天然的石楠花美极了，松脂的香味有一些神秘的气息，松林的边缘像一条延展的黑带，使闪着光亮的天空和崎岖的大地分离开来……"[39]在德伦特，他反复重述一个思想——每个人在墓地里都是平等的："像你一样,我造访过拉雪兹神父公墓[巴黎的一个著名公墓],在那里我看到用大理石砌就的豪华墓冢,面对它们,我冒出一种不可言喻的崇敬之感,而站在卑微的贝朗瑞①太太的墓碑前时,我同样是崇敬不已……"[40]但不久以后,他在纽南又提出一个与之矛盾的观点:"当一个画家在医院断气,和妓女们共葬在一个普通的墓地,于是,你会说这非常悲惨……"[41]在前一段陈述中,他否认被看重的第一个文森特比他更容易被人接受,而第二段话则表明他正视自己是被排斥的圈外人的悲惨事实。

在纽南,被废弃的墓地使文森特深有所悟,他认为那是人类和自然、生命和死亡结合的象征。他描述一幅他称之为《农民墓地》的油画,他写道:"我意在表现一件简单的事情,死和埋葬,就像秋天树叶落下那么简单——挖出少许泥土——一个木制的十字架……现在这些废墟告诉我……农民的生和死也永远是相同的,就像在墓地里生长的草和花。"[42]

文森特甚至早在决定从事绘画职业之前,就画了以墓地为题材的画。在阿姆斯特丹为进神学院做准备期间,他画了撒拉②的墓,他说:"上个星期,我一直看到《创世纪》的第二十三章,亚伯拉罕买下麦比拉洞周围的土地和洞穴本身,以安葬撒拉。我不由自主地把这个地方的样子画了一下。"[43]他的素描《墓地草图》(图 22.3),画了德伦特的一个"奇特的"坟场;这幅速写被附在第 325 封信中。这是继他在纽南画的一系列老墓地之后又一幅以墓地为题材的画

---

① 皮埃尔·让·德·贝朗瑞(1780—1857),法国诗人,年轻时贫困潦倒。

② 撒拉,圣经人物,是先知亚伯拉罕的妻子,享年一百二十七岁,葬于希伯伦的麦比拉洞。

作，他希望在画中的墓地与提奥晤面以调和彼此的歧见。两年前，当他还在海牙的时候，画这幅画的念头就让他深深入迷。[44]

在 1883 年到 1884 年之间的早冬，文森特来到了纽南，他告知凡·拉帕德，在两个月的温暖气候里，使他有可能花几天时间来画"这个乡村小墓地"。[45]1885 年春季，当墓地里的老塔楼被拆除的时候，他再次回到这里。[46]德拉法耶目录中[47]包含了十一幅描写这种风景的素描和油画（见图 22.2《纽南的墓地和老塔》）。其中有一幅是描写葬礼行列的素描。

在巴黎，文森特画了两幅几乎完全雷同的画，画的是公共墓地里的一个普通墓冢（见图 22.4《墓地》），这种墓地是他在纽南提到过的，在那里，一个画家和妓女们葬在一起。这些画呈现了布拉班特时期的风格，也许作于他逗留巴黎的前期。后来，当他的作品明亮起来，画中极少出现的墓地景致再不像这样容易识别。他作于 1888 年的一张钢笔速写中画有墓地，他把这幅画注解为《圣玛丽墓地》，画中的墓地距离视线如此之远，以致很难被观者认出来。油画《阿利斯康》①（图 22.5，即《极乐之地》），描绘了古老的殡葬之所，是天主教徒和早期基督教徒的崇敬之地，然而到 1888 年，它早就成了漫步者喜爱问津的所在。文森特的诸多以阿利斯康为题材的油画强调的不是死而是生；只有路边空落的墓冢在流露出墓地的气息。

这些径直的描绘所表现的仅仅是文森特对墓地情有独钟的残

---

① 阿利斯康（Les Alyscamps），世界最著名的古墓地之一，位于法国罗讷河口省的阿尔勒旧城墙外。

絮断片,他把对墓地的迷恋植入到他的画中。就他作品的整体性而言,更重要的是,他将这种迷恋进而演化成画家对土地的全身心的投入。他采用各种各样的象征手法,精心构筑了和他的亡兄有关系的幻梦,幻梦包括了两个方面——他哥哥作为一具尸体被埋葬在地下,但又作为一个惹人喜爱的孩子从土地中复活。对土地的挖掘、耕作、播种,使文森特深为着迷,这种对土地的沉醉被转移到绘画之中。至少从某个角度来看他之所以迷醉于墓地,不仅是和这些绘画题材有关,且还在于他对肥沃富饶的土地的挚爱,对蕴含在土壤里的物质的挚爱,对从土壤里生长出来的植物的挚爱。甚至,这种挚爱之情延伸到了煤矿。

1878 年,他来到比利时的博里纳日,对当地贫困苦难的人们表示了他真挚的关爱。矿区本身和其中繁衍生息的人们强烈地吸引了文森特。事实上,早在几年前,他就曾经提出申请,要求到英国一个煤矿去做一名福音传道士,但是由于年龄太小而未能获准。他被这种"里面没有日光"的地下世界吸引,还被在地下局促的隔室里蜷曲着背或躺着进行劳作的矿工们吸引,他们苍白、忧郁、疲惫、憔悴。这些狭小的幽暗小室使他想起"地底的监狱",或"地窖的分隔区",还有如他观察到的,人们被活埋在里面的惨象。虽则如此,但是对于他,那"散发着暗淡而朦胧光亮的"[48]矿灯,是生命在那里执着继续的启示。文森特本人也冒过被活埋的危险,例如,有一次他下到距地面二千三百英尺深的矿井里,待了六个小时之久,那是"邻近地区最老最危险的一座煤矿"。他虽于 1880 年告别了矿区和矿工,但在写于海牙、纽南、阿尔勒和圣雷米的信中,他还在继续提到这些人和物。[49]

地窖，另一种在地下挖掘出来供人们工作的地方，也格外吸引他。在阿姆斯特丹逗留的期间，他对建筑物的黑暗内部构体有一种特别的窥探欲，他在无意中发现了一个："今天早晨我看到一个幽暗的大酒窖和一个门户直开的仓库，刹那间，我脑海里浮现出一幕可怕的景象，你知道我的意思是什么——在黑暗的地窖里，人们带着灯来回跑动。真的，你每天能看到这些景象，但有的瞬间，这些普通的日常所见会给人一种特殊的印象，它们具有很深的含意，呈现异样的风姿。"[50]

文森特在同一封短信中谈到其他四点是和理解这个见解有关的：他忙于抄写整本《效法基督》①，他得到了一些葬仪的演说辞，他说起他和英国人格拉德韦尔"死了的"友谊，他赞美伦勃朗的《以马忤斯人》②。对于他和格拉德韦尔的友谊，他写道："'它死了，但它只是沉睡而已'，苏醒，重又注入生命，相互再次看到，它会好起来。"伦勃朗的画作描绘了《新约全书》中的一幕场景：基督的墓打开了——基督在以马忤斯从死亡中现身。死亡、埋葬和复活在他的意识中非常突显，刺激他深深地沉迷在基督的故事中。也许正是因为这种沉迷，黑暗中的酒窖，就像打开着的基督的墓，充满了生命感，给他留下很深的印象。但是，关于他哥哥埋葬的梦幻，也许有一个更早的来源。

在文森特的画中，沟渠和掘地者也是很突出的主题（见图23.1

---

① 《效法基督》，又译师主篇、轻世经书、遵主圣范等，是一本著名的天主教灵修书籍，1418年匿名出版，普遍认为是德国隐修士托马斯·肯塔所著。
② 《以马忤斯人》是伦勃朗的一幅以耶稣复活为主题的宗教画，以马忤斯是耶路撒冷附近一个村庄。

《掘地的农夫》和图 23.3《掘地者》,临摹米勒)。《掘沟者》(图 23.2)是1882 年作于海牙的一幅水彩画,他对画面加以说明:"他们正在那里挖掘下水沟或输水渠道。"[51]1883 年年初,他在寻找绘画题材的时候,发现"许多属于工人的美事……挖地窖和给屋子打地基"。[52]

在画于阿尔勒的《黄房子》(图 9.5)里,前面的道路被描绘成处于被一条长长的壕沟毁坏的状态;在描绘黄房子时,无论素描或油画,他都故意选择一种夸大壕沟的透视画法。作于圣雷米的《修路者》(图 23.4)是一幅描绘圣雷米维克多-雨果林荫大道的风景作品,在画中他以同样的夸张手法,画了一条相类似的壕沟。在所有这些风景画中,壕沟均置于前景之中,被首先推入到观众的视线之中,对沟渠作如此强调,表明这种特色既不是不经意的,也不是偶然的。作于圣雷米的《蒙马特采石场》(图 23.5)和《石矿的进口》,向人们展示了另一种人工开凿和挖掘的场景。

铲子不仅可以在文森特以挖掘为主题的风景画中找到,而且也能在表现其他工作场景的画中找到。例如在《弯腰的男子》中,倚在墙上的铲子和忧郁的人物一起处于画面的焦点之中。像这样的题材很多,铲子象征着农民的苦役,而且它们还和津德尔特的墓地以及掘墓人有关,在那里他必是见过这样的人物。

除了人体之外,其他掩埋在泥土中的物质也引起他的注目,例如,在德伦特,他发现"一些腐烂了的橡树根,即通常所说的沼泽树干(那是由于橡树被埋在沼泽地底下大约一个世纪之后,新的泥炭土就在那里形成,当挖出它们的时候,沼泽树干就显露了)……那个河泥里掩埋着腐烂树根的小池塘是很阴郁的,而且还颇有戏剧性"[53]。《沼泽树干的风景》显示了一块沼泽地,而《泥炭船》所表现的则是泥炭土的运输。这是死了的生物,被掩埋,然后又重返光明;通过形体转换,现在它们又获得了属于自己的生命,就像他曾经写到的甲虫和蠕虫的蜕变,也还像他自己所梦幻的复活。

土豆是另一种被掩埋在泥土中的物质,土豆的种植是文森特荷兰时期的作品里频繁出现的主题,他以静物写生的方式描绘了土豆(见《静物写生:土豆》)。在《食土豆者》(图24.4)中,土豆和以土豆为生的贫苦农人几乎融为一体;确实,他曾经写道,那幅画本身"就像沾满尘土的土豆的颜色"。

他对埋在地下的无生命之物的迷醉也包括人造物品,他喜欢一些碎了的街灯和其他废弃之物,这些是他从海牙一个"迷人的"垃圾堆里挖出来的,用他的话说,他让它们"为我摆出姿势"[54]。他把这些"生锈和扭曲的"东西从它们的坟墓中领出来,还赋予它们人的属性,给予它们新的用途。

这幅1883年画的津德尔特墓地素描(图22.3《墓地草图》)和画于奥维尔的风景画《横跨瓦兹河的风景》(图24.1)形成了对比。墓地素描以黑色为基调,它的尺幅很小,所表现的情绪是抑郁的。相比之下,奥维尔的风景画是彩色的,它的面幅颇大,流露的情绪是欢跃的。但是,这两幅画还是有一些共同之处:两者都含有土地的场景,其中一幅表现的是殡葬之地,另一幅表现的是农耕之地。两者之中都有高耸的远树丛,置于画面相同的位置。在阴郁的墓地素描中,一座教堂的尖塔耸立在树丛中央,而彩色风景画中,相同的区域内直立着一座红色尖塔,与长而低矮、屋顶有红色条纹的建筑物隐约相连。这些相同点给我们的启示是:文森特的法国时期风景画,特别是他笔下的拉克劳平原(见图24.3《从蒙马儒尔眺望拉克劳平原》和图 24.5《收割》）及奥维尔附近的田野风景，它们其实就是变了形的墓地。[55] 如果真是如此，那么可以说这是他作品中最富表现力的变形。文森特简直不可思议，能将一个建立在阴郁记忆中的令人黯然伤神的场面，转变成一幅明亮而欢快的风景。

六

文森特谈到，在对德·格鲁和鲍顿①的画作了比较之后，"我为他们的相似而吃惊，他们像是两个从未谋面但同心同德的兄弟"。不知不觉，他已经在自己内心深处找到了这种比较的现成素材。因为在他的幻想中，他是他那已被埋葬的亡兄的化身；两人确是"同心同德"。有一次文森特写道："我相信，在这些日子里，耶稣本人会对那些停留在忧郁境地中的人说，'起来，向前走，这里不是你们的地盘，为什么你们要在死亡中寻找生命？'"[56] 他不仅提到有新思想的人勇于开拓新的道路，还考虑尝试去摆脱自己本身的忧郁。他感到灰心和孤独，而他的被埋葬了的哥哥似乎还活着，并被人所敬重，文森特通过成为他的化身，这才找到爱和快乐。

文森特的文字本身就暗示他保留了他死去哥哥的形象。虽然他或许没有意识到这点，但是有时候，比如在他割伤耳朵的那段时间，这种想法会向他的意识逼近。在 1888 年 12 月，即上述事件发生之前不久，他和高更跑到阿尔勒西边五十英里外，去参观蒙波利

---

① 乔治·亨利·鲍顿(1833—1905)，英国画家。

埃的法布尔博物馆，在那里他被一幅德拉克罗瓦画的艾尔弗雷德·布鲁雅斯①的肖像所打动，这幅画作于 1853 年，正是文森特诞生的那年。与文森特和提奥一样，艾尔弗雷德也是红头发，红胡子，这使文森特注意到艾尔弗雷德和他们之间存在着十分相似的地方。他告知提奥："你必须大胆相信事情就是那样，德拉克罗瓦画的布鲁雅斯的肖像就像你和我，仿佛他是一个新兄弟。"这幅肖像画使他想起缪塞的一首诗："无论哪里，当我在大地浪迹；一个不幸的人，身穿黑衣，会贴近我们坐下；他，看着我们，就像一个兄弟。"[57]他还和他的医生谈到这种相似，又说，他正一个人在南方继续布鲁雅斯已经开创的工作——考虑到布鲁雅斯是一个艺术收藏家，而不是一个画家，所以这个说法是含义模糊的。[58]在文森特的生命后期，他依旧不时地提到布鲁雅斯对他和对艺术的重要作用。

德拉克罗瓦的这幅画继续挂在蒙波利埃法布尔博物馆展出，画中的人物显示出和梵高兄弟一样的红头发，也许还有和他们相近的某些面部特征，但是布鲁雅斯没有"身穿黑衣"，也并不显得像是一个"不幸的人"。相反，他衣着优雅，他的外表是与文森特所描述的"艺术家的捐助者"相一致的。再者，他的矜持也暗示他不会与任何人坐得太近。文森特对这幅肖像的联想，虽然是被一种粗略的相似所激起的，此外，也许还有他与年长高更亲密关系的联想，但这些联想的基础是一种他久已存在的潜意识概念，这就是他对一

① 艾尔弗雷德·布鲁雅斯(1821—1877)，法国艺术收藏家，当时很多著名画家的朋友，其藏品捐给法布尔博物馆。

个死去并已埋葬的亲哥哥的悬想——一个不幸的人，身穿黑衣。

在他自残耳朵住院疗养的时候，他想起童年时代在津德尔特的家，想起那附近埋葬他哥哥的坟墓，那地方早先曾触动他产生复活的意念。他用一个看似无关紧要的童年印象来结束他的回忆："一个鹊巢筑在墓地一棵高耸的金合欢树上。"[59] 这种被清晰感知到的细节有屏幕记忆的特征，也就是说，一个记忆之所以被选中，是因为它和一个重要的、痛苦得不堪回首的记忆接近或相似。喜鹊是乌鸦的近亲，而乌鸦是文森特自杀前不久画的死亡的信号，和布鲁雅斯不同，它是"身穿黑衣"的。也许在树上高踞的喜鹊隐喻埋在下面的死尸，它现已飞升入天。在后面笔者将揭示文森特另一些痛苦的记忆。

文森特又说："由于我还有关于那些遥远岁月的最原始的记忆，远比你为早。除了母亲和我，没有谁还记得这所有一切。我不再谈到它，因为我最好不要试图去恢复当初所有贯穿在我头脑里的东西。"这些早期的记忆引起他对坟墓，以及对埋葬在其中的文森特·梵高的不安思索，在精神病发作的期间，这记忆好像在向他的意识逼进，现在，他希望它们会留在地狱的边缘。

七

津德尔特的墓地使文森特想起复活，因为在幻想中他是复活的文森特。就像他对布鲁雅斯的理解，他感到他是和一个从未见过面的哥哥同心一致的。成为一个复活的文森特就是试图用他去取代另一个文森特——那个在别人眼中讨厌的、坏的、丑陋的文森特，那个对哥哥的死、对母亲的痛苦负有责任的文森特。他被动地接受哥哥的优点，并使之成为他自我形象的一个部分，他（或他部分地）变得乖顺、可爱和英俊，尽管他还保留着最初的形象。文森特喜爱画成双成对的人和物，虽然这种嗜好是因为他与人们亲近的渴望遭受幻灭而产生的，但还有另一个来源，那就是他的双重自我形象。他的画中无数成对的人、成对的树、成对的物反映了这一点；其中的很多形象都是相互交融的，正如文森特希望与他哥哥融为一体。

文森特临摹了三幅米勒的《掘地者》（用他的话说是"将它们翻译成另一种语言"[60]），头两幅画于他投身绘画事业的开初阶段，第三幅是油画，画于他生命行将终止的时期。虽然米勒的所有农民画都使他深深动情，但这一幅对他更具有特殊的意义。这幅画画了两个外貌相同的男子，肩并肩地挖掘一条地沟；这两个人物被一个象征坟墓的土丘连结起来，意味着把一个文森特和另一个文森特相连在一起。

此类孪生物和相互融合的"对子"在他的画中频繁出现，这表示它们是（通过另外的事物）画家表现"分身"的方法，德语叫doppelgänger。分身，是一种自古以来就为人所知的现象，它是一个鬼影似的肖似者，有时候它就像一面镜子里的映像，或一个存在于短暂幻觉中的影子，它还是一个抽象的概念，或一个存在于幻想中的伙伴。[61]它的存在可能被限制在潜意识状态，只是以间接的方式——在梦中、在创作中，或在心理分析的自由联想中显露出来。这种由孩子们普遍有的魔幻想象和潜意识构成的分身幻象，成为他们抵御毁灭和死亡恐惧的方法。它是和不朽的观念以及灵魂不灭之说等同的。在生命的过程中，把自己想象成是肉体和灵魂的联合体,其目标是实现死亡和永生的最终融合。文森特出生的神秘状况,无疑增强了这种魔幻般的想法。

在文森特的作品《小路、丝柏和星空》(图 8.4)中有三个"对子",远处,两个人坐在一辆马车的车厢里,近景中,两个人在并肩而行,路边长着两棵高大的丝柏,它们直耸天穹,天穹处于一轮"纤细如蛾眉"的月亮和一颗"灿烂夸张"的星星的交辉之中。两棵丝柏融合成为一体,仅仅在树干的底部显出它们是两棵树。路上的景致及人物与他作于圣雷米的一些其他的画很类似,那些画中,往往会出现一个孤独的旅客在路上从尘世往天国跋涉。但是《小路、丝柏和星空》却是以两个人来替代那一个人,其含意是:两个文森特在一起形成一个具有魔幻特质和不朽意义的联合。文森特和他的分身在一起穿越生命的旅程,并在死亡中飞升到遥远的星空,而死亡则是用丝柏来象征的。文森特本人也表示他有意用这种方法来表现天国:"我对自己说,为什么天空中熠熠闪动的亮点要比法国地图上晦暗的黑点难以接近? 就像我们乘坐火车前去塔那斯孔或鲁昂,我们驾驭着死亡去抵达一个星球。"[62]

在作品《吊桥》(图 8.2)中,一个妇女撑着一把伞伫立在吊桥中央。桥下面淌过的运河和《小路、丝柏和星空》中的小路相类似。一如后一幅画中路边两棵交融合一的丝柏,前者也有两棵丝柏从运河的岸上一直伸向天空。且前幅画中的伞面弯曲度似是后幅画中马车车厢顶篷曲线的重复。从他在无意识中确定的立点来观察,两幅画都象征着文森特与他生于同一个子宫和同一条产道的分身,将在天国结合成为一体。

文森特对狄更斯的两本有关圣诞节鬼魂的小说——《圣诞颂

歌》和《被缠身的人》特别感兴趣。他曾指出:"从我还是孩子的时候,几乎每年都会把这两个'孩子的故事'重读一遍,而每读一次对我都是新鲜的。"[63]《圣诞颂歌》中向斯克鲁奇显身的马利的鬼魂,以及《被缠身的人》中向雷德洛显身的鬼魂,它们都是分身,两者对这些压抑的人们重新振作精神起了激发作用。这也是文森特期望从他自己的分身中得到的东西。

与分身关联的魔幻想法,导致文森特对鬼魂产生了兴趣。本书第一章曾经提到,在他的作品《牧师住宅的花园》(图7.6)中,有一对人物的模样像鬼魂一样,这和他"黑色时期"的很多其他作品相似(如《矿工》等)。他把一个酷似西恩的妇女看作是一个"脸色苍白"的"鬼影"。[64]在作品《补网》(图3.2)中,人们在斯赫维宁根海滨铺开网,进行修补,他们"坐着或站着,或在周围走动,像幽暗而奇异的鬼魂"。[65]在作于纽南表现织工在织机上劳作的画中,他称织工是"小精灵或幽魂"。"当我非常仔细地画完织布装置的时候,我觉得它太恶心了,以致我听不见我让幽灵在里面出现的咯哒咯哒声。"这个附加的说明使这幅画"更吸引人"[66]。他把画肖像想象为使他自己和他的对象获得不朽的一种途径,他写道:"我喜欢画肖像,一个世纪之后,它会像幽灵一样向生活在那个时代的人们显现。"[67]

如果我们相信保罗·高更所说的,文森特在自残耳朵之前,突然称自己是一个鬼魂——这也许是开玩笑,但倒更像是他精神恍惚期间的状况。高更报导了文森特写在"黄房子"墙上的句子:

> 我是神圣的鬼魂,
> 我是健壮的幽灵。

也许作品《文森特的椅子》(图 11.1)是以另一种方式来表现两个文森特之间的联想。椅子，"我自己的空椅子"，既代表他自己，也代表死亡。画中，房间角落里有一只黄色的种植箱，上面签题了一个名字："文森特"，可能代表那个已被埋葬的文森特。其他作品中的箱子，例如在《海滨的船只》(图 24.2)中，那只半掩埋的箱子上也签题了"文森特"的字样，如此处理恐怕是出于相同的思路。如果这是确切的，那么从盒子里长出来的花就代表复活。在《文森特的椅子》中，椅子的腿被搁在房间地面的泥灰缝上，泥灰缝和黄盒子相连，以这种象征手法，将两个文森特在死亡、埋葬、复活的相互作用中连结到一起。

八

文森特北方时期的工作成就在《食土豆者》(图 24.4)中达到了顶峰，这是一幅"那些农民围绕着一盘土豆的作品"[68]。在他的绘画生涯中，对这幅画倾注的精力甚于其他任何一幅。在对人物的头部和手部连续作了长时间的研究后，1885 年 3 月，他画了一幅粗略的素描草图，4 月，他画了一幅预备性的油画，到 5 月才完成最后的润色。他对模特儿和场景异常熟悉，故而他是凭记忆画出最后的版本的；"这件事在我脑中如此根深蒂固，"他写道，"我简直能够梦见它。"通常他总是对自己的作品持谦虚态度，所不同的是，他毫不犹豫地赞扬《食土豆者》。在两年或更久之后，回顾自己的成就，他称这幅画"毕竟是最好的一幅"。画中的场景令他如此迷醉，以致在普罗旺斯再次提起它。《食土豆者》是他的能量、才能和希望的聚光点——画中的场景向我们启示，这幅画描绘了文森特生活中的一个中心问题。

这幅画既是一个布道，揭示了荷兰统治阶层奴役下的农民所遭受的不公正待遇；又是一首颂歌，赞美农民的坚韧耐劳。它还是一个对农民危难境地的感慨评注，画中的农民如同他本人一样，蒙受灾难、居住在黑暗之所、承受生活重压、从土地中获得极少的回报。虽然这幅画所描绘的是一个家庭，他们围坐在一张小桌四周，桌上聚合着上面一盏吊灯射下的光线，但他们之间的亲近仅仅是身体上的，令人感叹的是，他们在精神上彼此隔绝，无法进行沟通。文森特把他自己和这些粗陋的农民视为一体，分担他们的悲哀和他们无诉的疾苦。迈耶·夏皮罗①观察到"每一个人都保持着自己的想法，其中两个好像濒临无法言语的孤独边缘"。[69]他认为，这种效果是由于文森特在复制他早期肖像习作时触及到了人物的困顿和痛楚。而画中带有隔阂意味的场景也是文森特荷兰时期作品所共有的特征，这不可能单单从技巧的角度来解释清楚。对于画面中一堵墙将右边一个妇女与这个家庭的其他成员分隔开来，夏皮罗教授说，这墙"产生了一个奇怪的内部分隔空间"，而笔者曾经提到文森特经常用这样的分隔物来描绘一种被隔绝的孤独感。

这就是《食土豆者》传递出来的一些信息。但是，相同的信息也包含在梵高的其他画作中；它们没有解释详尽的细节。为创作这幅画而作的若干幅素描草图是在德·格罗特家的茅舍里完成

---

① 迈耶·夏皮罗（1904—1996），立陶宛裔美国艺术史学家，以开创新的艺术史研究方法而著名。

的,这家人摆姿势供他写生。但这幅油画本身却是他凭记忆和想象在自己的画室完成的。他写道,直接来源于模特儿的草图是"想象的基石","在这幅画中,我让自己的头脑有自由发挥的机会"。[70] 这些自由而殚精竭虑的思想,就像梦的内容一样,既扎根于现在,又扎根于遥远的过去,既源于有意识的思想,也源于潜意识的思想。文森特在父亲去世后即开始着手创作该画。① 虽然他花了一个冬天的时间为这幅农民画做准备,但除了这一次,他在任何场合都还没有吐露过他意在选择食土豆者作为题材。也许重新面对母亲的悲痛激活了他对童年境况的记忆。

如果我们以这个观点来看《食土豆者》。那么左边的年轻人代表文森特,他的名字"文森特"刻在坐椅背后上部的木板上,虽然要辨出它来不是很容易。而右边那个较老的妇人代表他母亲,从表面上看,她低垂着头,好像是因为专注于倾倒咖啡。这个形象是文森特从一些表情忧郁的头像中移置过来的,那些头像是他为准备创作这幅作品而画的草图。她倾倒咖啡的动作转移了人们对她黯然伤神的面容的注意。从更深的层面来看,沉浸在忧郁中的她无暇顾及她的四周,而眼睛转动着的"文森特"则注视着她,徒然地期待她的回应。

近景中,有一个神秘的儿童形象,看不见他的面部,带着一种飘忽之感,他站在文森特和他母亲之间。可以看得出他没有椅子;这个孩子——一个实在的幽灵,没有人所具有的血肉之感,很明

---

① 作者注:文森特父亲死后,他给提奥的第一封信是第397号,文森特首先说到"这些农民围着一盘土豆"。在此后的一封信中,开首他就写道:"我对刚刚发生的仍有很深的印象……"

显,他没有参与吃喝食物。而奇怪的是,水汽仅仅从盘子的一边升腾而起,形成一个光晕,罩在这孩子的头部和肩部。这幅画就像是文森特在为自身的遭遇写照:他母亲因为怀着深深的痛苦而不能够照料他,母亲的心灵始终被那个死了但却被认为是完美的孩子所占有。画中,这孩子站在他和母亲之间,就像在生活中那样造成了他和母亲之间的隔阂。

坐在后景中的其他两个家庭成员是附属的形象,不是主题的关键。也许他们的专注神情会增强人们对这两个角色的注意。事实上,在预备性的草图中只有三个前景人物,在一张油彩的预备稿中,那个年轻的女人被略去了,而父亲的形象也没有完成头部。在最终的定稿中,年轻的女人坐在"文森特"旁边,并把目光投向他,也许她代表文森特的妹妹薇尔,因为薇尔是唯一站在他一边的妹妹。父亲坐在母亲的旁边(文森特确是经常看到他们坐在同一边),然而由于分隔物的作用,加以他本身远远地退缩在朦胧的背景中,因此造成了两人间的疏远感;他正在递给她东西,可她未予回应。

这场景所渲染出的气氛是悲凉和明显无望的。而一帧和《负重者》(图21.1)中相同的耶稣受难像挂在"文森特"头顶上方的阴郁气雾中。希望就在这里,这是他和耶稣身份同一的暗示。事实上,《食土豆者》的构图也许受了伦勃朗《耶稣在以马忤斯》的影响,文森特曾经频频赞美它。在这幅画中,复活的耶稣靠桌而坐;其他人则在他上方以敬畏的目光凝视他。文森特称赞伦勃朗的画作"极具神秘色彩"。在其中他看到"存在于血肉之躯的灵魂"和"温柔的目光",[71]而这些特质又被文森特注入到他自己的画中。

将作于 1889 年的《圣母怀抱受难耶稣之忧伤图》(图 25.1)和作于 1885 年的《食土豆者》进行对照是很有意思的。《圣母怀抱受难耶稣之忧伤图》是根据德拉克罗瓦的一幅油画复制的,画中死了的基督躺在一个墓的入口处。他那痛苦的母亲以一个"很绝望的姿势"[72]向他伸出自己的手臂;由于他承受苦难而殉身,他母亲对他宣泄自己的爱。比较两个人物的头部,让人觉得"就像是一朵色彩暗郁的花对着一朵惨白的花,以这种相互衬托的方法来增强效果"。当文森特临摹《圣母怀抱受难耶稣之忧伤图》的时候,死亡和痛苦紧压在他心中。其时,他刚画完《收割者》(图 11.2),画中一个身穿黄色衣服的人被文森特称为"死神的化身",他还完成了一幅自画像,把自己画得"瘦削而苍白,像是一个幽灵"。[73]另外,他还为母亲的痛苦而忧虑,母亲又失去了最小的儿子柯奈留斯,因为柯奈留斯离家去了南非。

　　在《圣母怀抱受难耶稣之忧伤图》中,红头发、红胡子的基督与他幽灵般的自画像有着同样的鲜艳色彩,同样的忧伤感,同样的阴影效果。虽然在《食土豆者》中,文森特头顶上方的耶稣受难图仅仅暗示了他和耶稣的身份同一,但在《圣母怀抱受难耶稣之忧伤图》中,他就成了基督。甚至,《食土豆者》的暗郁色调被明亮的蓝色和黄色所替代,其中那个黯然伤神、毫不在意儿子的母亲被一个崇拜自己儿子的母亲所替代,而那个活着而遭嫌弃的儿子被死了却倍受敬慕的儿子所替代。在他画于《圣母怀抱受难耶稣之忧伤图》之前的一幅带有光环的自画像中,我们可以得到如下启示:在《圣母怀抱受难耶稣之忧伤图》中,红头发的基督也就是文森特本人。文森特期待死亡,死神也在很快地向他逼近,他再一次宣称死胜于生，因为死亡是到达永久极乐世界的必由之路，在那个极乐世界里，一个善良母亲会深爱她所敬慕的儿子。

根据一些精神分析的观点，在潜意识中，会把死亡想象成婴儿喂食得到满足后的"甜蜜睡眠"，还把它想象成死者和慈爱母亲重新合一的幸福境界。[74]马丁·格罗蒂安写道："在潜意识中可能对死亡没有认知，但会认知安宁和沉睡，渴望和母亲重新合一。"[75]这正是文森特诸多作品背后的潜在意念，也许在他生命最后一年表现尤为明显，其时，他心醉神迷地把笔触移向天空，因为在天国将会发生幸福的时刻——他与母亲的重新合一。例如，大约作于《收割者》和《圣母怀抱受难耶稣之忧伤图》同一时期的《橄榄树的风景》(图 25.2)，就是死亡和母爱主题的继续。根据夏皮罗教授的解读：天空中的云朵像是"一对幽灵般的母子"[76]，愁苦的树在伸向它。在文森特自杀前画的一幅画中，一个男子站在茅舍的屋顶上，乳状的云彩正在上方的天空召唤他(见图 25.4《茅舍屋顶和上面的男子》)。

第
六
章

母爱在天国

一

　　文森特渴望着爱，但在母亲那里他得不到满意的回应，1887年7月，在回国探视父母之前，他对厄休拉·罗耶的爱恋遭到突如其来的拒绝，这一事件促使他重新跌回到童年的抑郁之中。梵高-邦格女士描述家人注意到他的变化："由于这第一次的巨大悲痛，他的性格为之改变，带着浓重的忧哀；当他回家度假之际，他削瘦、沉默寡言、郁郁不欢——成了一个完全不同的人。"[1]他返回伦敦后就搬出罗耶家独自居住，再也不接触任何人。从他的隐居地，他发泄了很多失恋男子都有的不知所措的怨气："女人是和男人'完全不同的东西'，一种我们还无从认知的存在物，至少，了解只是很表面的……"然而他并没有放弃希望，因为他认识到"女人和男人可以合而为一"[2]，稍后，他在一系列采用叠合手法的画中，使成双的人或物融为一体，表达了他的愿望。

　　法国历史学家儒勒·米什莱①——浪漫主义的革命家、牧师和教会的抨击者、被压迫阶层的卫士、大自然的情人、自封的驾驭女性专家；文森特一时对他产生了兴趣，把他当做心目中的一尊神像，他的著作似乎就是"一部启示录和一部福音书"[3]，能够治愈文

---

① 儒勒·米什莱(1798—1874)，法国历史学家，反对君主制、贵族和天主教。

森特的创伤。但是,很快文森特就从这一偶像中摆脱出来,虽然他也赞同米什莱的自由主义政治观和社会观。而后者所表现的对女人的兴趣,和这个年轻人新近寻找驱除忧伤的状态格格不入:由于对厄休拉的爱情得不到回报,这种极度强烈的情绪需要寻找一个宣泄的出口,于是,现在便转化成为一种对上帝的狂热沉迷。

1875 年 5 月 8 日,这是在文森特调任古皮尔公司法国分部之前,他在写于伦敦的最后一封信的结尾处引用了法国哲学家和历史学家勒南①的一段话:“要在这个世界上有所作为,就必须牺牲所有的个人欲望……人在尘世不仅仅是为了追求快乐,甚至也不是为了追求简单的诚实。他的存在是为了实现人类伟大的事业,去趋于高贵,去克服几乎每个人都有的鄙俗。”[4] 于是,他将他的失落转化为一种收益,转化为后来被注入到绘画中去的各种各样的精神动力。此外,他放弃了从尘世获得个人幸福的想法,他认为,坚守禁欲的苦行和帮助不幸的人们,将使他有资格享受天国的欢乐。

虔诚地信奉苦行和殉道,是文森特在某个阶段通信时所阐述的主题,这个阶段从 1775 年开始,一直延续到他决定献身绘画事业的 1880 年。其间,他有选择性地阅读了《圣经》中一些与忧愁、苦难及与自我节制有关的章节,他写道:“让我们祈求他教导我们刻苦自制,让我们每天拿着十字架去跟随他;让我们温和、坚忍、心灵谦卑。”[5] 文森特希望和厄休拉建立亲密的关系,这种亲密关系是他母亲拒绝给予的,当厄休拉也回拒他时,他不得不放弃这世

① 厄内斯特·勒南(1823—1892),法国宗教史学家,唯心主义哲学家。

俗的追求,而把他受到挫伤的热望转移给上帝。通过救助不幸者,他把自身的痛苦导入对上帝的服务中,他希望上帝会使失意者得到补偿。

文森特遵循基督徒的传统,把上帝称之为父,但是在他的信中(以及在他的画中)所描述的上帝常常是一个理想化的、充满爱心的母亲形象,她通过献出自己的悲悯,给人类带来欢乐。然而要获得这种爱,必须舍弃世俗的欢娱,并赞颂痛苦。这些产生于他不幸童年的思想,加上他的加尔文主义传统,帮助他对《新约全书》建立一种属于个人的理解。在宗教热情高涨时的一封漫谈式的信中,他表达了上帝是怎样成为母亲的,他写道:"这仁爱就是基督的生命,这仁爱就是我们的母亲,尘世所有美好的东西都归属于她,因为如果带着感恩的心情去领受,一切都是无限美好,但是她的赐予比世间任何美好的事物更深远。归属于她,那源源不断的流水,无论是来自散步中遇到的一条山溪,抑或是来自伦敦、巴黎闹市街口的一口喷泉;也都归属于她,'他病重在榻,我必扶持他','母亲怎样安慰儿子,我就照样安慰你们';还有归属她的,'趋向基督的心至死不渝,是基督给了我们做一切的力量。'"当尘世的母亲疏于自己的工作时,上帝母亲就取代了她的位置:"妇人焉能忘记她吃奶的婴孩,不怜恤她所生的儿子,即或有忘记的,我却不忘记你。"上帝还取代了那些后来使他失望的所爱者:"所有的爱人都忘记了你,我要将健康还你,令灾难脱离你。"他第二次重复,又做第三次重复:"上帝说,'母亲怎样安慰儿子,我就照样安慰你们'。"①[6]

---

① 文森特在这封信中的若干引语都来自《圣经》中以赛亚书、诗篇、耶利米书的经文。

文森特不单单是一个消极的礼拜者，以展示自身的痛苦无助来求助上帝的垂怜；他积极帮助穷人、被压迫者和病人。他以这种仁爱的方式善待别人，这正是过去他希望人们对待他的，也正是他希望将来能从上帝那儿领受到的。事实上，他成了一个充满爱心的母亲，尽管她本身守着痛苦，但她看护、喂养、并且把欢乐带给可怜的孩子们。他又像仁慈的上帝母亲一样，关心不幸的人们，还将自己视为他们的同类；同时，他还为偏执地折磨和贬低自身找到一个宣泄出口。

乔治·艾略特的一部小说《教区生活的场景》，被称为"珍妮特的忏悔"，它也许推动文森特将一些想法串联起来。他在一封日期签署为1876年2月19日的信中谈到这部小说使他深受触动，这是有关一个牧师的故事，主人公住在肮脏不堪的环境中，且食不果腹，最终死于三十四岁的华年，在贫病交加之中他由一个酗酒如命的妇人照料，通过他的说教和行使宗教仪式，这个妇女最终"克服了身上的弱点，找到灵魂的栖所"。在"他的葬礼上"，文森特写道："人们读了圣经中的章节，'复活在我，生命也在我，信我的人，虽然死了，也必复活'。"[7]文森特以后的生活与之相同，简直就是这个样本的沿袭。环境的肮脏，食物的匮乏，试图使一个放荡的女子脱离迷途，并期望对方能反过来关心自己，早亡，对复活的醉心——所有这些都在这个样本之中了。当然，这个故事本身并不足以促使文森特去过这种生活，但是，就像当下发生的事件会使植根童年时代的幻想得到成型，这部小说也许会对文森特精神构架的定型产生潜在的作用。

文森特要去做一个帮助不幸者的传道师还有另外一个原因：

那就是他能借此去实现和基督的同一。

二

文森特像许多基督徒一样,在自己身上看到基督,又在基督身上看到自己。向厄休拉求爱遭到拒绝后,他日趋强烈地追求和基督的同一,这种同一性的构成部分已经呈现,只等命运的压力将它们集合在一个传道职业之中。他作为基督教牧师的儿子、孙子及侄子,常常受到长辈的规劝,要他去过基督的生活。还在早年,想必他就领悟到承受痛苦是他和基督两者的共有特征。但是,痛苦的结果却是各不相同,文森特的痛苦被一个苦恼着的母亲所漠视,而基督的痛苦则给他带来一个忧伤母亲的爱和整个基督徒世界的爱。文森特的另一种生活状态使他很容易在基督故事里找到共鸣之弦:作为第二个文森特,他认为自己是一个特别的人,不可思议地从死亡中复活。值得注意的是,他对基督的"仿效"多半发生在潜意识中,也许与对基督的刻意仿效全然不同。[8]文森特身上一些与基督同一性的特征将十分明显起来,虽然其他特征,在不经意的观察者眼中和基督并不相像。

文森特对基督的理解反映了他自己希望成为那样的人,在很大程度上,他已经是了。他曾在 1875 年如是说:"让我们祈求[基督]……让他教导我们刻苦自制,让我们每天拿着十字架去跟随他;让我们温和、坚忍、心灵谦卑。"[9]在德伦特的住房里,他挂了一帧图片,并在它的下方写道:"我心里柔和谦卑,你们当负我的轭,学我的样式……若有人要跟从我,就当舍己,背起他的十字架,来跟从我——在天国，他们既不娶也不嫁。"①[10]更甚的是，文森特把自己看作是基督，是一个"忧伤和熟知痛苦的人"[11]，他还通过以基督的另一个装束来展示自己，以此吁求上帝的注意："是的，如果我们能够用有生命的荆棘为自己编制冠冕，当着众人的面戴上，如此上帝可以看见我们戴着它，我们就做得出色。"[12]他要去实践他对比利时穷困煤矿工人的劝诫："在对基督的仿效中，人们应该谦逊地活着……从福音书中学会保持谦卑和心灵的纯朴。"[13]

如果与基督身份同一的认定仅仅局限于蒙受痛苦和克己节欲，那么这对文森特的心理不会产生有益的影响：唯有受难基督接受到的母爱和领受到的人间赞美，才能够减轻他的绝望。例如，通过和基督保持同一，他能够消除隐藏在他早期对比鲜明的布道主题后面的困惑。他能够远离他的同行独处而仍然感受到爱。这样，就把孤独的痛苦减弱到最低限度，并且避免了作为一个被排斥的圈外人的污名。像一个有威严的人物，他孤独，但他将孤独置于崇高的位置；故而，他成为一个被排斥者是因为他的力量，而不是因为他的脆弱。从苦难中，基督将欢乐带给了世界——而且，通过圣母玛利亚和"上帝使者"[14]的爱——也带给了他自己。文森特也能如此，他像是另一个基督，死亡成了一个短暂的事件，预示着快乐复活的到来。黑暗被扫除了：基督是"世界的光明"，文森特得以沐浴在这片无比荣耀的光辉之中。

在文森特身上，和基督的身份同一随时间的变化呈现不同的形式，以适应当时的需要。慢性的忧伤和寻求惩罚的冲动，可以在

---

① 这是《圣经》马太福音中的三段经文。

内部被证明为正当，也可以在外部被利用，因为基督正是这样，为拯救世人忍受苦难并被钉上十字架，而反过来又得到世人的敬仰和爱慕。就这样，受虐成了殉道。因此，他那使人害怕的性方面的冲动和破坏性的冲动，都会转移到正当的通道上来。与忧郁相关联的食欲不振，加上由于害怕狂暴的食肉冲动而强加给自己的饮食限制，都转化成了苦行圣徒的反应。因为基督在他看来是无性的，所以他能够把自己在男女关系上的挫败推到一旁去。基督的形象是个现成的善良面罩，他可以把内心感觉到的丑恶隐藏在那后面，从而来安慰沉湎在加尔文教派正统观念中的良心。凭借和基督实现同一，文森特不仅可以和死了的哥哥抗衡，而且还能胜过他。当他对父亲失望的时候，他把父亲视为伪君子，并确信作为上帝的子民，自己是优于父亲的。基督的形象既有助形成他的症状，也成为他勾画终生事业的蓝本。

　　文森特过着基督的生活（更确切地说是他自己所理解的基督的生活）：在英国，作为一个教师（1876 年），在多德雷赫特，作为一个书商（1877 年），在阿姆斯特丹，作为一个学生（1877 年到 1878 年），在博里纳日，作为一个福音传道士（1878 年到 1879 年）；上述种种时期的表现，已由荷兰心理分析家韦斯特曼·霍尔斯丁①和其他的心理分析学者讨论过。在这种生活的准备期中，他通过一遍又一遍地阅读《新约》来重新认识基督，甚至还把它翻译成各种语言。1885 年，在他刚返回伦敦后，他的信中充满着来自《新约》的引言。[15]

---

① A·J·韦斯特曼·霍尔斯丁，荷兰精神分析家，著有《精神分析基础知识》《精神分析和心理学》（*Psychoanalysis and Totality-psychologies*）等。

那时，他最珍爱的第二本书是《仿效基督》，该书是十五世纪德-荷神秘学派的产物，关注的是世俗欲望的放弃和受苦的需要，而不是基督生活的积极方面。他将这本书的抄本送给他的弟妹，甚至还给他的犹太老师门德斯·达·科斯塔。他指着《哥林多后书》的第五章第十七节，上面写道："若有人在基督里，他就是新造的人，旧事已过，都变成新的了。"[16]

文森特在英国任教的时候，从未有过一天中断过祈祷，中断过谈论上帝以及中断和学生们一起朗读《圣经》。[17]他试图集教师、牧师及帮助穷人和受压迫者的福音传道士于一身；像基督那样，他也能忍受"扎痛我的荆棘"。[18]

在多德雷赫特，他受雇去一家书店帮忙，"在所有的地方和所有的场合"[19]，他都把精力花在研究基督的整个故事上。和基督同一的想法使得孤独和痛苦能够被他忍受。他自认和基督保持了一致，故而他为自己怪异的举止感到自豪，他指出基督也曾被人指控为异端。

根据门德斯·达·科斯塔的回忆，在阿姆斯特丹，文森特每当感到他对职责有所疏忽时，就用棍棒重击自己背部。[20]他仿佛是在重新体味基督在受难图中被鞭笞的痛苦。更重要的是，作为一个未来无需墨守成规的创造者，文森特开始看清阿姆斯特丹大学神学院是一群宗教形式主义者的寄身之地，而他像耶稣，极端蔑视他们的罪恶和伪善。醒悟和沮丧之下，他越来越相信，学生被要求进行的预科学习令人厌烦，与他们服务人类的目标毫不相干，那是在把荷兰的反基督神学强加于他们，因为他的课程全都成了和他对立的象征，故而他舍弃它们就不足为奇了。

正如几年后他描述的："你知道我，一个学过其他语言的人，可能已经掌握了一点可怜的拉丁语和其他等等——然而，我声明，这对我太多了。这是假的，因为那时我不想对我的保护人解释，在我眼中，整个大学，至少神学院，是难以形容的混乱，它是形式主义者的滋生地。"[21] 看来他进入神学家的行列似乎是为了寻找证据反对他们，而不是去成为他们的一员。学院的神学家们要求他学习希腊语和拉丁语，这本身就证明他们对追求外在的雍容华贵远甚于对贫困农民的关切。他发现，养尊处优的荷兰牧师只是一味迎合衣食奢侈的荷兰商人的需要，而不是像基督训导的那样，去努力减轻民众的疾苦。作为一个神学院的学生，所谓成就是指他将会跻身当代宗教形式主义者的行列。虽然失败满足了他的自我毁灭冲动，但他以一个蔑视他们的救世主角色证明这是有正当理由的，事实上也是必需的。

文森特的父亲是新教徒，他在天主教占主导地位的荷兰南方为贫困的农民服务，为此耗却了一生。作为一名新教徒的福音传道士，文森特在天主教控制的比利时南方照顾贫困的矿工时，是以一种报复的方式重演了这一角色。这样做的时候，他扮演了和父亲同一的身份，但是他又像一个性情乖张的被放逐者，在父亲脸上抹黑，使他父母陷于痛苦，一如他感受到的父母带给他的痛苦。他能够没有犯罪感地蔑视父亲，因为他确信基督也是用同样方式做的。

文森特与基督的身份同一（和他与父亲的身份同一重叠和融合起来），在比利时的博里纳日最为明显。他展示了谦卑和高贵相结合的基督风范。神界和俗世的自虐狂诱惑着他，他为自己做了一个"生命的荆棘冠冕"[22]（用他自己的格言），他贫寒度日，他衣衫褴褛，他吃最简单的食物。根据梵高-邦格女士回忆："宗教越来越让位于实际的工作——比如照顾病人和伤残者；他毫无保留地奉献出自己的所有财物、衣服、钱款，甚至他的床榻。他不再住在条件较优异的宿舍里，而是搬到矿工狭小的茅屋中，在那里，连最基本的生活用品都匮乏。他以这样的方式努力使自己毫不偏离地遵循耶稣的教导。"[23]

多年以后，一位当地的面包师接受采访，回忆文森特曾用麻袋布做衬衫，"我好心的母亲对他说：文森特先生，你为什么像这样把自己的衣服搞得寒酸不堪？你可是出生在一个高贵的荷兰牧师家庭！他回答：我像耶稣一样是穷人的朋友……我们这位朋友的仁爱日复一日地增强，然而他所遭受的迫害也在增加。还有宗教裁判所的成员们对他的指责、侮辱和置于死地的打压，尽管他一直处于社会的最底层。"[24] 这个面包师直观地认可了文森特对殉道者耶稣的描绘。另外一个名叫埃丝特的熟人吐露，她曾经力劝文森特不要离开舒适的家去睡茅舍中粗陋草褥。他回答说："埃丝特，一个人应该像善良上帝那样去做，时时地，一个人应该在上帝的光辉中行走和生活。"文森特蔑视荷兰人重视整洁的传统，他通过破旧的衣着和脸上蒙着的煤尘来使自己平民化。对他而言，注重整洁并不是近乎虔诚，像某位善良的荷兰母亲可能表现的那样，而是炫耀与基督精神无关的虚荣。

三

文森特试图通过步他父亲和梵高家族其他牧师们的后尘，为自己找到一条走出忧郁困境的道路。不满之下，他转而去过一种贫穷的福音传道士的生活——孤独、苦行、殉道,但这也使他失望,沮丧又回到他的身上,他愤懑地拒绝了教会控制下的宗教。在荷兰革新教会中,他找不到解决冲突的途径,也找不到自我实现人生价值的模式;他家庭的宗教和这个国家的宗教是和他的特殊需要不一致的。

因为文森特的父母和荷兰教会的密切关系,他毫不怀疑地把教会和父母视为一体。他一直觉得受到母亲的排斥,他也反过来抵触母亲。于是,在他的心理上,父亲担当了善良母亲的角色。而到成年之后,他又否定了父亲,与此同时,还否定了教会。他表示,现今的基督教是残忍的宗教,只会增加人们的痛苦,而不会安慰人心和带来安详,它是"犬儒主义、怀疑论和带欺骗性的"的宗教。[25] 此时他还表达了对他父母的感觉。

梵高家族信奉的加尔文教派,提倡信仰严厉的、强有力的天父,他要求人们匍匐在被惩罚的痛苦之下,绝对地服从。这样的宗教可以帮助被罪恶所困惑的罪人去赎罪,使他们能够通过被迫的、赔偿性的行为来解决问题。但这不能帮助文森特,他不仅感到像一个罪人,而且也许更感到像一个被蔑视的畸形者,他渴望的是一个有爱心的母亲,而不是一个使自己行为保持规范的严厉父亲。在当代的教会人物中,他找不到他追寻中的理想形象,找不到作为典范的、能与之发展同一性的仁慈的理想人物,这种同一性会让他感到自豪,而不是高兴。

然而,恐惧是文森特脱离教会的主要原因。在很多年以后,他承认他已经对"所有的宗教夸张感到恐惧"[26]。包括"基督教徒对自我献身、殉道,以及死亡的观念",这观念已深深植根于他人生的早期。他并不是想要放弃宗教,而是意在寻找一种不甚危险而更能安慰人的宗教。他对基督教的挑战是一场失败战斗的一部分,这场战斗旨在根除他的自毁意识,这种自毁意识早在童年就不可逆转地和他的宗教信仰交织在一起了。这些思想在早年酿成,最后爆发开来并付诸行动。他说,他崇拜基督,但却蔑视基督教。对他,基督是一个肯定的含义,代表被极度宠爱的儿童典型,文森特就渴望自己能是这样的孩子。而另一方面,基督教,特别是新教,则形同那种造成基督受难和死亡的邪恶势力。

在前面的讨论中,已经提到文森特放弃宗教而投身绘画还有另一个因素——他说话结结巴巴,这对一个传教士是严重的障碍。相比之下,他对观察强烈地迷醉,具有记录视觉印象及用文字和画面来进行表达的出类拔萃的能力,而这些对他的宗教服务无所裨益。

当文森特在英国任教和在博里纳日传道的时候,他的虔诚宗教信仰是通过对职责的极端热爱和自我节欲来体现的,而不是通过描绘像十字架上的圣约翰这样伟大的神秘主义者和他后来绘画生涯富有灵感的状态来展现的。教会准予文森特去成为一个有鼓动能力的传道士,但提出的要求和给予的待遇与他的需求和才能如此相悖。这些不一致阻碍了积极的要素在他的人格构成中进行平缓的整合,这对文森特自发产生一种富有灵感的状况是很需要的。

文森特脱离教会也是受了那个时代历史潮流的推动。十九世纪的欧洲,随着法国大革命的兴起,宗教信仰普遍受到致命的冲击。由于人的世界观日趋复杂,世俗主义正赢得胜利,它击败了教会那种既教条又神秘的教义。这样的教义可能会被知识阶层所摈弃,然而,如果人们在人生的早期就受到它们的熏染,它们就会仍然存留在潜意识中,并可能以与它们的起源没有明显联系的形式重新出现。文森特·梵高就是这样的例子。

四

很明显,文森特的宗教思想并没有在他脱离教会的时候消失殆尽,但是,可以证明,他的宗教观念对他个人的发展和绘画道路的走向起了很重要的作用。例如,基督的角色使他能够继续和女性保持亲密的关系,否则也许早就被他杜绝了。文森特把女性区分为与性爱没有关系的"圣母玛利亚"和有性爱的"抹大拉的玛利亚"①。耻辱感和犯罪感迫使他对"母亲们"和母亲的替代者不再有性方面的非分之想。加以他发现那些无性的好女人,像他的母亲、厄休拉和凯,是不愿意和他有什么关系的。最终他求助于妓女,尤其是西恩,西恩成了他的"抹大拉的玛利亚"。

梵高牧师对他和西恩这种关系的谴责,让文森特看清父亲对基督和基督教的真正含义一无所知,"我想父亲是如此的陈腐不化,当某些事情和'他的职业尊严'不一致时,他竟会屈从这样的偏见。我的看法是:一个人一旦触及拯救一个贫穷妇女的问题,就可能期待父亲给予合作……事情并没有如此,父亲犯了一个巨大的错误;任何人这样做都是残忍的;然而,如果他是一个为上帝传布福音的仆人,则更是双倍的残忍!……噢,我非常清楚地知道,几乎所

_____

① 抹大拉的玛利亚,《圣经·新约·路加福音》中的一个淫荡妓女,后忏悔追随耶稣而得救,并被罗马天主教、东正教和圣公会视为圣人,相传耶稣从她身上驱逐出七个魔鬼。

有的牧师都会以父亲一样的口吻来责难,故而,我把他们整个儿看作是社会中最不敬神的人。"[27]不久,他谴责牧师们思想狭隘、伪善,是"顽固的宗教形式主义者"[28]。他通过回忆耶稣一句生气的话来表达他和耶稣的同一:"妓女将先于你们[进入上帝的天国]。"[29]

文森特努力促使西恩转变成为当今的"抹大拉的玛利亚",换言之,就是希望她转化为像他母亲、厄休拉和凯这样的好女人,不过,是一个会接受他而不是像她们那样拒绝他的好女人。由于他不顾一切地希望拯救她,他对她的认知扭曲为热切的梦幻:"真奇妙,虽然她堕落,但她又是多么的纯洁。在她精神、心灵、意志的废墟深处,似乎某些东西已经得救。在一些速逝的瞬间,她的模样就像德拉克罗瓦笔下的'圣母玛利亚'……"[30]西恩的孩子诞生,使他想起有关"圣诞之夜和马厩婴儿的不朽诗篇"。[31]就这样,不可思议地,妓女被他转化为圣母!

文森特对教会"所抱的理想"熄灭了,他写道:"……可以对艺术世界不管说些什么,它都是不朽的。"[32]当他从宗教转入绘画的时候,其实他只是将他的宗教观念和宗教感情移置到另外一个不同的形式中而已。他宣称:"绘画是一种信仰。"[33]

他低估技巧在绘画中的重要性,在写给凡·拉帕德的信中,他说,绘画不单单是靠手去创造,更是借助"从灵魂深处的源头喷发出来的能量;至于绘画中的熟练和专业性的技能,我觉得只是一些令我想起在宗教中可以被称之为自以为是的东西"。[34]

文森特进而用绘画来代替布道,1882年初,在写于海牙的一封信中,他说绘画确是成了他唯一值得做的布道:"除了莫夫的画和米勒的作品,我从没有听到过一次令我折服的精彩布道,我自己也不能做得更好。"[35]一年和半年之后，他在德伦特的信中反复重申："米勒有一种信念，试问，难道他的绘画和精彩的布道有什么不同？相比之下，布道反而显得黯然失色，即便那时的布道本身是好的……"[36]

对文森特而言，不仅绘画就是宗教，绘画作品就是布道，而且基督还是最伟大和最富创造力的画家："他生活淡泊，是比所有其他画家都要伟大的一个，他蔑视大理石、黏土以及色彩，他以血肉之躯奋发工作。"[37]文森特追求和基督的同一，这使他能够继续保持一个画家的信心，深信自己也是伟大的，能够出众拔萃，去忍受尘世生活的打击，去忍受尘世生活的残酷，并最终成为人类的骄子而受到尊崇。他一次一次地遭受失败和拒绝，但这并没有使他放慢对目标的追求，他要把对宗教的热情同样地奉献给绘画，奉献给早在他从事传道职业时就深爱的绘画。

基督的故事在文森特的画家生活中留下了很深的印痕，和基督相似，他在生命的晚期才开始这项被人们铭记的工作，仅仅持续了没有多少年就英年早逝了。当他在博里纳日的自我掩埋中以画家的面貌重新浮现时，那本身就是一种复活，"好，即便我陷于深深的痛苦中，我也会感到我的能量在苏复，我对自己说：尽管我该让所有的事情振兴恢复，我要拿起我的铅笔，在巨大的沮丧中我曾经抛弃过它，我将继续去画我的画，就从这每一样东西似乎都在对我发生变化的瞬间开始……"[38]文森特将自己的年龄放在心上，他对提奥说，"一个人的真正生活是在三十岁开始的"，在这个年龄之前，艺术家找不到他们的自我，耶稣也是在这样的年龄开始他的事业，"我不可能经常对你重复，伙计，一个人三十岁的时候，他才刚刚开始。"[39]

像基督一样，文森特只用几年时间来完成他的使命。他使理想成为现实，这并不意外。事实上，他确是预言到了。在三十岁的时候，他写道："在我的人生中，我不仅较晚起步绘画，而且我还可能活不了多少年，比如，六年到十年之间……""这是我对自己的看法，"他继续说，"在几年之内，必须完成一些自己醉心和热爱的事情，带着激情去做……在这几年里，必须有所作为，这种想法支配着我的整个工作计划。"[40]

当文森特是一个基督般的福音传道士时，他的父亲和荷兰的神学家们则是胸襟狭窄和鄙视他的宗教形式主义者；当他成为一个画家时，学院派画家和画商们却又垄断了这块阵地。文森特在1880年的郑重宣言中，称自己意在成为一个画家，他写道："我必须告诉你，和福音传道士为伍与跻身画家行列是同样的乏味。有一所学院气十足的老学校非常令人讨厌，它专制、充满恐怖的气息，人们像是都穿着胸甲——偏见和成规的钢制盔甲。"[41] 1881年，他在给凡·拉帕德的信中重申了这个观点："你，和其他人不同，即便你确是真正参加了学院的课程，当然，在我眼中你不会是一个'院士'，这是一个给人以卑鄙感觉的词汇。我也不会把你当做那些自大的家伙，他们可以被称之为艺术的形式主义者……"[42]

文森特期望以绘画的名义，但是以基督的方式来殉道。然而，献身并不意味生命的终结，那应该是复活的序幕："我所要说的理由是，'对我，活着就意味着绘画，而不是如此多地关切我的身体'。有时候那句带有神秘意味的话，'凡失去生命的，必得生命'，对我像是日光一样的清晰。"[43] 在给提奥的信中，他重复了同样的思想：

要在艺术创造和健康保护之间进行选择的话，他宁可选择艺术，因为艺术会长存于他的生命之后；然后，文森特又说："凡是要救自己生命的，必丧掉生命，凡为更崇高的东西失去生命的，就必得到生命。"[44]

第
七
章

从黑暗到光明的摸索

一

1885 年 11 月 27 日,文森特来到安特卫普,从此他再没有返回过故土。离开了他的母亲和妹妹,他感到摆脱了沉重的精神负担。他"和她们之间的疏远程度已甚于陌路之人",[1]他抱怨,固执地不肯给母亲写信。他对他的国家有同样的疏远感:"但是在那里,家庭比陌生人还要生疏是一个事实,而受够了荷兰是第二个事实。这是一个极大的解脱。"[2]

安特卫普——鲁本斯的乐土,是文森特从荷兰到法国,从荷兰绘画到法国绘画进行过渡的最理想之处,他在此地逗留了三个月。他在一个画商的零售店楼上租了间租金低廉的房间,然后立刻将巨大的能量注入到绘画之中。"我感到内心有一股力量,要去做些什么,"他说,"我发现我的作品和其他作品相比,保持了它自己的独特性……"[3]然而,现在他对自己有了足够的了解,可以预料到这次逗留的结果,因为就在安特卫普的第一封信中,他写道:"可能会证明每一件事情、每一个地方都是一样的,也就是说幻灭……"[4]

在纽南,对文森特而言,人体仅仅是灵魂的一个媒介物,而一到安特卫普,他的观念就发生了变化。现在画模特,他可以"纯粹为了造型的缘故,因为人体本身如此之美,美到极致"。[5]离开了母亲,离开了荷兰乡村令人难以忍受的道德规范,他接触了大量鲁本斯的巴洛克风格的裸体画像,他开始对女性带有欲念的体态着迷。"在这里的人群中,我注意到的妇女形象给我留下深刻的印象,"他写道,"比起拥有它们,我更喜欢去画它们,尽管我确是对这两者都感兴趣。"[6]不久,他为当地一家咖啡馆的女孩画了肖像,画中,他"试图表现一些性感的但同时又是悲哀的东西"。(见图19.1《女人的头像——近于正面像》)。

提奥每个月资助给哥哥一笔钱款,这些钱用于伙食和住宿是绰绰有余,但是文森特在颜料、画布和模特儿上的花费太多,以致所剩无几了。结果,他在安特卫普写给提奥的很多信都充满了对自己窘迫状态的抱怨。"处境困难,一个人卖不出他的画,在维持不可能丰裕的膳宿之外还必须支付颜料等费用,在这种状况下继续工作是非常困难的,不管你怎样精打细算。"[7]他唯一正规的用餐是早餐,晚上再补充一点咖啡和面包,他在1886年2月提到,自从去年5月他离开纽南的牧师住宅之后,他用的热餐不超过六七次。[8]他诉说他的身体疲软、虚弱、消瘦、消化不良,这些都在意料之中。[9]此外,他的牙齿也存在严重问题,至少有十颗牙齿掉了或者处于掉落的边缘。结果他的面颊"看上去凹陷着",咀嚼食物成为很烦恼和伤神的事,于是他只好尽可能快地把食物吞咽下去。[10]

在2月里,他"简直是筋疲力尽,劳累过度",[11]他病倒了,被担忧患了伤寒热病。特拉尔鲍特发现卡韦奈勒医生用蓖麻油和明矾水对文森特做坐浴治疗,据说这位医生告诉自己的家人文森特感染了梅毒。[12]但是,文森特所描述的症状和医生下的药方都和梅毒的病状不符,在 1906 年沃瑟曼①的试验推广之前,医界对这种疾病所采用的诊断手段是很不可靠的。

1886 年 1 月 18 日,他经注册进入了安特卫普美术学院,部分目的是为了确保有现成的模特儿。一个学院的同学描绘文森特,说他是一个奇怪的家伙,穿一件很像佛兰德牛贩子穿的蓝色宽松上衣,头上还戴着顶皮帽,用一块很粗糙的木板做调色板。是"一个不修边幅、强健有力、焦躁不安的人,就像是闯入安特卫普美术学院的一颗炸弹"。[13]他作画"处于激昂狂躁的情绪中,速度快得惊人,令同学们为之倾倒。他把颜料涂得如此之厚,以致颜料确实从他的画布滴落到了地上"。他参加学院的夜课班,还加入两个夜间绘画俱乐部。俱乐部给了他写生裸体女模特儿的机会,这在学院里几乎是被禁止的。他还接受了画石膏模型的必要训练,虽然,几年前莫夫建议他使用石膏模型时遭到他愤然的拒绝。所有这些活动使他从早忙到深夜。他写道:"时光的流逝并不令人欢乐,除非你在工作中找到了满足。"[14]为了保持对时间流逝的"欢乐",他以复仇的心态拼命工作。

然而,不久,文森特就卷入一场和老师们的争论风波,他口无遮拦地批评他们那种从轮廓线开始着手,而不是用笔触来进行造型的绘画方法。[15]文森特的观点使一些同学深为折服,但当这种对学院权威的动摇引起一位讲师的愤怒时,文森特感到困惑不解。文森特辩解说,毕竟,他是在课外表露他的不满。而轮到那些教

---

① 沃瑟曼(1866—1925),德国细菌学家、免疫学家,1906 年用一种血清反应试验来检查梅毒。

师,则对他的工作肆意嘲笑。他被告知:他还不具备画油画的条件,需要再花一年时间学习素描课程。不出所料,在学院的测评会上,没有人提出异议,最终通过了对文森特降级的表决。"他才三十三岁,就才华出众,已经画出《食土豆者》这样的杰作,"特拉尔鲍特写道,"而文森特被遣回的那个班级,才适合十三到十五岁的初学者!"[16]令人引以为幸的是他毅然离开了这座小城。

文森特处于半饥饿状态,这不完全是由于绘画材料和模特儿方面的支出限制了他的经济能力。他在学院的问题也不仅仅是出于他作为一个艺术家的正直。它们也还是一种受虐状态的苦行表现,在这种状态中,他追寻的是苦难、羞辱和殉道——就像在阿姆斯特丹和博里纳日,不过那时他没有这个借口。

离开纽南不久,文森特即被左拉新近出版的小说《萌芽》中的一个章节深深打动,这本书是有关矿工和雇主进行斗争的故事,该章节描写了不幸的埃纳博先生,他是这个贪婪公司的经营者,遭到矿工们的攻击,然而尤为悲惨的是恰在此时他发现妻子对他不贞。他希望能够丢下自己沉重的责任和负担,他想和矿工交换位置,去领受他们的"轻松放纵","他还想绝食",文森特引用书中的话:"去观察一个饥饿者,他的胃在痉挛性地扭动,他一阵头晕目眩,神智恍恍惚惚;也许这样会消除他永久性的痛苦。"这仅仅是埃纳博先生梦幻中的感觉,而文森特来到安特卫普后做到了:他挨饿,他的胃痉挛,他因虚弱而神智恍惚。通过这样做,文森特希望能减轻一种永久的痛苦,这种焦虑和沮丧的痛苦不可名状地从他内心深处涌出。他是个为艺术而忍受苦难的殉道者,他能够在一个理性的层面上来解读自己的痛苦,把它们用于工作,并以此诉求帮助。

对文森特来说,提奥经常扮演针对他自己的虐待狂角色,尽管,像很多受害者和迫害者的对白中出现的那样,提奥一定有相反的体验。文森特坚称提奥的做法对他有失公道,认为提奥不理解他,其实此时提奥自己也陷于债务的困境。在收到1月份的资助款一百五十法郎支票后,由于时间上的延误,文森特极为愤懑,他说:"我的债主比你少吗? 谁必须等候,是他们还是我?"[17] 尽管提奥继续资助他,可他依然坚信提奥对他漠不关心:"但是,我相信你有这样的习惯,认为我总是被拖延是对的,你太容易忘记这么多年我从没得到过我应该得到的!"文森特坚持,如果提奥希望他在事业上有所进展,唯一公平的做法是他也应该忍受贫困和匮乏。可见,提奥要寄给这个以怨报德的兄长很大数额的款项,显然,他义无反顾地做了。

文森特的诉苦和责备一方面意在继续唤起提奥的怜悯和同情,一方面是为了一些旧日的或转移而来的怨恨惩罚他。这种高度饱和的爱恨交加情绪最初是针对他的亡父和他弃绝了的母亲,而现在则针对他的弟弟——他是父母最主要的替代者。文森特为父母亲的过失而迁怒于他,还逼他去成为一个较好的"家长"。文森特告诉提奥,德拉克罗瓦如果没有妻子的精心照料,会早十年离开人世,这时他是暗示提奥应该同样去做,继续担任一个支持者的角色。[18]

文森特逗留安特卫普期间,欧洲正经历一场严重的经济危机,画的生意陷于停顿状况。例如,一位画商告诉他,两个星期中竟然没有一个顾客前来问津画铺。这样的环境也反射出文森特对自己的种种感觉,在同一封信中他写道:"我比我想象的更糟,只不过是一座废墟而已。"他还注意到:"成千上万的人在流浪,荒凉的……

巨大的灾难是一个压在天平上的事实。"[19] 他把以前针对父亲所属教会的愤慨转而去针对压榨工人血汗的大财团，其中每个苦难者的遭遇是和他本人的经历相一致的。"这是可能的，"他写道，"我们要证明社会的末日开始了。"[20] 然而，他又预言，一场巨大的变革可以使社会恢复活力。如果他是一个更外向型的人，他也许会去引导一场政治革命。但他没有，他在走自己的路，从而成为一个绘画革命的先锋。

二

早在离开荷兰之前，文森特就对鲁本斯驾驭色彩的技巧深感兴趣。现在来到鲁本斯的城市，在他自己的画中，色彩也明亮起来，他在此间的作品主要有肖像、小城风景和景物写生。有些人认为，这种变化应归功于鲁本斯的影响，这种看法并非完全正确；事实是，文森特已经找到使他的绘画明亮起来的技法，当然他也意识到鲁本斯对他的探索能有所帮助。

"在一幅画中，虽然颜色的品质并不是决定所有一切的因素，"文森特写道，"但是它们赋予画面生命。"[21] 他批评学院派画家，认为他们那种"正确的"颜色导致了画面的"僵死"。他从德拉克罗瓦、鲁本斯以及其他大师那里汲取养分，他努力去寻找各种各样颜料的富有生气的结合。他运用他学自杰利柯①、德拉克罗瓦、米勒的技法——从中间开始画，而不是从外形轮廓开始，进一步使他的

---

① 西奥多·杰利柯(1791—1824)，法国画家，浪漫主义画派的先驱者。

作品朝气勃勃,充满生命的冲动。通过"造型",在这个方面,他发现"人物形体是有后背部分的,甚至当我们从正面看他们时亦是如此,有一种气雾环绕着他们——浮逸在颜料之外"。[22]他将这种方法产生的效果和安特卫普美术学院的老师们的画作进行比较,他们是从形体的轮廓开始着手,并选用肉色,"那种方法的结果是多么平淡,多么死板,多么干巴巴(荷兰语称为 Droogklootering)……它虽然是正确的,随你怎样喜欢都可以,然而它是僵死的。"[23]

文森特孜孜不倦地奋斗着,将他的生命投入到他的画中,而他的画又被他对死亡的醉心所推动,他努力将关于死亡的悲观想法转化为散发着生命气息的画像。在某种意义上说,文森特将生命投入到画中,是抵制他流血和自毁冲动的一种方式。

虽然他对死亡的热衷由来已久,并且根深蒂固,但是随着 1885 年 3 月他父亲的猝然去世,他的这种倾向更趋严重。虽然他在信中没有写到,但任何像文森特这样敏感的人都会疑虑他父亲的死是不是和他火爆十足的顶撞以及怪异的态度有关。因为那确是有可能的。如我们已经看到的,在离开纽南的前夕,他还被一种充满犯罪感的忧虑所纠缠,他忧虑母亲不久于人世,虽然他母亲看上去是健康的,并且自得其乐地生活着。在安特卫普,文森特对饥饿的体验其实就是他迫使自己和死亡进行的一场抗争,这样说并非牵强附会。如果他死了,他是为他的罪作了偿付,但是如果他赢得这场角力而活下来,则他的良心会获得某种安慰,因为他已经试图去为自己的罪作偿付。

在安特卫普,画人物肖像成了文森特的主要兴趣。"画肖像,"他写道,"肖像本身所透出的生命感直接来源于画家的心灵……"[24]

然而,要赋予肖像生命,这对文森特并非是件易事。因为文森特有一种痛苦的自我意识,他自感"僵直和笨拙"[25],他的人物肖像也反映出他的这种自我形象,尽管他作为一个绘图员是出色的。他力图克服这些弱点,他通过和正在摆姿势的模特儿进行交谈,来努力"使他们的面部保持勃勃的生气"[26]。然而,颤动效果的色彩、迅速沉稳的用笔、鲜明活跃的笔触,以及高超的造型,是实现他目标的最有效方法。

三

此刻,他的心正在飞往巴黎,因为他不再是"纯粹的新手",他预感那块土地会接纳他。他的自信心在工作中不断增强:"绘画本身并不难,技巧对我易如反掌,我开始像写作那样自如地驾驭它了。"[27]现在他把目标瞄准在"独创性和广泛性的突破",并准备从巴黎的新运动中获益,他期望法国是一块比较友善和比较明艳的土地,会容纳他,会激励他的创造力,会安抚他长期以来的痛苦。

而且,提奥在那里,会照顾他,和他谈论人生和艺术,使他的热情得到宣泄。和提奥在一起,他会彻底扫除自己作为一个忧郁的圈外人所感到的苦恼。"我不是自己选择成为一个冒险者,而是命运之使然,"他强调,"没有什么地方比在家中和在国内更让我觉得自己是个客居者。"[28]

做出去巴黎的决定后,他努力争取提奥的同意,因为提奥的财政援助是至关重要的。他一次又一次地要求去巴黎,他向提奥保证,他会发奋工作,他愿意住阁楼[29]他甚至表示,和提奥住在一起有助他健康方面的照顾,但是,提奥并不急于让这个容易冲动的哥哥来巴黎,没有理会他的请求。终于,文森特再也不能忍受这种悬而不决的煎熬,1886年3月初,他没有得到弟弟的许可就动身去了巴黎。

四

文森特相信法国人比荷兰人"更粗犷、热情而有活力"[30],和荷兰的刻板相比较,法国象征着社交、性,以及艺术的自由;在那里,不用担心遭到报复,他可以在发现自我的同时保持自我。在那里,他希望从富有创造力的法国人中找到他的父母替代者,并对他们的生活方式和创作方式作调整,以适应自身的状况。

"正如在文学领域法国人是当然的大师一样,"文森特写道,"在绘画方面,他们同样当之无愧。"[31]在来巴黎以前很久,他曾经沉浸在米什莱、巴尔扎克、雨果、龚古尔兄弟和左拉的著作中。在1883年,文森特曾对米什莱的文学风格表示特别的赞许,这种风格很适合他用于绘画:"米什莱的感觉很强烈,他将他感受到的涂在纸上,但是,却丝毫不关心他是怎样做的,也一点没有想到要赋予它技巧上或传统上的形式。——然而,恰恰是它成为一种能被那些想看懂它的人所理解的形式。"[32]如我们已经了解的,文森特崇尚米勒,他临摹米勒的作品比临摹其他画家要多,他还推崇德拉克罗瓦,后者教会他具有革命性的色彩处理方法。此外,文森特还是其他法国绘画大师的追随者,其中包括柯罗、库尔贝①、多比尼、杜

---

① 古斯塔夫·库尔贝,法国画家。

米埃、马奈,以及像莱尔米特、朱尔·布雷东、保罗·古斯塔夫·多雷这样一些画家。

文森特——一个肩负使命的反叛者,一个潜在的革命者,他将法国视为革命的家园。早在海牙,他就将产生于法国革命的宪法和基督教的福音书作了比较。[33]他在和提奥的争辩中表达了与此一致的观点,他说他会站在革命者一边,而提奥的立场则和他相背,提奥在充当一个"政府的士兵"[34]。法国作家和法国画家的革命思想装备了他,再加上他自己的反叛精神和创造性思维,于是便形成了他自己特有的知识观和艺术观。

到法国去,这意味文森特正在沿袭许多富有创造精神的荷兰绘画前辈的道路。琼坎就是其中的一名近代先驱者。他也是一个不幸的、内心痛苦不安的人,一个借酒消愁者,在法国他找到了安慰。提奥有一次谈到他时说,法国人理解琼坎,而荷兰人却不能。[35]重要的是琼坎沟通了荷兰风景画和法国印象主义之间的联系。另一个荷兰人就是文森特·梵高,他也有坚实的荷兰绘画基础,他最终成为印象派画家和诸如接踵而来的野兽派画家、抽象表现主义画家之间的重要沟通桥梁。

或许,到巴黎去也意味着文森特蔑视他父母的价值观——如果他尚未成功,那么这就是他挣脱父母精神枷锁的一种继续。父母曾经提到过一个伯父的故事,他因"传染了法国人的思想"而耽于酒色。无疑,因为在荷兰加尔文主义者的潜意识中,"荷兰人"和"法国人"是两个相互对立的概念,用他们的话说就是黑与白的关系。[36]加尔文主义的道德家视"法国观念"为可怖的洪水猛兽,但对于一个渴望解脱自身枷锁的年轻人来说,法国观念对他有一种特殊的吸引力。

<h1 style="text-align:center">五</h1>

1886 年的 3 月初，当文森特突然出现在提奥面前时，提奥住在
拉瓦尔街（现在的维克多-马西街）一间小小的公寓里，位于皮加勒
广场南面的一个街区，这里是蒙马特的中心。于是两个人不得不
一起蜷缩在这个局促的空间。提奥是布索德-瓦拉东公司①的一个
分部经理，该公司是古皮尔公司的延续。他的画廊位于蒙马特大
道九号，那里是印象派画家的聚会中心，提奥常为他们辩护，抵制
他的雇主对他们的抨击。画廊里展示着莫奈②、德加、西斯莱③、毕
沙罗④、拉菲利⑤、西涅克⑥、修拉⑦等人的作品。德加的作品还没有
在其他任何地方陈列过。

　　文森特立刻进入费尔南德·科尔蒙⑧的画室，画室离克利什大
街不远。他的荷兰朋友布雷特纳不久前也在这里学画。这个画室
吸引着巴黎最有才华的学生。科尔蒙是一个普通的画家，没有特
别的成就，但是作为一个教师，他是卓越的，他给予学生发展绘画

---

① 布索德和瓦拉东，提奥就职的布索德-瓦拉东公司的两个业主。
② 克劳德·莫奈（1840—1926），法国画家，印象派创始人之一。
③ 阿尔弗雷德·西斯莱（1839—1899），法国风景画家，属印象派画风。
④ 卡米耶·毕沙罗（1830—1903），法国画家，属印象派，曾一度作点彩技法尝试。
⑤ 让·弗朗索瓦·拉菲利（1850—1924），法国印象派画家。
⑥ 保罗·西涅克（1863—1935），法国新印象画派（点彩派）画家。
⑦ 乔治·修拉（1859—1891），法国画家，新印象派（点彩派）画家。
⑧ 费尔南德·科尔蒙（1845—1924），法国东方主义画风画家，巴黎高等美术学院
教授。

个性所必须有的自由。文森特每天上午在画室里工作四个小时，画裸体模特儿和石膏模型。下午则到卢浮宫和卢森堡宫去观摩历代大师的杰作。

文森特在科尔蒙画室学习了三个月或四个月后，由于学生的骚动，画室关闭了很短一段时间。虽然特拉尔鲍特医生相信在那里文森特取得很大进步，[37]事实上文森特对这种教法产生失望，当画室再度开办时，他没有返回。

文森特之所以决定离开科尔蒙画室，还有另外一个因素在推动，该年6月，他和提奥从他们狭小的住地搬出，迁入到勒皮街五十四号的宽敞寓所中，它位于皮加勒广场北面的丘地上。在那里各人有一间独立的卧室，另有一间起居室，还有一间供文森特使用的小画室。此外雇用了一个伙夫为他们料理餐饮事务。

离开科尔蒙意味着文森特正在重复过去的经历，他曾经迫使莫夫中断和他的关系，他又退出安特卫普美术学院，因为像几乎所有的亲戚一样，他们都不能满足他的期望。就他在绘画上的进步而言，这些经历（至少和莫夫及科尔蒙相处的那些经历）是对他有益处的，但是他决定不再逗留下去，那足以让他陷入不适合自己的模式之中。他愤慨他个人富有创造性的想法被世俗的老师所扼杀，就像愤慨他的个性被世俗的父母所牵制一样。离开科尔蒙画室的时候，他有了一种解脱感，这和他离开家庭，离开荷兰时的感觉非常相似。就像现今少年对传统的反叛，这种反叛把他造就成一个具有独特个性的人，去走自己认为正确的道路，而不是被那些绘画之父和他们的绘画风格束缚。他早期对父母的叛逆并非完全成功：因为不管他逃到多远，内心总期盼能够回到与他们共享天伦之乐的状态。然而，在绘画中，他的反叛是成功的，他确立了一种全新的视觉世界。

通过提奥的画廊和科尔蒙的画室，文森特接触到大量欧洲当代最具创造力的画家的作品，并且和他们中的许多人熟悉起来。而两年之前，他对法国印象派画家几乎一无所知，更不用说关注他们。"根据你告知我的'印象主义'情况，"他写信给提奥说，"我明白它是和我想象中很不同的，但我依然不清楚我应该从中领悟些什么。对我而言，例如我在伊斯雷尔的作品中发现一种巨大的要义，那是异乎寻常的、令我有点好奇或向往的东西，是一种较为新颖的事物。"[38]当在巴黎初次面对印象派作品时，他还并没有被打动，他说："当我第一次看到它们，令我非常非常失望，我觉得它们邋遢、讨厌，画得糟透了，色彩也极坏，所有一切都陋俗不堪。"[39]尽管文森特本人依然崇尚荷兰传统，要改变他的眼光是不容易的，"因为莫夫、伊斯雷尔以及其他一些杰出画家的思想在支配我"。然而没有多久他的观念就变了："如今，我审视它们，虽然我还不是那个俱乐部的成员，但是我欣赏某些印象派画家的作品，如德加的裸体人物和莫奈的风景。"[40]他结识了毕沙罗、西涅克、雷东、吉约曼①，并且对他们的作品同样表示赏识。虽然此刻文森特还没有认识修拉，他是在巴黎居留期的最后一天结识修拉的，但是修拉的点彩画技法给了他很大的影响。[41]在科尔蒙画室他还结交了一些即将成名的年轻画家，其中有保罗·高更、土鲁斯·劳特累克、路

---

① J·B·A·吉约曼(1841—1927)，法国画家，印象画派重要成员之一。

易·阿奎坦①、瓦拉东②和埃米尔·贝尔纳③。他们和文森特一起形成了一个命名为"小林荫道印象主义者"的团体,这个名称来源于他们参加了在克利什街的小鼓手咖啡馆里举办的一个画展。用这个名称以区别"大林荫道印象主义者"画派——他们是莫奈、德加、毕沙罗、西斯莱和修拉等。他们的作品常在蒙马特大街上提奥的画廊里陈列。

埃米尔·贝尔纳是文森特在巴黎结识的最持久的一个朋友,当文森特到科尔蒙画室时,他才十八岁,而文森特已经三十三岁了。他和拉帕德一样,出生于一个富有的家庭,兼有画家和作家的才能。他是高更在布列塔尼的篷-阿旺推行象征主义运动的合作者,是他促进了高更绘画风格的发展。文森特到画室的时候,科尔蒙刚对贝尔纳下了禁令,不许他在不起眼的屏风上画红绿相间的条子充当模特儿的背景。第二年他们在唐居伊的画品店相遇,并很快就成为在巴黎郊外绘画探索中的伙伴。文森特经常到阿涅尔造访贝尔纳,贝尔纳父母的别墅在那里,别墅的庭院里有一间属于贝尔纳的花园画室,在里面文森特和贝尔纳的父亲有过一次激烈的争论,为他朋友的绘画职业辩护。自从 1888 年年初文森特离开巴黎后他们几乎再没有见面,除非在文森特生命终结前两个月,他回巴黎时他们可能有过会晤,但没有这方面的记载,然而他们之间的通信却一直继续到 1889 年年末。

---

① 路易·阿奎坦(1861—1903),法国画家。
② 苏珊·瓦拉东(1867—1938),法国女画家,技法受高更装饰风格影响。
③ 埃米尔·贝尔纳(1868—1941),法国画家,与高更、梵高结交,梵高去世后为其作品组织展览。

六

　　贝尔纳回忆最初在唐居伊画品店邂逅文森特时的印象,后者看上去很消瘦,模样几乎令他吃惊。后来贝尔纳对他更有感觉了:"他长着红色的头发和乱糟糟的山羊胡子,剃了头,目光像鹰一样锐利,一张机敏的嘴巴就像是在讲述什么;中等体形,结实而绝不肥胖,动作充满生气,步履疾而不稳,这就是梵高,总是带着他的烟斗、油画、版画和素描。他的言辞热烈冲动,总是没完没了地解释和展开他的观点,但又不是很想争论。"[42]高更也曾描述过 1886 年到 1887 年的冬季他们在勒皮街散步时文森特的外貌和装束:"[行人]中有一个衣着奇异、瑟瑟发抖的男子,正急急忙忙沿着外面的大街走。他裹着一件羊皮外套,戴着一顶毫无疑问是兔毛的帽子,还留着蓬乱竖起的红胡子。他看上去就像是个牛贩子。"[43]另一个画家 Ａ・Ｓ・哈特里克①在巴黎遇到过文森特,他说:"我能肯定,在我眼中梵高是个瘦弱矮小的人,面色憔悴,长着一头红发,胡子也是红的,眼睛呈淡蓝色。他有一个非常特别的习惯,会用荷兰语、英语或法语说几句话,然后目光朝肩后一瞥,从牙缝里发出嘶嘶的声音。其实,当他处于激动状态的时候,他显得十分狂热和急躁,而在另一些场合,则往往带有愁容,像是有什么忧虑和疑惑。"[44]文森特本人写道,他正在"飞快地变成一个小老头,你知道,皱纹、硬翘的胡须、假牙等等,诸如

---

① Ａ・Ｓ・哈特里克(1864—1950),生于印度的苏格兰著名画家,在巴黎和梵高交往,为梵高画过像。

此类的问题困扰着我"。他时常感到自己"老了并且身心憔悴"。[45]

唐居伊老爹的称呼比潘雷·唐居伊更为人所熟知,他是另一个文森特依附的叛逆者。他六十一岁,由于参加激进活动坐过两年牢,现在经营的这家画品店成了莫奈、雷诺阿、塞尚这样一批画家的聚会之所。据推测,文森特和塞尚的单独晤面就是安排在这里。文森特成了这家画品店的常客,他为唐居伊画了三幅肖像,而后者让他赊账购买颜料,还在商店的橱窗里陈列他的画。唐居伊好像曾以二十法郎的价格卖出过文森特的一幅油画,而此时塞尚的画价是八十到一百五十法郎一幅,莫奈一幅画的要价则高达二千法郎。文森特和唐居伊老爹保持着很好的友谊,直到唐居伊太太反对丈夫的慷慨,在他们之间惹起麻烦。"他的老妖婆太太得到我赊账的风声便拼命反对,"文森特写道,"所以我把钱付给她,声明如果我不再从他们那儿购买东西,错全在她。"[46]文森特仍然自信能够压服她,他说:"唐居伊老爹是聪明的,他努力保持沉默,但同时会继续做我需要他做的。"当文森特来到阿尔勒,他和"老妖婆"的争论通过信件继续进行。在阿尔勒,当唐居伊再次要求他偿付时,他感到这是一个不公平的要求,并把它归咎于唐居伊的"恶毒的"太太。[47]文森特谈到,唐居伊为了忍受这女人而成为一个牺牲品,如果他杀死"这女人",会是一百倍的正确。

另有三个女人从巴黎和他保持稀疏的通信,其中一个是阿戈斯蒂娜·塞加托里①,她是"小鼓手"咖啡馆的店主,文森特喜欢她,

---

① 阿戈斯蒂娜·塞加托里(1841—1910),著名模特儿,曾在法国巴黎为著名画家马奈、柯尔贝尔、杰洛姆、德拉克罗瓦、梵高等做过模特,又因经营小鼓手咖啡馆而著名。

表面上他们像是很亲密的朋友，然而，当咖啡馆破产的时候，他们为了归还文森特留在店里的油画而发生争吵。据贝尔纳回忆，当时文森特十分愤怒，最后用一辆手推车把自己的宝物运走。离开她以后，文森特写道："我对她还有一些眷恋，我希望她对我也还有一点感情。不过此刻她的情况很不好；在她自己家里，她既不是一个自由人，也不是一个女主人，最糟的是她病了，陷于悲哀之中。"[48] 这种情况和文森特与西恩及玛戈特·贝格曼的分手没有什么不同。对于西恩和贝格曼，文森特以相同的理由原谅了她们：因为两者都病着，并且为他人所支配——西恩是受制于她品行不端的母亲，玛戈特则被她自私的家庭所左右。

文森特还卷入和另一个女人的纠葛之中，这是个有病的女子，仅仅知道他称她为"S"，提奥将她带到勒皮路的寓所来操持家务，可是她将一切搞得混乱不堪，难以收拾，以致提奥最后不得不提出："不是她走，就是我走。"[49] 然而文森特却警告提奥说："太苛刻地对待她，你会很快把她逼得自杀或发疯。而你的报应是陷入悲哀，成为一个身心破碎的人。"文森特注意到 S 有"严重的精神错乱"，而且"远没有被治愈"。其时，提奥的朋友阿德里斯·邦格①也住在这个公寓里，他说："她在精神上病得很厉害。"文森特自愿去解救她的不幸："我准备从你手中把 S 接过来，换句话说，最好是不要和她结婚，但是如果情况越来越糟，我甚至会同意一个权宜之计的婚礼。"联想到文森特以前的伴侣，他做出这样的牺牲是不足为

---

① 阿德里斯·邦格（1861—1936），梵高的弟弟提奥的朋友，也是梵高在巴黎的朋友，后来成为提奥的妻弟。

怪的：他要和西恩及玛戈特缔结婚姻，其基础是怜悯，而不是爱。他断言提奥的错误对待会"逼得她自杀或发疯"，并使提奥自己成为一个"身心破碎的人"，这使我们获得暗示，文森特同情蒙受苦难的妇女是出于忧心她们遭到毁灭，以及由此而带给自己的惩罚。但是，当女人成了像唐居伊太太这样的挑衅者时，他的想法变了——她们的毁灭是不足为惜的。

文森特帮助苦难妇女的强迫性冲动，高更在《前瞻与后顾》[50] 中讲述的一个故事也有所披露，出于怜悯，巴黎的一个店主为一幅画支付给文森特微不足道的五个法郎。一个可怜的妓女朝他嫣然而笑，希望文森特成为惠顾她的客人，文森特把钱给了她，然后直冲出去，自己"空着肚子，好像还羞于自身的慷慨"。

文森特还结识其他不同类型的女性，伯爵夫人德拉·布西耶尔就是其中一个，她每年有一段时间住在阿涅尔，文森特在 1887 年送了"两幅小画"给她，[51] 1888 年到了阿尔勒后还寄给她不下于两幅画。文森特写道：她已经"远离了青春，但重要的是她是伯爵夫人，其次她是一个女人，她的女儿也一样"。但是对于像文森特这样一个视自己与农民、劳工为一体的叛逆者来说，伯爵夫人似乎是个奇怪的朋友，看来文森特是被伯爵夫人和她女儿之间的亲密关系所吸引，就像数年前他赞美厄休拉和她母亲的亲密关系。文森特本人一直渴望着家庭的融洽及和睦，这是一个始终纠缠着他的幻想，也许，与伯爵夫人的友谊能使他分享到少许这种令人神往的家庭氛围。

文森特和他的主要通信者提奥住在一起，在巴黎很少写信，因此，对于他在那里的感情生活，只能作一个简略的勾勒。提奥在

1886年夏天去信母亲,告知文森特已经恢复了健康,精神状况也得到改善,还交结了许多朋友。文森特自己也承认"法国的空气净化了大脑,做得太棒——一个美好的世界"。[52]这些陈述也许是真实的,但也并不完全如此。文森特没有在这个状况中持续多久,阿德里斯·邦格向自己的父母吐露:"这个人[文森特]没有社交的起码常识,总是和别人争论不休。"[53]在6月,他写道:"[提奥]有很多心事,加以他哥哥成为他的生活负担,并在各种事情上对他横加指责,而他是完全无辜的。"

在1886年向1887年过渡的冬天,文森特变得越来越急躁易怒,虽然之前这种情况就可能很严重了。提奥向薇尔抱怨:"我的家居生活几乎到了不可忍受的地步。现在没有谁愿意来造访我、探望我,因为每次总是以争吵而告终,他是如此不事整洁,房间脏乱,令人掩鼻。我希望他搬出去独自居住。"尽管提奥一再抗议,尽管薇尔也劝他"看在上帝的份上,离开文森特吧"。但两人依然住在一起。

在巴黎,文森特有明显症状的忧郁症发展到什么程度尚不确定,虽然在离开这座城市不久后他写道:"在巴黎我总像一匹凄惨地拉着车的马。"[54]一则轶事的报导,也许是虚构的,可以向我们揭示文森特抑郁症发作的可能性:一个名叫亚历山大·里德①的英国画商,由于遭到情人的背离而陷于忧郁之中,他也到提奥的公寓和他们兄弟共住过一段时候。文森特为了回应里德的痛苦提出两

----

① 亚历山大·里德(1845—1928),英国格拉斯哥的画商,著名画家詹姆斯·惠斯勒和梵高的朋友。

人一起自杀。"这在里德看来全然是一个太过激烈的解决方式,当文森特继续进行这种可怕的准备时,里德决定悄悄离开。"[55]如果这是真的,则可能文森特正处于极端的抑郁之中,并把这样的行动当做一种表示友谊的方法。也许这是他试图通过自我牺牲来赢得里德赞许的一种姿态。也许,他希望提醒里德,当承受痛苦时,对方不应该试图超过他。在任何情形下,抑郁和沮丧都不会阻挠他产生大量的绘画作品——关于这一点,在论及他艺术生涯的每一个新阶段都需要再作强调。

在巴黎的两年间,文森特画的油画多于素描,这在他还是首次。德拉法耶目录中列出大约二百幅油画、十幅水彩画和四十幅素描。他在写于纽南的信中曾申明自己对色彩运用的一些观念,但在他画于纽南后期和画于安特卫普的色彩画中,所呈现的还是游移不定的特色。然而在巴黎,他的色彩画终于达到他文字所表述的艺术家热望的境界。北方时期忧郁沉闷的调子消失了,代之而起的是震栗人心的明亮和光艳。他作好准备并欣然让自己的画风向法国模式转化,至少,在某些方面,他是这样的。在这里,他找到了把生命感融入到作品中去的技巧,即使没有融入生命本身。他把自己看作是一个"小老头",但是他努力使自己的画充满生气,"在里面将有一些青春和生命的勃动,虽然我自己的青春已经失去"。[56]

离开科尔蒙画室之后,文森特没有条件雇用模特儿,于是就开始转入花卉写生,虽然他声称人物肖像仍然是他的重要兴趣。但是,不久以后,他从一个较高的观察点描绘蒙马特地区的街景,这是重复早先在海牙申克韦根作画时采用过的方法。一些风景画是在他画室窗口做的写生,另一些(据特拉鲍特的说法)是画于卡维尔广场的一个凉亭,亭子坐落在著名的小丘广场南面的蒙马特山顶,是鸟瞰整座城市的最佳地点。[57]就像在海牙一样,他画街景,画老的建筑,还画工厂。装点着那座小丘的风车想必引起了他的浓郁乡思,故而在他笔底出现。在1887年中,他频频去巴黎郊外,造访周边的一些小镇,如阿涅尔,画了不少色彩丰富的风景画。此间他还画了塞恩河上的船只和几架桥,画麦田,画花卉和书籍的静物写生。这些静物写生画包括一组向日葵,为文森特日后在阿尔勒形成更明艳的画风奠定了基础。

在巴黎,他还画了二十五幅自画像,比其他任何时候都画得多,形式从色调单一的铅笔素描到色彩眩晕的油画。这组自画像最显著的特点是对自己的外貌作了很大程度的夸张变形。他的头部形状从椭圆而三角形,而长形,而狭长地进行变化。他的鼻子在长度、宽度、形状上均有变化,或鹰嘴状,或茎球状,或笔直挺拔。他的容貌有时候因为双眼在头部不对称布置而呈畸形。时而他的衣着和风度像个绅士,时而他的装束又纯粹是个农民。有时候他显得弱小而隐忍,而另一些时候他看上去又似强壮而无畏;他或者是个沉思者,或者成了一个活跃的人。他时不时把自己刻画得粗野丑陋,但时不时却会显露优雅和庄重的一面。在肖像的外貌上作了这样大幅度的变化,反映了他本身性格中具有的多种矛盾的层面,也反映了他希望向世界展示自己的方式。他在自画像中展现这样多彩的层面,也许是出于希望有朝一日能从中获得最佳的选择。如果真是这样,可以说他没有取得成功,因为离开巴黎后,他画的自画像在外观上依然呈现与此类似的多样性。

文森特在巴黎的工作深受印象派画家的影响,他的一些油画,大概在巴黎早期画的,与毕沙罗和西斯莱的作品颇为相似。有一个时期,他醉心学习这种富有神秘感的闪动着微微幽光的色彩,他采用他们的精细笔法,显露了一种隐藏自己奔放热情的微妙笔触。然而,由于印象派画家避免让他们的作品对目击者产生过度的冲撞,所以对于这样一个充满热情的人,他们仅仅在他绘画的全面发展中起了一些辅助性的帮助。文森特消化和吸收了印象派绘画中那些适合他的特点,他后期的作品继续运用印象派的技法,但是情绪上的强烈以及造型上的粗犷是他所独有的,这很容易和印象派区别开来。

　　文森特还十分赏识点彩派画家,[58]特别仰慕修拉,他运用修拉在白色背景上以纯颜料并列点涂的技巧。但是他几乎不可能去沿袭修拉那种整齐精细的方法,那是和自己的志趣相冲突的。因为他需要的是在画中投入强烈的生命冲动,他不能接受修拉画中的僵硬和静态,这在他自己荷兰时期的作品中已有太多的显现。然而,由于快捷和随心所欲地运用点彩画派的技法,他的画达到了符合自己愿望的灿亮效果。

　　学习阿道夫·蒙蒂切利①的绘画课程,并观摩日本版画,这使文森特的绘画有了更和谐的土壤,使他摆脱他的情绪偏向和他自身作为一个农民画家的视野。从蒙蒂切利那儿他学会了用猛烈而充满力度的笔法、用稠厚而富有纯度的颜料来获得画面的光灿和

---

① 阿道夫·蒙蒂切利(1824—1886),法国著名的早期印象派画家,祖籍意大利,生于马赛,一生潦倒。他发展了一种高度个性化的浪漫绘画风格,色彩丰富,笔触的斑点和纹理有闪闪烁烁的效果。

明艳。从日本版画中他学会利用大块面的明亮颜色来进行表现，借鉴木版印刷的版画所具有的那种独特光效。他将这些手段结合起来，终于找到了用自己的语言表现自己心灵的技巧。当他离开巴黎以后，蒙蒂切利和日本版画的影响并没有终止，而是在阿尔勒继续对他产生作用，并推动他去获得令人瞩目的成就。

文森特在安特卫普结识了英国画家 H·M·莱文斯①，他在一封用英文写给莱文斯的信中申明，他的目标是"使色彩热烈起来，不用灰色加以调和"。[59]"但是我作了一系列油画的色彩练习，"他解释说，"仅仅是花，红的罂粟花，蓝的玉米花和毋忘草，白色和浅红色调的玫瑰花，黄色的菊花——我用蓝色和橙色，红色和绿色，黄色和紫罗兰色来进行反照，我寻求有突破性的和中性的调子，用以调和极端的野性。"通过悉心研究过去和现今的画家，文森特的色彩练习深受其益，而且这种色彩实验也由花卉进而延伸到肖像和风景。文森特是一个情绪热烈、个性丰富多彩的人，他陷于虐待狂和被虐狂之间的一场可能随时引发暴力的极端野性的冲突中。而他在绘画中，竭力采取调和的方式，避免色彩呈现极端的野性。

七

文森特突然离开巴黎，就像他突然来到这座城市一样。提奥曾描述他离开巴黎的背景："在巴黎虽然他看到许多他想要画的东

---

① H·M·莱文斯(1862—1936)，英国画家。

西,但他又总是被剥夺了画它们的机会,模特儿不为他摆姿势,他还被阻止去街头作画,由于他火爆的脾气,不断有各种各样的麻烦事发生……他完全变成了一个不可接近的人,最终使他打心底对巴黎产生厌恶。"在纽南,模特儿被禁止为他工作,他可以把这归咎于外界的流言蜚语和那个神父的偏见,而在这里,很显然是他自己造成的。"当我离开巴黎的时候,"后来他写道,"我病得很厉害,心脏和身体均感不适,几乎像是一个醉了酒的人。"[60]在沮丧的驱使下,他再一次被迫继续他的殉道跋涉;在来到巴黎将近两年之际,冬天已经到了尽头,他朝着阳光明丽的普罗旺斯进发,去迎向那里的早春。

第
八
章

黄房子造就绘画巅峰

一

　　文森特在 1888 年 2 月 20 日到达阿尔勒。阿尔勒这座古城,坐落在罗讷河畔①,它曾经是罗马帝国的前哨,君士坦丁的故乡,在中世纪还曾是一个独立的王国,但长期以来,一直满足于成为周边富饶三角洲的一个小城镇农业中心。对巴黎的生活厌倦之后,文森特发现普罗旺斯是一个最近的充满自然魅力的地方,在那里,可以为他对明亮光感和鲜艳色彩日益增长的迷恋找到一个相应的环境。小镇的相对孤寂也是受欢迎的,因为他又感到有必要把自己和那些引起他焦虑的人隔离开来。

　　但是,文森特为什么要选择阿尔勒?为什么不去塞尚到过的上普罗旺斯?那个埃克斯附近的地区。为什么不去雷阿诺钟情的蓝色海岸?它介于马赛和意大利边境之间。或者为什么不干脆去马赛?这是他崇拜的偶像蒙蒂切利作画的所在。有一些相关资料告诉我们,土鲁斯·劳特累克曾经赞美过阿尔勒,并且鼓动文森特到那里去,希望他能因此摆脱接踵不断的忧烦事。[1]另外,或许都德对他的影响也很重要:文森特读过都德的《达拉斯贡城的

---

① 罗讷河(Rhone),又称尼罗河,法国第二大河,发源于瑞士南部阿尔卑斯山的圣哥大。

达达兰》①，该书以传奇的手法描写了那块土地，描写了那块土地上友善、纵情享乐、英俊健美的人们，使文森特像其他读者一样深深为之着迷。文森特推想阿尔勒是一个可以使他的忧郁转化为欢乐的地方，在那里他会为他的画布找到富有色彩的表现对象。梵高博士提示，也许这还和文森特青少年时期受到穆尔塔图里（原名爱德华·道维斯·戴克尔）的影响有关，这位荷兰作家写了一部经典名著《马克士·哈弗拉尔》，对风情万种的阿尔勒姑娘作了描写。[2]

　　文森特在卡雷尔旅馆安排了住宿，这是一家可供膳食的小客栈，刚好坐落在小城北面入口处的骑兵门的里侧。很快他就熟悉了阿尔勒和它的周边环境，发现那里的乡村、阳光、色调以及居民都是他所喜爱的。空气对他极为有益，他写道，"壮丽的自然环境"使他恢复了元气。[3]这的确是都德笔下的普罗旺斯："这里是美丽而古老的拉达斯贡城的乡村，在其中我越来越尽情地让自己享受人生，它将成为我的第二故乡。"[4]他批评荷兰人不到阳光如此明艳的地方来简直是蒙昧和愚蠢。气候虽然热，但干爽和晴朗，"在这里生活要比在其他很多地方舒心惬意得多"，他喜爱这里的农村，是因为"它的色彩和合理的布局"，"从本质上说，这里的色彩精致而典雅"，他写信对薇尔说："当植物刚刚泛绿的时候，看上去绿油油的一片，类似这样的景色我们在北方难得见到，它具有一种静谧的美感。而当它们枯萎和蒙上尘土时，也并不因此而减色，风景

---

① 《达拉斯贡城的达达兰》(*Tartarin of Tarascon*)，法国作家都德（1840—1897）所著长篇小说，塑造了长相可笑、大言不惭、荒诞无稽和爱吹牛的普罗旺斯人达达兰的形象。

会呈现千变万化的金色调子⋯⋯它们和蓝色结合起来,从最深最庄重的湖蓝到毋忘草的蓝,到钻蓝,到特别清澈的亮蓝——娇嫩的蓝和紫罗兰的蓝。"[5]

阿尔勒的人"也是美丽如画的",他强调:"在我们的国家,一个乞丐看上去像是个可怕的妖魔,而在这里成为漫画一样可爱。"[6]和穆尔塔图里相近,文森特认为这里的妇女是充满魅力的,有一次他把阿尔勒描述为"漂亮娘儿们展现风情的小镇",[7]"在这里,色彩为妇女的美丽增添了绝妙的风采"。他进而说明:"我不是说她们的体型不美,但这不是她们特有的风韵。那种特有的风韵在于她们服装上的华美线条、鲜亮色彩和绝妙饰品,还在于她们皮肤的色调而非她们的体型。"[8]

文森特在阿尔勒立足后,很快就交上了朋友,他去罗马竞技场看斗牛,[9]还光顾当地的妓院。他对生活充满热情,他的感觉变得敏锐起来,他的下笔也更加快捷。[10]他精力充沛,似乎有用不完的能量,他的作品,即使纯粹就数量而言,也是令人吃惊的。他找到许多"非常美丽和有趣的题材",他以"情人的眼光或情人的狂热投入工作"。[11]到该年9月,他甚为自信地写道:"我开始感觉我和初来这里时大不相同,我已不再怀疑,我会毫不犹豫地去着手做一些事情,这种感觉可能在增强。"[12]他意识到,他对工作的狂热可以阻止他陷于忧郁的泥潭。"如果我是在考虑和担忧灾难可能降临,那么我什么事也做不成了,"又说,"我让自己埋头工作,再度抓紧我的研究。"[13]绘画使他把注意力从自己内心的痛苦中转移出来——"就像追猎发狂的兔子:他们这样做是为了让自己开心。"发奋工作也还是他作为荷兰人的一种重要的品质特点,证明他"既不是一个懒散者，也不是一个毫无价值的人"，[14]这是不同于普罗旺斯人的非常荷兰化的观念。

这种对绘画的沉溺还不足以使他的平静维持下去。紧张的工作——"均衡六种原色的智力劳动"，[15]使他对酒精和烟草的求助成为合理："后来，唯一的消遣和解闷…… 就是大量饮酒和猛烈抽烟，以此麻醉自己。"但是，他稍后所作的解释更令人信服："如果我内心的骚动非常激烈，为了让自己麻木，我会贪杯无度。"[16]

他还有一些为人熟知的牢骚——他抱怨身体每况愈下、经济拮据、孤独以及其他很多他所蒙受的不公正待遇。他食欲不振，他的胃"极度衰疲"，他猜疑是因为在巴黎喝了太多劣质的葡萄酒。"由于我几乎不吃任何固体食物，只是一味喝酒，所以我的身体垮下来，我感到非常虚弱…… "[17]同时他又说他健康恶化的真正原因是因为他"从没有"得到他所想要的食物，而他对自己窘迫状态的呼吁又得不到理睬。例如，他诉说他往往整天在郊野作画，只带着一点点面包和牛奶，要返回城里用餐又实在路程太远；而携带充足的食物又常常为他所忽视。不是第一次他把所有的钱花在绘画材料上，因此用于食物的就所剩无几了。例如，一个为他的画作配上画框的"疯狂"冲动，导致他订购了大量超出他预算的画框；结果，他只好在窘困中过了四天这样的日子："主要依靠二十三杯咖啡，还有我必须为之付费的面包。"[18]8月，得益于天气的和暖，有很短一段时间他"感觉非常非常好"，而且他的消化"几乎又回到了极佳的状态"。但是没多久，他变得比早先更沮丧："我已经没有足够的力量再这样长期支撑下去 …… 我将支离破碎，我会毁了自己。"[19]他抱怨在这个地区找不到其他画家，然而他来到这里就是为了躲避他们。这些外在的困难,就像工作和饮酒一样,分散了他的注意力,使他不去注意从未远离表层的更严重的内心痛苦。

和往常一样,他的情绪依然处于波动状态,5月29日,他写道:他所遭受的折磨"来自一些莫名其妙但又是自然而来的情绪,来自一些日子在无精打采中的空虚"。[20]两个月以后他说:他的地位"在人们心目中没有丝毫提高","很多天过去了,除了要求用餐和咖啡,我没有和任何人讲过一句话"。"但是到现在,"他又说,"寂寞已不再使我过多地烦恼,因为我发现了明亮的阳光和它在自然界产生的效果,那是如此令人神往。"[21]在8月和9月,他的生活"躁动不安,缺乏休息和睡眠",他的孤独"相当严重"[22],但他对贝尔纳解释:这是意料之中的,因为画家的命运就是被放逐。[23]

文森特还诉说卡雷尔旅馆的老板是个骗子和恶棍。当文森特为节省开支决定搬出这家客栈时,老板竟要他支付一些附加的款项,最终甚至扣下他的行李,不让拿走。文森特向地方长官作了投诉并获胜,这个老板为此受到谴责。[24]

5月,文森特在拉马丁广场边上找到一栋狭长的复合式房子,它是一座有两个独立入口的住屋,文森特租下其中的右耳房。此后,通过文森特在信中的描写和在画中的描绘,这栋房子以"黄房子"的称号闻名于世。"它的外墙涂了黄色,里面,向阳的一面,刷成了白色。"[25]最近的厕所虽然脏,就在相邻的一家旅馆里。花了好一段时间,他才把家具布置得满意,直到9月18日才搬进去。那段时间他下榻在阿尔卡扎咖啡馆里,它是文森特那幅《夜间咖啡馆》油画的原型,而用餐则在吉努先生和太太经营的车站餐厅。黄房子比单一式的住房要大；它可以作为文森特长期渴望的一个画家社交中心；提奥、高更、贝尔纳将会是其中的成员。[26]同时它还能为画家在艺术上和经济上的彼此合作提供机会，成员们将友爱相处，如同亲密的伙伴。[27]

文森特有关画家社群的想法是基于建立一个"兄弟"团体的愿望，为了公共的利益和艺术的利益，其成员还可以像僧人那样在一起工作。他的第一个计划酝酿于1882年，拟组织一个"服务于民众"的版画团体，不带任何个人的利益期望。"所以，需要些什么，"文森特写道，"需要勇气和自我牺牲，有时候还需要冒险精神，这样做不是为了获利，而是因为它是有益的和美妙的。"[28]他后来为普罗旺斯提议的版本——"印象派画家社团"，是和"英国前拉斐尔派十二人团性质相同的东西"。[29]如果文森特的心中还保留着和基督保持同一的想法，那么他在贫病交迫中为小小的黄房子购置了十二把椅子就不是一种巧合。显然，没有用上它们。[30]

文森特本人把这个画家团体和基督的十二个使徒等同起来，1888年9月，他在一封信中讨论提奥在这个团体中的潜在作用，称提奥为"商人使徒"，他又说："我要鼓励我身边的每一人去创作，我自己将为他们树立榜样。"[31]在1889年年初，即他自残耳朵一个月以后，他重复这一想法："的确，只要这个世界继续存在，艺术家和画商也会长久不朽，尤其是像你这样同时又是使徒的人。"[32]

虽然文森特在阿尔勒并不缺乏伙伴，但他还是抱怨孤独带来的苦楚，这说明他的痛苦主要是由内心那种凄凉无助的感觉激起的，而不单单取决于他生活中的现实环境。例如，在阿尔勒的头一个月里,有两个业余画家访问了他,"一个是经销油画材料的杂货商;另一个是温和的司法官,看上去令人愉快而且聪明。"[33]他还遇到了穆里耶·彼得森①、道奇·马克奈特②和尤金·博赫③。一连几个月,他每天和彼得森会面,这是一位优秀的丹麦画家,患有神经系统疾病。马克奈特是个美国人,一个"枯燥无味的人,太没有同情感"。[34]可能还是一个荷兰加尔文主义者,当他要他的房东皈依基督教时,文森特以嘲讽的口吻表示了自己的反对。[35]博赫是一个三十三岁的比利时画家,有"一点与众不同"[36],是一个可爱的伙伴,文森特认为他的绘画是属于印象主义的,但缺乏力度,无疑文森特给了他很多的鼓励,他在9月间离开阿尔勒去了博里纳日。

在8月里,文森特和一个朱阿夫兵团④的陆军中尉米利埃建立了友谊,朱阿夫兵是驻扎在阿尔及利亚的一个步兵兵团。米利埃,二十五岁,是"一个漂亮的男孩,很是无忧无虑,举止从容随和,用他画一幅情人肖像,简直太合适不过了"。[37]他成为文森特的忠实朋友,还像博赫一样,摆姿势让文森特作肖像写生。文森特很羡慕他征服阿尔勒妇女的能力;他的爱情来得十分容易,但文森特注意到他对爱情抱着玩世不恭的态度。[38]1888年11月,米利埃离开此地,返回他的部队驻地。

8月,文森特又找到了另一个模特儿——邮差(更确切地说是

① 穆里耶·彼得森(1858—1945),丹麦画家。
② 道奇·马克奈特(1860—1950),美国画家。
③ 尤金·博赫(1855—1941),比利时画家。
④ 朱阿夫兵团,法国轻骑兵,原本由阿尔及利亚人编成,穿阿拉伯服装。

邮局职员)约瑟夫·鲁林,两个人很快就成为亲密的朋友。鲁林是普罗旺斯版的唐居伊老爹:"现在,我和另一个模特儿在一起工作,他是个邮差,穿着镶着金色装饰的蓝色制服,脸上留着大胡子,很像苏格拉底,是和唐居伊一样的激进共和派。他比大多数人都来得有趣味。"[39] 鲁林喜欢喝酒,喜欢谈论政治,文森特称他为"法兰西的革命号角";"他的兴高采烈是如此自然、如此充满智慧,而他的争论又是这样气势磅礴,带有加里波第的风采 ⋯⋯ "[40] 这是另一个新的"父亲",他的思想充满活力,而又决不自以为是,这是和那个被他拒绝的严厉的父亲截然不同的。一直到 11 月,文森特都处于良好的状况,他和鲁林全家关系密切,还能用他们家中的每一个人做模特画肖像画:"他、他的妻子、婴儿、小男孩,以及十六岁的儿子,都成了我笔下的人物,虽然第一眼看上去带有俄国人的特征,但他们是非常法国化的。"[41]

当然,文森特的郁郁不欢并没有因为乔迁黄房子而趋于消失,他继续寻找其他解脱忧郁的途径。在迁入黄房子的第一个月,宗教上的种种观念再次成为纠缠他的突出问题,他的宗教观念不再和他父亲的宗教信仰有任何关联,那是一种新的能治疗心灵创痛的东西——"它能使我们获得平静和安慰,使我们不再感到有罪,不再感到凄楚,能使我们在寂寞和空虚中继续保持我们的自我。"[42] 对宗教的入神还部分体现在他对天国和永恒等诸类问题的思索,他开始画星光灿烂的天空。与此同时,他把自己视为一个艺术的殉道者,并用英雄主义的言辞描述他精神上的困境,从而使他的生活变得容易忍受。在一封致高更的信中,他哀怜他们共同承受着"贫穷和疾病带来的不幸"。他评论说:"也许我们应该为这一代画家奉献我们的生活,这会持续很长一段时间。"[43] 不久以后,他告知提奥,他"几乎成了埃米尔·沃特斯①画中癫狂的雨果·凡德·古斯②"。[44] 在此后的一封信中他又说:"画画的痛苦将要夺走我的整个生命,对我来说,我似乎没有生活过。"[45]

文森特继续保持自己特有的服饰和举止,惹起了当地人的嘲笑,这更加重了他的沉郁和孤独。儿童比大多数人来得直率,公开地取笑他。"他的外貌给我们留下很发噱的印象,"后来,他们中的一个这样写,"他的衬衫长长的,他的帽子大大的,还有他本人,久久对着东西发呆,这一切都成为我们的笑柄。"[46] 因为他吃得很少,看上去"总像营养不良",加以他的举动狂躁,使他原本怪异的外貌更为特出。年轻的朱阿夫兵团少尉米利埃说文森特是个"古怪的家伙",好争论、神经质、极度敏感、喜怒无常;把自己视作一个伟大的画家,一旦投入作画,"没有什么能动摇他。"[47]

黄房子是吸引保罗·高更离开布列塔尼前往阿尔勒的诱饵,文森特煞费苦心地考虑为他布置合适的家具。经过几个月的鼓动,高更终于在10月29日到达阿尔勒。在他的最后恳求下,文森特让高更来担任这个画家新社团的首领,显然文森特忘了几个月前自己曾把这个位子给了提奥。高更来了以后,文森特的抱怨确是减少了,他大肆赞扬他的新伙伴,比以往任何时候都忙于画画,与他分享想法。显然,这个存在于现实生活中的真实伙伴,冲淡了

① 埃米尔·沃特斯(1846—1933),比利时画家,曾创作了荷兰画家雨果·凡德·古斯的肖像画。
② 雨果·凡德·古斯(1440—1482),十五世纪重要的德佛兰画家,和梵高一样患有精神疾病。

他对文字伙伴的渴求,因此,这个阶段他和提奥的通信稀疏了。高更新近在布列塔尼的作品充满幻想,虽然文森特对此提出批评,但是高更的倾向给了他"想象事物的勇气"[48];在借鉴高更的想象时,他自己的一些作品变得更加充满梦幻色彩。然而,早在高更来到之前,在他画客西马尼果园、星光灿烂的天空和《夜间咖啡馆》时,这一点就有明显的表现,无疑,这是受到期待会晤高更的情绪影响。

高更来到阿尔勒两个月以后,文森特的热情突然冷却下来,他不能使自己与高更血肉般的合作做得比与别人的合作更为成功。因为他总是极度敏感,这使他如此热切梦想着的合作化为泡影,虽然高更的举动也进一步将事情搞砸了。该年12月23日,文森特写道:"我觉得高更对阿尔勒这个绝好的城镇,对我们工作的这座黄色的小屋子,尤其是对我,有点儿不融洽。"[49]在一个非同寻常的夜晚,文森特被极度的激奋情绪所控制,割下了自己的耳朵。这个突发事件促使高更逃离阿尔勒,而文森特则被送到镇上的市立医院治疗。

二

一些作家已经注意到都德对地处雷讷河流域的普罗旺斯的描写只是一种虚幻的理想。例如,梅里美把它写成是一个可悲和污秽的地区;而司汤达称阿尔勒为"一个洞穴"。在这个地区,吹向地中海沿岸干寒的西北风沿雷讷河而下,有时非常猛烈以致令人无法在风中直立。就像极好的天气突然变得奇幻莫测,无忧无虑的普罗旺斯人也有他们阴郁的另一面。一个当地人告诉詹姆斯·波普-亨尼西①:"外国人觉得这是一个和善的地区,其实它是一个严酷好斗的地方。""这确是一个充满仇恨和残忍的地区,"波普-亨尼西又说,"在它燃烧般的阳光下,充满了暴力与温和、背信弃义与善良本性的冲突,事事都在矛盾的对抗中。"虽然人们微笑着,甚为和蔼可亲,但他们也往往急躁冲动。"他们可能做出非常酷冷的事来。当西北风不停地在田野和葡萄园上空吹刮,阴郁的丝柏卷曲了它们的树梢,此时,在城镇和村落,在普罗旺斯偏僻的农舍和小屋里,任何意想不到的事情都可能发生。"[50]还有什么地方比这里更能促发他自残耳朵呢?

文森特也注意到此地的不尽人意处,他承认都德的观察是玫瑰色的幻梦。他在阿尔勒待了没有多久,就称它为"污秽的城镇",后来他写道,高更有足够的理由把它称之为"南方最肮脏的洞穴"。"这里的人们的粗枝大叶、懒散、听天由命的处世方式,真是令人难以置信;你很难看到最细腻的东西,"他如此告知提奥,"我在这里看不出有什么都德常常说的南方的欢乐,只看到乡下种种令人乏味的装模作样,一种可悲的漫不经心。"[51]在写给薇尔的信中,他在称赞这块土地的优点之后又说:"但是,我的印象是这里的人们正在变懒,冷漠于事和不求进取的颓废对他们影响太大了一点,反之,如果他们更勤俭发奋,那么这块土地将有可能产生更多的收益。"[52]他过去对荷兰农民遭受苦难的批评,并没有阻止他痛惜普

---

① 詹姆斯·波普-亨尼西(1916—1974),英国传记作家和旅行作家。著有《普罗旺斯的风姿》。

罗旺斯农民不勤奋工作的现实。

　　文森特知道波普-亨尼西到达阿尔勒之后不久所记录的暴力，两个意大利人在当地一家妓院外面杀害了两个朱阿夫士兵。一群激愤的暴民对凶手发动攻击，几乎用私刑了结他们。文森特认为，这群人的收手，不是因为理智，而是因为普罗旺斯人的"善念压过了好斗"。[53]文森特还诉说阿尔勒人是一个病态的群体，他们很多人"濒临疯狂或暴力的边缘"，他们榨取外来者。虽然他们是和善的，但是他们还"对画家和绘画有一种最最令人难以置信的偏见，至少，对它没有和我们相同的清楚想法"。[54]在认定阿尔勒妇女妖媚绰约的同时，他对自己的赞美作了修正："但是〔她们〕不再是她们应有的样子。"在 5 月里，他写道："…… 她们在衰落中。"四个月后他再次对阿尔勒妇女表示扼腕："我觉得阿尔勒这个城镇过去常常因为美丽可爱的妇女和绚烂多彩的服饰而赢得无上的荣光，而此刻我环顾四周，每一样东西都是病态和破旧的。"[55]

　　甚至他对阿尔勒的不满还延伸到风景和自然环境，例如，有一次他谈到"普罗旺斯萧索单调的景观"。[56]从一开始他就发觉这里的风格外寒冷和干燥，吹得他周身满是鸡皮疙瘩，他的工作经常因此受困。除了"干燥的西北风经常恶狠狠地唠叨个没完"，夏季，他还遭到"蚊子的吞噬"[57]。他的恼怒一直延续到秋天：凌厉的西北风像是将他置于刀刃之上，影响他的作品，使他的研究蒙上阴影；如此多的粉尘在飞扬，以致树木从顶部到底部都被染白。当冬天来临的时候，他发现阿尔勒竟像荷兰一样寒冷。

三

尽管文森特最初打算在阿尔勒只待一段较短的时间，接着将会去马赛，但结果他在这里滞留了将近十五个月，这段时间长得足以让我们通过他的眼光来观察阿尔勒，从而永远改变了我们对地球上这个角落的认识。是什么让他留在那里？在蓝色海岸或普罗旺斯的艾克斯地区，他能够找到同样的蓝天和明艳的阳光；他会发现一个朝气蓬勃的画家团体和一批非常钟情绘画而又见多识广的人们；他还能够躲避戛纳、尼斯、芒通附近西北风的暴虐。

看来尽管——更是因为——这个地区存在局限，阿尔勒还是集合了多种适当的激励因素，推动文森特的创作进程，并提供他复杂的心理需求，这种需求在普罗旺斯的其他地方是不可能得到满足的。他终于找到了一个地方，它有别于那个沉闷、忧郁、与他父母和荷兰加尔文教会联系在一起的荷兰。另一方面，他又渴望生活在一个消除了灾难和伪善，具有理想色彩的荷兰之中，一个重现"黄金时代"雄风的荷兰之中，这样他能够成为如同伦勃朗那样为人拥戴的不朽者。和他的雄心形成强烈对照的是，他又自我贬低，他需要让他的忧郁冲动得到满足。而阿尔勒这块土地能够使他在所有方面得到满足。

文森特怨恨他的家庭，怨恨他的文化，希望自己从造成他痛苦的地理上和心理上的两个源头走出来。他试图摆脱"令人讨厌的白人（即荷兰人），他伪善、贪婪、无能"。[58] "我极度鄙视规则、制度等等教条，"他写道，"简而言之，我寻找的不是教条，教条远不能解决问题，只会引起无休止的争论。"[59]

　　阿尔勒和它的居民体现了一种截然不同的观念。普罗旺斯人松散、缺乏约束、极端迷信、粗鲁强悍，他们和在他家乡威胁着他的那些严厉、说教、拘泥、勤勉的加尔文主义者形成强烈的对照。生活在阿尔勒人中间，远离家乡，他能够远远地避开纷争，安全平和地观察。他说："我必须告诉你真实的情况吗？我还要说朱阿夫兵、妓院、娇小迷人第一次去领受圣餐的阿尔勒姑娘、穿着法衣看上去像一头危险犀牛的教士、痛饮苦艾酒的人们，所有似乎来自另一个世界的人物吗？"[60]

　　但是，这个地区也唤他忆起自己的家乡。他写道："这里的很多人在性格上和荷兰人非常相近，所不同的是他们衣着的色彩。"[61]相比之下，阿尔勒和上普罗旺斯的多山地区以及耸立在蓝色海岸沿线的岩石峭壁地带有显著的不同，它像荷兰，是一片开阔平坦的三角洲。在普罗旺斯的其他地方找不出如此辽阔广袤的平川。文森特在来阿尔勒后的第一封信里就对这个地区的地貌特点作了评述。这个地方成为他的第二故乡，由于金灿灿的阳光和无忧无虑的心境，这个故乡变得无限美好，阴郁的灌木林荒地不见了，代之以色彩鲜艳夺目的平原。再者，也许和其他荷兰人一样，置身于普罗旺斯东部高耸的山峰和峻峭的悬崖之中，文森特绝不会感到舒心惬意。[62]

　　该地的几个小丘成了鸟瞰旷野的最佳地点。他一次次去造访蒙马儒尔修道院的遗址，他去过那里"足有五十次"之多。这是一座位于小丘顶端的古建筑物废墟，君临四野，"傲视着万里平川"[63]。他强调："如果不是色彩如此不同，这辽阔的平原也许常常会令人追忆起荷兰的景色，这里几乎没有山脉和岩石 …… 像硫磺一样热烈的太阳在浩茫的蓝天燃烧,闪射出光芒,但天空有时也会像荷兰一样阴沉,呈现出一片漫无边际的死灰。"[64]

此地另外一些景观特色也唤起文森特的故国之思。朗格卢瓦桥肯定是最特出的例子,文森特通过他的一系列油画和素描使这座桥成为不朽。它是一座横跨运河的荷兰式建筑,可能从荷兰移植而来,由一位被聘请来建桥的荷兰工程师设计。无疑,文森特的作品《吊桥》所表现的是最富有荷兰色彩的桥梁,而普罗旺斯的橄榄树"就像我们荷兰草原上截了梢的柳树,也很类似故乡沙丘上的桧灌木林"[65]。此外,阿尔勒妇女的服装绚烂多彩,通常披戴用花边装饰的三角披肩,配以浆洗得硬挺的帽子,和荷兰农村饶有特色的衣饰有些相近;但是,普罗旺斯所呈现的色彩更是缤纷耀眼,令人如同面对舞台。

1888 年 6 月,他做了为期一周的圣马利斯-德拉-梅尔之旅,他穿越卡马尔格平原,这是一个幅员很大的泽地三角洲,雷讷河的两条支流——大雷讷河和小雷讷河,流经此地而注入海洋。很类似夹在莱茵河和马斯河之间的三角洲,故而它让文森特想起荷兰的沼泽地是不足为怪的。圣马利斯的平坦沙地海岸"既没有峭壁,也没有岩石",就"像没有沙滩的荷兰海岸,但更蓝"。[66]

在普罗旺斯,文森特看到被"黄金时代"伟大荷兰画家笔下理想化了的荷兰景色。"这里,"他写道,"除了更热烈的色调之外,它让人想起了荷兰;一切都平坦如砥,人们只会想起吕斯达尔、霍贝玛①、奥斯塔德②

---

① 梅因德尔特·霍贝玛(1638—1709),荷兰风景画家,作品多描写乡村道路、农舍、风车及池塘水光。
② 阿德里安·凡·奥斯塔德(1610—1685),荷兰画家,多取材于荷兰农民的生活场景。

笔下的荷兰,它们不同于荷兰的真实面貌。"很多地方是"道道地地的吕斯达尔风格"。一个灼热阳光下的引人注目的园丁妻子是弗尔美笔下"最完美的"形象。克劳平原和卡马格尔平原使他想起"吕斯达尔时代的古老荷兰"。田野"确实非常像萨洛蒙·科宁克①的作品,你知道,他是伦勃朗的学生,画了许多舒展如砥的平原"。如此魅人的风景使文森特重新激奋起来:"这些广袤的旷野着实强烈吸引着我,令我如痴如醉,故而尽管西北风、蚊子等现实环境实在叫人心烦,但是对这个地方我并不感厌倦。"秋天,他写信说大自然是"温柔和可爱的,就像是代尔夫特市的范德米尔②[弗尔美]对天蓝色和金黄色所作的美妙结合"。[67]金色的阳光和金色的麦穗激发了他的灵感,使他沉入"黄金时代"之中。

他也想到他的母亲,他推测说:"不由自主,是受到这里自然景色的影响吧,简直就像吕斯达尔一样,我经常想起荷兰,我跨越了距离和时间推移的双重遥远,这些记忆带有某种悲伤。"[68]通过对普罗旺斯这片土地的关注和倾心,他希望能对他的故土和他那疏远至此的母亲刮目相看。"有太阳,有光照,因为没有更好的词汇,我只有称它为黄色,淡硫磺色的黄,淡金色的香橼黄。多么可爱的黄色,北方在我看来将会多么美好!"[69]

也许由于文森特处于他自己的阶层之中——即处于牧师、画商、生意人,甚至画家之中——他感到腼腆和焦虑。而他反倒更能和阿尔勒的劳工阶层随意相处,就像他和布拉班特的农民、

---

① 萨洛蒙·科宁克(1609—1656),荷兰风景画家、肖像画家和雕刻家。
② 巴伦德·范德米尔(1659—1700),荷兰黄金时代的静物画家。

伦敦贫民窟的居民、博里纳日的矿工那样亲密无间地交往。有一次他表示如果去里维拉,他的情况会更好,因为那里是更理想的隐居之地,他曾经提醒其他画家到昂蒂布斯、尼斯和芒通去,那些地方"也许比较有益于健康"[70]。早在幼年时代,他就听说过这些地方,因为曾经受他崇拜的文森特叔叔每年都要到芒通去度假。那些自以为见多识广的人,像他富有的叔叔,他们可以到蓝色海岸去,但是像他这样的卑贱者,清楚自己的身份地位,故而觉得雷讷河流域的普罗旺斯更像自己的家。他自己说得很好:"我正在考虑坦然接受我作为一个疯子角色的现实,就像德加装成公证人那样 …… 你对我谈到你称之为'真正南方'的那个地区。我决不会去那里,上面所说的就是我的理由。我理所当然地将那地方留给比我完美无缺的人,而我只适合一个中等的、次要的、自我隔绝的地方。"[71]虽然他贬低阿尔勒,但是在阿尔勒这个二流的环境中,他感觉到自己是和它对等的。的确,即便是在心理问题困扰他的时候,阿尔勒人的处境也并不比他好:"这里每个人都在忍受热病、妄想症或癫狂的折磨。我们相互理解,像是同一个家庭的成员。"[72]

四

水彩画《夜间咖啡馆》(图 25.5)作于 1888 年 9 月,画中一个头发桔红的人身穿蓝色服装,蜷曲身子坐在右边的一张桌子旁,这很容易使人想起文森特本人的形象——桔红色的头发,蓝色的眼睛,穿着件蓝色的上装。桔红色和蓝色是他最喜爱的色彩组合之一,像在《圣母怀抱受难耶稣之忧伤图》(图 25.1)中一样,他经常采用这种特殊的色彩组合将自己投入到画面中。

这个人弯着头,脸倾向桌面而紧贴他的左手,他的右手则遮掩着头的右侧。他写道,人物后面是"血红和深黄的"背景。[73]四个月以后,在他割下自己耳朵后不久,他画了头的右部缠着绷带的自画像;其背景和上述那个伏着身体的人物很相似。《夜间咖啡馆》还含有红色和绿色的鲜明对比,这些色彩经常用来象征圣诞节。注意到在接下来的一年,文森特准确地预言了在圣诞节他将会有一次疾病的发作,我们不妨大胆做一个不成熟的推测,文森特在这里预示的是他将会在圣诞节割下自己的耳朵。尽管可能是间接和不明显的,但这幅画和圣诞节精神病的发作,两者之间的联系还是另有暗示的。文森特写道:"如果特斯蒂格[他以前在海牙古皮尔公司的上司]看了我的画,他会说这是震颤性谵妄症正在发作。"在这里,他可能是借别人来道出他内心对精神病发作的预感和忧虑。也许,温和的前期攻击已经发出了精神妄想症严重发作的警告。他在信中写道:"咖啡馆是一个能够使人自我毁灭、发疯或犯罪的地方。"他把夜间咖啡馆描述为"低档的公共场所",一个"类似妓院"的所在——妓女和皮条客经常光顾它。[74]他是在预言自己的未来?时过不久,夜晚,在一个妓院里,他果真疯了。

姑且不论《夜间咖啡馆》是否是一个预言,我们至少可以把它作为一个梦境来研究,我们与其采用梦的联想这一习惯方法,不如根据文森特本人的想法来找出这个梦境在他童年时代就潜伏着的决定因素:

这是我所作的最为丑陋的一幅画……我试图用红色和绿色来表现人的可怕情欲。店堂中间放着一张绿色的台球桌。四盏柠檬黄的吊灯闪射出桔红色和绿色的光。在熟睡的小个子粗汉身上，在空荡而阴郁的店堂里，在紫罗兰色和蓝色之中，处处都存在各式各样的红色与绿色的冲撞及对比。例如，血红色和黄绿色的台球桌和路易十五风格的嫩绿色柜台成对比，柜台上有粉红色的花束。在安置火炉的角落里，醒着的顾客的白色外套上透出柠檬黄和发光的淡绿色。[75]

这场景"就像个魔鬼的火炉"，它使人想起可怖的充满罪恶的地狱，使人想起在夜间进行的那种事，使人想起卷入"可怕情欲"中的疯狂。"熟睡的小个子粗汉"是对粗野儿童的暗示，我们想起童年的文森特在他父母眼中正是个粗野之人。换言之，熟睡儿童夜半被惊醒，听到或许朦胧中看到了那一幕热烈而可怕的情欲"表演"。如果我们把这幅画当做其内涵可以像符号一样转换的梦，而用文森特自己的评述来做框架，则这个"表演"的特有性质就会清楚了。"老板"，即营业所的头目，无疑喻指他瘦削的父亲。长长的台球杆，其柄部和两只台球靠在一起，它们所处的位置正好和老板下身的阴埠区域并列，而球杆的顶端则指向色彩"温柔的"柜台，柜台旁边是一扇洞开的形同阴道般的门。

以上种种要素组合在一起，显示了一个像文森特童年那样的孩子的梦境意象——半夜他从睡梦中惊醒，听到并在朦胧中看到他的父母正在交欢，在他的观察下，这是野蛮和极其刺激的动作。我们不知道他是否真的看到这一幕，抑或这仅仅是一种推测，但孩子确实惯常以这样的眼光来想象成人的交合。至少如果他接受了传统的教育,他会相信生殖器和性交是耻辱和罪恶的代名词。我们可以假设文森特曾经有过这种耳目所触的经历,或者曾经想象过这样的场景,而现在,他这方面的记忆又被他在阿尔勒的所见所闻激活——阿尔勒是一座充满性挑逗的野性城市,以妓院和斗牛而著名,有时候,人们无意识地把斗牛和男女间的纠缠等同起来。把男女的交媾看作是可怖的和粗野的,这种概念在类如文森特这样的儿童心中特别鲜明,以致在他们和母亲之间酿成可怕而令人沮丧的隔阂.

画了《夜间咖啡馆》不久,文森特又画了《卧室》(图 9.6),他告诉提奥他意在使两幅画形成对比。这幅画显现了黄房子他卧室的场景,目的在于传送一种松弛的感觉:"这次,所画的仅仅是我的卧室而已,只有在这里,色彩适用于所有的事物,用简练的笔法赋予对象庄重感,从而暗示这里只是一个普通的休憩和睡眠之地。总之看到这幅画时应该让脑子得到休息,更确切地说是让想象得到休息。"[76] 画中,卧室场景的展现目的在于抵制他视男女媾合为可怖的认知,这种认知就像他在《夜间咖啡馆》中所表露的。没有人在床上,没有人在进行丑陋的表演;这是白昼,不是深夜。令人神经松弛,没有激奋的感觉,但是,最明显的是这幅画在卢浮宫美术馆展出的版本,床上方的墙上挂着一男一女两幅肖像,每个人都在画框里俯视着房间。文森特也许利用梦境中经常出现的心理机械作用——把受抵制的、不期望出现的对象转换到中性的位置。观察者在画面之外,他就是画家本人,力图通过对这一场景的描绘来控制自己的忧虑。而参与者被从床上移置到了墙上,床上仅有两只未被占用的枕头。他们只是在默默观察，此外，由于处于不同的框架中，他们被很好地分隔开来。用这种方法，噩梦被控制住了，恐惧被平和所取代。

　　文森特解释，在《夜间咖啡馆》中，他努力"表现黑暗的魅力"，这是夜景，由几盏闪亮的灯来照明，吊灯被令人眼花目眩的光晕和"熠熠发光的"色彩所环绕。心理分析家菲莉丝·格里纳克①在一篇题为《幻觉、头疼和光晕》的文章中描写了类似的视觉印象对稚童所产生的作用，当他们突然被置于眩晕和迷乱的恐怖景象中："通常有灯光的晃动、雷电的闪烁、强烈色彩的刺激或某种极光的扰动。这光似乎覆盖着对象，覆盖着对象所看到的，也许还会被对象感觉到发自他们自己的头脑，其体验确是如同看到各种各样的灯光或看到血红的颜色。这般景象在连环漫画中被描绘成看星星。最初的经历往往会产生最强烈的情绪，不论是畏惧、忧虑、愤怒或是恐怖。"[77]看来，这种创痛的印象在《夜间咖啡馆》里被表现得极为明显和充分，同时文森特的文字描述也对此作了表达。梵高的很多作品都带有与此相同的特征，有时候观赏者面对它们会产生头晕目眩的反应，就像头上遭到一阵疾风的袭击。这个时期的其他作品，如画于1888年9月的《罗讷河的星空》（图7.5），就像是看星星的连环漫画版本。《夜间咖啡馆》披露了他对成人交媾所获的创痛性体验，也许其中还融合了因观察到成人生殖器而产生的恐惧。如果我们假设可以用相同的思路来理解《罗讷河的星

───────────────

① 菲莉丝·格里纳克(1894—1989)，美国精神分析家和医生，曾在纽约精神分析研究所担任高级职务。

空》，那么画面近景中的男人和女人则代表乔装的色情参与者。为了否定那残忍而可怖的景象，情侣没有在交欢，而是手挽着手，在平静地散步。

还有另外的证据来支持这个论点。文森特逐渐形成了一种性格模式，它和格里纳克医生对受到精神创伤的儿童所作的论述是相同的："试图……通过严格约束自我意识的发展，用反应中形成的善来主导自己，这种善或许因为转化为崇高的理念而增强……儿童在心目中逐渐形成一个具有象征意味的光环，如果保持它是一种沉重的负担，他们的反应或是大胆把它舍弃——这点对一些处于精神病状态下的病人尤为明显——或是把这光环去赋予别人。"[78]文森特也不外如此，他逐渐形成了"崇高的理念"。通过追求和耶稣的同一，他成为所有那些人之中可能是最好的人。这种状态在博里纳日布道时期最为突出，后来他试图舍弃这种理念，尽管他从来没有成功做到。在博里纳日时期，他具有的光环是象征意义上的，而在他的油画中，这光环成为真实的存在。

在讨论第一个文森特的时候，笔者曾提到在文森特自残耳朵后不久，一些令人依恋的童年回忆浮上他的脑海，笔者还认为，以这种追忆来替代痛苦压抑的童年记忆，于他是无益的。文森特如此描写他的缅怀之情："在疾病染身期间，我又看到津德尔特牧师公馆里的每一间房间，附近的每一条路，花园里的一草一木，外面田野里的景色，邻人、墓地、教堂、以及后面我们家的菜园——一直到墓地里高大的金合欢树上的一个喜鹊窝。"[79]这段叙述始于屋子里的房间，而结束于高筑在树上的鸟巢，鸟和鸟巢像婴儿和他们的摇床一样令文森特产生浓厚的兴趣，前者是后者的隐喻和象征（见

图 27.6《鸟巢》和图 28.1《飞燕》）。如弗洛伊德指出的，高耸的树通常含有禁止观看的寓意。[80] 如果上述象征意味的等式可以成立，那么高居树顶的鸟巢则代表窥探隐私的儿童——如果顺着前面所作的假设进行推测，则这隐私便是指男女间的交欢。发生这一幕的特殊房间，被他模糊地说成包括"屋子里的每一间房间"，并且用一系列不相干的详述来使它和树上的观察者分开；在梦境中，这样的一些掩饰是常有的。在这段话中，文森特两次提及墓地，其含义是将性的交合和死亡连结起来。如笔者早在论及喜鹊时所提到的，墓地还产生其他一些臆想，它也许强化了文森特把两性交合当做是粗暴猥亵行为的解读，这些臆想还涉及到文森特的亡兄，即埋葬在津德尔特教堂的墓地里，长眠在高大树下的第一个文森特，这些臆想还使文森特把他的父母视为宁愿他死也不希望他活着的虐待狂。

五

文森特待在阿尔勒的时间较在海牙、纽南、巴黎的居留期都要短，但是却创作了大量令人震惊的作品，其中包括一些大型而复杂的油画。在德拉法耶目录中，计有 185 幅油画，100 幅素描，10 幅水彩画。这段时期，他对自己的能力充满信心。他预言他的作品终会使他赢得"我所要求的小小一角领地"。他相信他的作品将会和

---

① 作者注："况且，就像我能够使自己满足一样，一棵高高的树象征着见色思淫的邪念，一个坐在树上的人能够看到他下面的所有东西，而他本人却不会被发现。"

他推崇的塞尚的作品日月同辉，[81]他对吉努太太说，他为她画的肖像有朝一日会挂在卢浮宫里。

他到达阿尔勒时订购的颜料有助于他摆脱早先荷兰式的沉郁画风；"几乎没有一种可以在荷兰的调色板上找到"。[82]他评论说。到达阿尔勒后，所涌现的波澜壮阔的心情在画中得到充分的映射。壮丽绽开花朵的果树出现在他阿尔勒时期最早的画中；这些画是印象派风格和他自己热烈情绪的结合，没有任何不和谐的表现。5月，他描绘了拉克劳平原及它的金黄色麦田和稻草堆，是从蒙马儒尔高地上画的。6月，在造访圣马利斯期间，他画了地中海的渔船、镇上的风景、当地那些充满诗情画意的"马斯"——屋脊外面凸起一个个十字架的农家小别墅（见图27.4）。一返回阿尔勒后他画了第一幅阳光普照的播种者，不久又画了镇上的公园和花圃。

6月，文森特又恢复了画人物肖像的热情，像在巴黎那样，他再一次表明他对肖像画的兴趣甚于风景画："总之，那是绘画中唯一使我深深为之感动的东西，它比此外的任何东西都让我感到无限。"虽然他在描绘人物方面不如自然风景有把握，但是这只会激励他重新努力和尝试。"当我画肖像的时候，我总是充满自信，"他坚持说，"……它让我心中不论冒出什么感觉都是最好和最庄重的。"他竭力使他的肖像画"含有思想和模特儿的内在特质"。[83]在实际生活中，他以与大自然的亲近来替代与人的亲近，并且将这种观念转移到绘画中：他笔下的大自然是人物肖像的替代和变形。但人类仍然是他兴趣的核心，画人物肖像是他试图认识、控制和改变他们和他自己的最重要方法。

这段时间，他除画了几幅自画像外，还画了一个年轻姑娘的肖像(拉·莫斯梅),他母亲的肖像(根据照片而作),和《帕蒂斯·伊斯卡林》(图 26.1)。伊斯卡林是从前一个生活在卡马尔格平原的牧童,文森特把他画成了"一种'拿锄头的人'";迈耶·夏皮罗称这幅伊斯卡林的肖像"也许是唯一优秀的农民肖像"。[84]文森特还画邮局代理人鲁林,以及他家的其他人——鲁林太太,他的处于青春期的长子阿尔芒、幼子卡米尔,以及尚是婴儿的女儿玛塞尔。

8 月里,他画了著名向日葵系列中的第一幅(见图 13.4),这是早先他巴黎版本的继续。向日葵之所以对他有这样特殊的魅力,无疑是由于它那具有人格意义的特点,它被赋予了自画像和热情的布施者两种人格含义。它远远有别于文森特曾经嘲讽过的荷兰郁金香,这种茎干苗壮、叶子粗糙的低俗之物——用以充当饲料和廉价燃料——是卓越的农民之花;从这个立场上看,文森特笔下的向日葵与他的农民肖像和自画像是具有相同意义的。它那强烈的光彩也是对太阳的模仿,而太阳是文森特当做上帝和具有挚爱精神的父母来仰慕的神圣之物。此外,它那像乳房一样的形状可能为这个渴望母爱的人所迷恋,但是,对此还找不到有力的论据。用他自己的话来说:向日葵象征"感恩"。[85]

9 月,在宗教情绪影响下,他画了《罗讷河的星空》(图 7.5)、《露天夜咖啡座》(图 26.3),以及肖像画《尤金·博赫》(图 26.2)和《朱阿夫兵中尉米利埃》(图 31.1),这些画都以夜间的星空作为背景。在作品中表现熠熠闪烁的光芒对文森特并不是新的想法,在他的早期作品中可以找到佐证,如他画博里纳日的矿工,他们的帽子上都戴有矿灯,还有在《织工》和《食土豆者》中,他画了通红的烛灯。但是,现在这种光在他笔下变得更为热烈,更为明艳亮丽。

10月,在高更来后不久,文森特再次画了《播种者》(图17.3),毫无疑问,这幅画受了高更的影响,高更试图促使文森特走出荷兰写实主义的窠臼,这幅《播种者》明显带有象征意味和超现实主义倾向。画中,太阳形成一个光晕环绕着播种者的头部,田野是深蓝色的,天空是绿色的,于是产生了一种神秘效果。表现黄房子外表和内部文森特卧室的画作,都是明亮的黄色调子,画于同一个时期。当他和高更作为伙伴在一起相处的阶段,他还画了《阿利斯康》(图22.5)和收获期中的葡萄园。

《文森特的椅子》(图11.1)和《高更的椅子》(图11.3)作于该年12月,如同《黄房子》(图9.5)和《夜间咖啡馆》(图25.5)那样,它们是白昼和黑夜的对比,《文森特的椅子》描绘的是阳光照射下的黄色景象,而《高更的椅子》采用的则是红绿相间的较为幽暗的调子,用一只燃烧煤油的喷灯照明。画中的椅子是空的,就像不久以后的黄房子,那时,文森特住院治疗,而高更从这里逃离。

六

文森特的阿尔勒时期可能比其他任何时期都要成功,在这个时期,他使自己的绘画技巧臻于完善,他的技巧来自多年的绘画实践,得益于他在绘画和文学方面的广博知识,并且受到自身个性中各个层面的影响,从而发展成为一个高度个人化的绘画团体的产物。这部分是由于他熟谙其他画家的技巧,并有把他们笔下的精华融入自己作品的能力,部分是由于他情绪上的复杂多变及他作品风格的丰富广泛。他的作品有的画得细致精确,就像出自制图员的笔下,有的带有印象主义特征,有的则采用夸张形式。他的用色,或稀薄如水,或浓稠如胶;他的用笔,或以对比色进行密集的点击,即采用短促的笔法,或让坚实的颜料表面在一个相当大的面积内保持它的连续性和完整性,他的画面,或洋溢轻松平和的情调,或激烈地喷发痛苦不安的冲动。

文森特重塑自身和重塑与画坛关系的强烈愿望,使他去探索新的绘画技巧,去寻找他可以认同的新的绘画同仁。这激发他去广泛吸收和利用在艺术和文学上富有创造力的大师的思想观念。但是,他没有能力继续作为一个紧密联合群体的成员,总之,就像他对亲密的恐惧一样,这种状况不允许他去依附于某一个画派,一如他不可能归属某一个女人和皈依某一个教派;这还促使他去反对那种自鸣得意的正统。文森特并不忌讳自己被称为印象主义画家,然而,这不是因为他觉得自己是其中一员,而是因为他认为这个画派让他的手获得更大的自由:"这就是我为什么留在印象派画家中间的原因,因为印象派认为它什么规范也没有,也什么都不提供给你,作为他们中的一员,我毋须详细阐明我的思想。"[86]这里虽然存在属于一个群体的法则,但是它并没有对画家造成束缚。

在阿尔勒,文森特对法国画家的兴趣延伸到印象派以及他特别倾心的前辈如米勒、德拉克罗瓦,还有皮维·德·夏凡纳①、塞尚等画家之外。而对文森特最有直接影响的画家是马赛的蒙蒂切利,他死于 1886 年,即文森特到达阿尔勒的前两年,文森特把自己

---

① 皮维·德·夏凡纳(1824—1898),法国画家,反对印象主义和学院主义,是九十年代象征主义运动的中心人物和创始者。

看作是蒙蒂切利在普罗旺斯的延续,无论是作为一个人或是作为一个画家。他甚至考虑造访马赛,他要在蒙蒂切利走过的街上漫步,"服饰和他一模一样……戴一顶硕大的黄帽子,身穿黑色天鹅绒上衣和白色裤子,用戴黄手套的手提着一根竹制的拐杖,流露出一副南方人的高贵气派"。[87]蒙蒂切利是一个私生子,很小就离开亲生父母,被人领养,和文森特一样,他从未获得过幸福的爱情生活,在和女性的交往中也总是失败,文森特感觉到了他们之间密切的类同关系。他称蒙蒂切利为"一个忧郁的、有点颓丧的不幸者,他看着人世间的婚庆盛典,看着他那个时代的一对对恋人从身边走过,他画他们,解析他们——他,是一个被所有一切排斥的人"。[88](也许文森特并不知道一件事,也许只是一个巧合,但是,像文森特一样,蒙蒂切利也堕入对他表妹艾玛·里卡德的爱恋之中,并遭到拒绝。这个打击使他一度心灰意懒,游离于工作之外,甚至考虑去做一个修道士。)[89]

文森特写道,没有哪一个画家像蒙蒂切利这样直接继承了德拉克罗瓦的真传衣钵,正如杰尔曼·巴赞①指出的,蒙蒂切利是"德拉克罗瓦和梵高之间必不可少的环节"。[90]早在文森特熟悉蒙蒂切利之前,他就被德拉克罗瓦的色彩理论所打动。但是德拉克罗瓦老于世故、练达人情、富有、出身高贵,他的画适合装点豪华的宫殿和大厦——和这样的人在一起,距离太大,会使文森特丧失对自己作为一个人或是作为一个画家的认同。而在蒙蒂切利的画中,文

---

① 杰尔曼·巴赞(1901—1990),法国美术史学家,曾任布鲁塞尔大学艺术教授、卢浮宫绘画总策展人。

森特发现他是一个和自己相类似的人,贫困、被挤在生活边缘,而他的画风也比较适合自己的个性。蒙蒂切利的油画较德拉克罗瓦更自然天成、更狂野、更勾起人的痛苦、更冷峻,并且正如文森特注意到的,他运用一种"非常稠厚的涂抹法"[91]——这种令人为之倾倒的技巧特征正适合文森特表现他的自我。由于上述原因,对文森特而言,研究蒙蒂切利,比直接研究德拉克罗瓦本人更容易把他明亮对比色的观念融入自己作品。

在色彩的范畴内,蒙蒂切利对文森特的绘画技巧作了两个重要的贡献。其一,他使文森特掌握了让色彩明亮起来的技能。批评家阿尔伯特·奥里埃①评论说,文森特是这样一位绝无仅有的画家:"领悟到物体色彩中蕴含如此强烈的跃动感,如此铿锵有声的金属节奏,如此宝石般晶莹剔透的特质。"文森特指出,荣耀不属于他,而是应该归于蒙蒂切利。[92]其次,蒙蒂切利教会文森特汪洋恣肆地大胆运用色彩。"无疑,蒙蒂切利没有给我们,也不想装出给我们一些零碎的色彩观念,甚至于局部的真理,"文森特在用英文写给约翰·拉塞尔②的信中说,"但是他所给予我们的东西是充满激情和不朽的——他用一种和德拉克罗瓦的南方概念并驾齐驱的真正色彩大师的方法,表现灿烂的法国南方的丰富色彩和充裕阳光,换言之,现在他是通过色彩与它的原色、谐色进行对比的方法来表现法国南方的,而不是通过事物的形体和线条……"[93]在蒙蒂

---

① 阿尔伯特·奥里埃(1865—1892),法国诗人、艺术评论家和画家,象征主义运动的代表人物。

② 约翰·拉塞尔(1858—1930),澳大利亚的印象派画家,是梵高在科尔蒙画室的同学。

切利的激励下,文森特能够"通过大胆随意地运用色彩来更有力地表现我自己",这对于一个具有个性的人来说是一条理想的通道,由此,他被推动去强有力地表现自己的个性。当他明白这条通道比印象主义更加适合他的时候,他说:"色彩不仅用以传达光的闪烁反射所产生的幻觉,它本身就是对事物的表现。"[94]另一方面,与蒙蒂切利不同的是文森特没有采用前者那种幽暗的背景,因为在他的生活和绘画中已经有了太多的忧郁。他还努力避免去画蒙蒂切利醉心想象的景致,因为他需要立足于现实土壤,以保持头脑的清醒。

七

早在安普卫特和巴黎,文森特就已经对日本的彩色木版画有所痴迷,特别是葛饰北斋和安藤广重的作品深为他所喜爱,他还收集了不少。在巴黎,他对其中一些作品作了精心"临摹"。他的这一兴趣其实是步印象派画家的后尘:例如,莫奈在一幅左拉肖像画的背景中布置了一帧日本版画,而在二十年之后,文森特为唐居伊画肖像时也在背景中画了日本版画。

文森特的这种热情("我的所有作品都是以日本绘画为基础的……"),[95]使他准备用从这些版画中获得的认知,以日本的方法去观察普罗旺斯。在阿尔勒安顿下来不久,他写道:"我觉得我似乎是在日本。"[96]在6月,他说他感到观察事物时"多了一只日本人的眼睛"。9月,他继续就此话题展开讨论:"对我而言,我在这地方并不需要日本的画片,因为我总是对自己说这儿就是日本。"他通过一幅把双眼画歪的自画像来增强这种幻觉。但是当他断言他在阿尔勒的生活"越来越和回归自然的日本画家相似"时，[97] 其实是在以新的观点坦率地重申他和农民的身份同一。

且不说日本版画的美学价值，单是它们那种明快的色彩就让文森特怦然心动，基于同样的原因，早在荷兰的时候，他就对英国的黑白版画产生浓厚兴趣。这两种版画都价格低廉，贴近普通民众，触及的是大自然和其他平凡的主题。那种带有想象力的、敏捷快速的制图方法，在文森特看来具有夸张、泼辣而又简洁明了的特点。可以断言，文森特不经意日本版画中僵硬、刻板和形式化的成份，而着眼于其中感人甚深的部分，就像他在葛饰北斋的作品中看到的、感受到的。他被那种"极端的清澈明了"所打动，它就像"呼吸一样简单"。[98] 他沿用日本画家的一些技法：用泾渭分明的高纯度对比色形成色彩的大块平面，省略阴影，在明亮的背景上使物体产生剪影效果。他这样做，是希望在自己作品中获得高度的澄澈明了。清晰地观察世界，清澈地描绘世界，这是对文森特潜在忧郁状况的矫正，在忧郁状态中，他曾把世界看得迷离慌乱和骚动不安。采用高纯度的色彩和简洁的形体是农民画共有的特点。总之，也许正是文森特对自己农民身份的认同，才引起他对这种绘画方法的动心，而日本版画帮他找到他摸索已久的道路。

他还借用日本版画中一些其他技法，如在画的边缘切断物体的轮廓，在前景中采用斜线，其特点是使距离很远的物体给人亲近可触的感觉。

文森特的绘画带有明显的夸张倾向，这种有时近于漫画的夸张特点有赖于其他画家的促进和推动。毕沙罗告诫他：画家必须

"大胆地夸大色彩引起的和谐或不调和的效果"。[99]他还在居伊·德·莫泊桑、埃米尔·左拉的作品里受到激励,他们在文学创作中同样提倡夸张的手法。例如,他引用莫泊桑的信条:"艺术家在夸张上的自由,使他在小说中创造了更美丽、更单纯、更安慰人心……的真实。"[100]文森特对两位法国作家的描述是基于他自己的想法,即他试图用色彩华美的包装来掩藏痛苦以达到使它淡化的目的:"他们在艺术中执着坚持的是极度丰富和极度快乐的东西——尽管同样是左拉和莫泊桑,他们还讲述了也许是迄今为止最沉痛和最悲惨的故事。"[101]

　　文森特在普罗旺斯的居留期间,他的宗教感情变得更为强烈,有时候甚至会将这里的人和地方与《圣经》里的场景等同起来。炎热、干燥、普照着明丽阳光的农村,岩石遍布的大地,还有橄榄树,这一切也许使他想起了圣地,想起那里他熟知的地势和地貌。另外,惠特曼的诗歌,以对死亡、永恒及星夜景象的思索,似乎也影响了文森特在9月里诗一样的宗教情怀。他领悟到惠特曼的诗歌所涉及的是"一个充满健康世俗之爱的、充满坦率和真诚友谊的、充满辛勤劳作的尘世,位于天国众星交辉的巨大穹顶之下——那上面毕竟仅有一人被称为上帝,在尘世之上永恒不朽"。[102]在惠特曼的诗集里有一首题为《从正午到星夜》的诗,诗的最后一节为"一个清晰的子夜",它的末行是:"夜,睡眠,死亡,和群星。"

　　所有这些外部影响和文森特的精神状况结合起来,造就了他对普罗旺斯的艺术化解译。往昔他在巴黎借酒消愁的消沉状态在来到阿尔勒后被一扫而去,世界呈现出更加明艳的光彩。确实,他对世界的看法也一下子变得极积进取,他拼命地付出,进入"一个连续性的工作热潮"之中,"各种各样的念头接踵涌来",他"带着超乎常态的狂热工作"[103]。明亮的阳光激励着他,"在法国南方,我的感觉更锐利,我的手变得更灵巧,我的眼睛更为机敏,我的脑子更加清晰……"在回顾中,他深有体会,他说为了"获得去年[1888年]夏天我掌握的高贵的黄色调子,真的,我必须非常激奋而紧张地工作"。[104]这年初秋,他谈到他以"惊人的清醒"经历了种种事情,出现的画面"就像梦中所见"。很明显,文森特这种高昂饱满的精神状况延续到了1890年。为此雷伊医生①评断说,在文森特从创伤中恢复后,"一种多产的能量发展到了狂暴的状态"。[105]

这些征兆启示我们,文森特低落的忧郁情绪已经被一种过度激奋和高度敏感的状况替代,这状态很类似躁郁症患者在精神错乱下的躁狂发作期。典型的躁狂症是带有破坏力的,而且其行动没有任何目的,然而文森特则不同,他怀着确定的目标,将自己投入到绘画事业中,而不是日渐消沉。在躁狂的激发下,他的画明快清澈了,他的色彩明亮鲜艳了,他作画的速度加快了。其实,文森特所领悟的普罗旺斯并非普罗旺斯居民或普通旅行者眼中所看到的普罗旺斯;特拉尔鲍特医生———一位在阿尔勒地区居住了多年的梵高研究专家,指出这个地区并没有特别绚烂丰富的色彩,他从来没有看到过那种文森特想象中的发亮色彩。[106]因此我们毋宁说这是一个高度敏感的荷兰人所创造出来的普罗旺斯,他希望这样来看它,他看到的是一个走形的患了日射病的荷兰,他用从印象派

① 费里克斯·雷伊(1867—1932),法国医生,梵高割耳自残送阿尔勒医院医治时,他是名实习医生,后来成为结核病专家,在霍乱流行期间成绩卓著。

画家和蒙蒂切利画中获得的对法国南方的感知来渲染和修正它，他用从都德和其他作家著作里读到的描写来丰富和完善它，他还用日本版画家的色彩概念来修饰它，最后使之变形成了他笔下的模样。

他掌握了绘画的种种形态，他掌握了使他自身充实并使他的绘画臻于完美的文学知识，他将这些要素凝合起来，剔除那些对他不适用的部分。这样做的时候，他在绘画中保留了渗透他北方时期作品中的具有同一性的个人风格特征。他的绘画主题和普通人民、土地、自然力量密切相关。他还把自己认定为一个粗犷的农民画家，他还蔑视早在儿时就被灌输的清洁、挑剔和拘泥细节。他也不屑和那些对他作品的整洁性抱有微词的人争论，他们说他的画不是整洁的"完成品"。他认为绘画本身就是件很脏的工作，他承认他的画是"丑陋和粗糙的"[107]。他还喜欢使用普通的廉价绘画材料，例如他赞许用捣碎法粗制而成的颜料和普鲁士蓝具有的优点，他称后者是"大众化的蓝颜料"，"可产生六倍多的绀青蓝或钴蓝，但花费却不到三倍"，他用"天然的锌白"和它混合。[108]米利埃看到他在画布上横冲直撞地涂抹，像个真正的野蛮人。雷伊医生观察到他的大衣上"到处都黏着颜料——他有时用拇指代笔作画，然后又用手指在外套上擦拭"。[109]

他作画的这些姿势和技巧并不意味他降低了自己的画家身份，而是表明他作为一个艺术家的正直和完善。他谦逊地说："然而现在，我瘦骨嶙峋的躯壳里的锐气就是这样，它径直地奔向它的目标，其结果是让我感到一种真诚，也许有时候是具有原创力的，我想，但愿我的主题能够为我粗劣笨拙的信笔涂鸦增色。"[110]

第

九

章

割耳后面的潜意识

一

　　文森特割下自己的一片耳朵去给一个妓女,这一经常被戏剧化的事件有力地刺激了一个天真但流行的观点,即认为伟大的艺术家都是有精神失常倾向的。精神分析家推断:产生这样一种事件的根源早就潜伏在儿童时代,并且一直在前前后后发生的各种事情之间延续。例如做梦和这种自残耳朵的症状表现,都有其多重的诱发力,既有过去因素,又有现在的因素——这是推动它们发生的特殊的兴奋丛。在下一个章节里,我们将会了解到这场危机有可能是神经性的紊乱引发的,但是倘若没有其他纯粹的心理因素在影响,仅仅神经紊乱还不足以导致这种特殊的戏剧性举动。这种由记忆和联想所触发的复杂举动需要用心理学的观点进行解释,不管诊断的结果如何。在本章中,笔者试图展现文森特生活中的种种轨迹是怎样汇集到这个单一插曲中的。[1]

　　文森特的弟媳梵高-邦格女士描述了此事的来龙去脉:"圣诞节的前一天,提奥和我刚好订了婚,并准备一起去荷兰……高更发来了一封要提奥速去阿尔勒的电报。告知在 12 月 24 日①,文森特

---

① 作者注:显然"12 月 24 日"是搞错了,因为这是电报到达的那天,事件发生在星期日的晚上,而 1888 年圣诞节前的星期日是 12 月 23 日。

处于情绪异常激奋的状况中……竟然割下自己一只耳朵,还把它作为礼物去妓院送给一个女人。一场严重的骚动随之发生。邮差鲁林在家里照看文森特,警察闻讯介入,发现文森特在床上流血,昏迷不醒,于是把他送往医院。在那里,提奥找到了处于极度危险之中的文森特,所以整个圣诞节期间都留在他的身边。医生认为他的情况非常严重。"[2]当地报纸对这一事件的细节作了如下报导:"上周的星期日晚上十一时半,一个名叫文森特·梵高的画家,荷兰人,在某妓院现身,找一个名叫拉结的姑娘,把他的一片耳朵交给她,并说'小心地保存这东西',然后就消失了,警方对这一事件作了结论,认为责任在于这个不幸的疯子。第二天早晨警察找到了这个肇事者,发现他躺在自己的床上,几乎没有生还的迹象。"[3]

高更和从妓女拉结手中拿到残耳的警察罗伯茨,两人都报告说割下的是整只耳朵。但是加歇医生、他儿子、画家西涅克和梵高-邦格女士都在文森特较为清醒时看望过他,他们反驳了这点。杜瓦托医生和勒罗伊医生在研究了所有调查到的证词以后做出断言:文森特的左耳仅被割下一小半。[4]创口成对角线,它起于耳朵的后下部,经过耳珠(即耳孔前面的突起部分),朝顶部放射。这一事件发生以后,文森特又画了一系列自画像,由于是对着镜子中的映像画的,故而所显示的绷带是在右边。

1903年高更写了《瞻望和回顾》,描述了此事,使之广为人知。但他涉嫌以该文为自己事发后背弃文森特离开阿尔勒的举动辩护,故而其可信度降低了……其时高更正在路上散步,他听到文森特的脚步在后面急促而来,"在文森特冲向我的那一瞬间,我转过身去，他的手中握着一把打开的剃刀，当时我的目光里肯定显示了巨大的力量，因为他停下来，低着头，开始朝家中跑去"。

"难道在这一紧急情况下我疏忽大意了？难道我应该缴下他的剃刀并尽力使他平静下来？我经常以这些问题向我的良心发问，但是，我始终没有找到在我身上可以责备的地方。谁愿意向我扔石头，就让他扔吧。"[5]

埃米尔·贝尔纳是文森特和高更两人的共同朋友，高更回到巴黎的第四天，他们曾经晤面叙谈。其后不久，贝尔纳根据从高更处获悉的情况，写下对这一事件详细描述的资料。绘画史学者约翰·里瓦尔德①指出，这份资料和后来高更的描写，两者之间有一个值得注意的差异点，"在贝尔纳的叙述中，没有谈到文森特手拿一把出鞘的剃刀猛地冲向高更。的确，贝尔纳说得很清楚，当然也重复了高更所讲的话：文森特回到家后手握剃刀，要想进行自残。高更的回忆录写于 1903 年（其时，关于这个事件的奇怪细节被广泛报导），他选择强调文森特的攻击性举动，意在更好地为他背弃一个处于危境中的朋友进行辩护。"[6]

荷兰的精神分析家 A·J·韦斯特曼·霍尔斯丁首先对文森特作了具有说服力的精神分析研究，他指出有两个挫折触发了文森特的自残：它们是提奥的婚约和他与高更合作关系的濒于破灭。[7]双重的挫败感在文森特内心激起侵略性的冲动，他没有成功地对高更下手，于是转而针对自己。也许是韦斯特曼·霍尔斯丁首先

---

① 约翰·里瓦尔德(1912—1994)，美国作家、艺术史学者，是印象派、后印象派的权威研究者。著有《印象主义的历史》(*The History of Impressionsm*)、《高更》等著作。

提出文森特的耳朵是阴茎象征的论点，而这戏剧性的一幕则是阉割的寓意。他又说，在这一事件中，文森特自我惩罚的冲动起因于和同性恋有关的感情冲突。他提出荷兰人骂人粗话中"阳物"（Lul）这个词恰巧和荷兰语的另一个词"耳垂"（Lel）极其相似，这种相似对文森特产生作用，从而激发起他的象征意念。另一个精神分析家丹尼尔·施奈德①赞同耳朵象征阳具的论点。施奈德说：梵高"生活在永久性的、不可抗拒的威胁之下，同性恋的自虐心态使他在潜意识中产生阉割的渴望。最后他割下他的耳朵，将它送给那个接受了高更的妓女，他引发这一事端便一走了之，不再面对"。[8]美术教授以及精神分析家雅克·施尼尔②也同意文森特的自残是由于侵略性的冲动向内部转移的结果，因为耳朵已被象征为阳具，而割下耳朵则被象征为阉割去势。施尼尔教授提出，文森特将割下的耳朵送给妓女，他以这种方式来实现一个存在于潜意识中的渴望，即他在幻想中袭击了父亲替代者高更之后能获得母亲替代者的怜悯。[9]虽然文森特在表面上将高更加以理想化，然而在内心却躁动着对他的极度厌恶，因此可能想到要袭击他，这种既爱又恨的矛盾心理起源于早年文森特和他父亲的关系。

法国艺术评论家弗兰克·埃尔加像是在羞辱这些解析者，他声称："没有必要借助复杂的科学概念来对这一悲剧事件进行解释。"但接下来他又说："……我们必须推想，当高更把准备离开的

---

① 丹尼尔·施奈德，医生，精神分析家，1950 年著有《精神分析师和艺术家》（*The Psychoanalyst and the artist*）。
② 雅克·施尼尔（1898—1988），美国罗马尼亚裔现代雕塑家、壁画家、美术教授，对精神分析学说有精深的研究。

决定通知他时他内心掀起的波澜,在这个新的挫败中,他有一种被他自幼渴望与之结合的人类所排斥的毛骨悚然的感觉。而产生的自卑情绪又被一种过失感所增强。像俄瑞斯忒斯①那样,他将他的狂躁转过来攻击自己,他以割下自己的耳朵来惩罚自身的过失。其次他怀着基督徒的自我牺牲精神,把他自己身上的这块碎片,他的活肉,去送给最堕落的人。"[10]

普罗旺斯圣雷米的J·奥里维埃,一个在事件发生地长大的人,提出一个令人耳目一新的解释,他认为阿尔勒的斗牛对文森特起了至深的影响,激发了他的自残举动。奥里维尔解释说,得胜的斗牛士被赐予从倒毙的牛身上割下的牛耳,以资奖励。斗牛士接受牛耳后即绕竞技场进行巡礼,向观众们显耀他的战利品;然后将牛耳献给他的夫人,或者献给某一个女性观众:

我绝对相信梵高是深受这一场景的影响 …… 梵高割下耳朵,那是他自己的耳朵,他似乎既是被斗败的公牛又是获胜的斗牛士,他身兼两种角色。一个人的意识混淆在被击败者和征服者之间,这对我们大家而言是常有的情况,梵高的情况很可能是在那同一个晚上,他被高更激怒得情绪亢奋,但拒绝接受高更的支配。就我个人的观点来说,我在其中看到了一阵崩溃和瓦解,紧接着又升华为英勇和壮美,最后,危机得到减弱和平缓 ……

精神病医生的看法则不同,小说家也是如此。这是由于他们两者都不清楚有关能够促使他们做出更准确判断的情况。[11]

---

① 俄瑞斯忒斯,希腊神话的迈锡尼王阿伽门农之子,曾杀母为父报仇。

奥里维埃的评论是有一定见地的,笔者无意为小说家辩护,但笔者认为精神病医生和心理分析家囿于他们的时代局限,习惯根据流行的观念来解释现象,现今的研究努力也并不例外。由于这个原因,对症候表现和行为模式的解释有时候会非常武断,成为陈词滥调的翻版。在这种情况下,证明这个一致的观点——认为文森特的耳朵是阴茎的象征,那么他个人前后生活中的有关资料可以被忽略,因为它们不符流行的理论和实践。然而,如果奥里维尔是对的,也并不等于说精神病医生错了,因为多种因素决定现象①在我们的心理过程中起到重要的作用——这是一种值得重视的精神能力,它使各种各样的生命活力有可能在决定人的特质和病兆的过程中共同产生作用。文森特在写于阿尔勒的信中曾多次提到斗牛,斗牛也许给了他一种模仿的启示,它的形成来自于文森特一生中的经历。据此看来,对这一事件的另一些解释也许是确有依据的,同时也和奥里维埃的论点相一致。例如,认为血腥和残酷的斗牛可能会激起文森特对古代阉割的恐惧,然后这恐惧又被移置到耳朵上。

另外一个事件也有可能对文森特的举动产生影响。在8月底到发生割耳事件的12月之间,开膛手杰克在伦敦东区残害了一连串的妓女,他残忍地割断被害人的喉管,并割下她们身上各种器官,包括她们的耳朵。这样的犯罪行径公诸于世后,竟然引来了一些暴行竞争者,而文森特也许就是其中的一个。然而,作为一个受虐狂而不是虐待狂,他颠倒杰克作案时的主客关系——割下自己

---

① 多种因素决定现象,心理学术语,即某种心理效应是多种原因综合作用的结果。

的耳朵去送给一个妓女——就不难为人理解了。

如果这个新闻报导是可以看到的,那么文森特可能会读到这则消息,因为就在那时他写道:"有时,在某种精神欲望的驱使下,我甚至带着愤怒阅读报纸……"[12]据悉,阿尔勒的周刊《共和党论坛》所报导的仅仅是当地的新闻,而马赛出版的报纸通常是消息的广泛来源,事实上,文森特曾谈到过一篇文章,登载在一份他未提及名称的马赛报纸上。因此,在罗讷河口省的行业档案室里检索到,有十五篇关于开膛手狂杰克的文章刊登在《马赛快报》上,这是一份1888年在阿尔勒有很大的发行量的日报,第一篇报导发表在9月8日,最后一篇在12月22日,那是文森特自残耳朵的前夕;许多文章都对凶杀的详细情节作了描写。特别令人触目惊心的是,10月2日的文章引用了凶手的一封信,他在信中宣称:"在下一次犯罪中,他会割下受害人的耳朵,在昨天发现的一具尸体上他果真这样做了。"另外,在文森特自残耳朵的十天前,伦敦报导了另一起凶杀案,推测是杰克的一个仿效者所为,案件中,那个女子的颈动脉被残忍地切开,"以致右耳被切掉一片"。读了这样的报导可能会引人去表演像这样的当代事件(被称为"白日残余"①),对形成梦的内容有特别的作用。

要解释类似这样的事件,必须弄清它的一些特殊细节,例如:

为什么它在圣诞节期间发生?

① 白日残余(Day residues),作者把文森特·梵高的割耳事件看作是一个在潜意识推动下的噩梦,根据弗洛伊德的释梦理论,梦的形成大部分或完全源于白日所受的刺激,即所谓白日残余的作用,对文森特而言,上述切除受害人器官的凶杀事件则正是影响他的"白日残余"。

为什么他要自残耳朵？

为什么他将耳朵去送给一个妓女？一个名叫拉结的妓女？

提奥、鲁林一家以及高更被卷入这个事件，他们各起了什么作用？

有关文森特受斗牛影响的假设有助于解释他为什么选择耳朵作为自残的目标，而以开膛手杰克为论据的观点，澄清了文森特何以选择耳朵和妓女来做事件的主、客体，但是它们都没有能够回答另外一个问题。在整个斗牛的漫长历史中，也许不会有任何一个其他观众在圣诞期间割下耳朵并把它送给一个妓女。我们需要融合过去的经验，来理解促使文森特这样做的特殊力量。对阉割的恐惧、由俄狄浦斯情结①而产生的行为、抑郁的同性恋冲动，以及内疚感和自虐意念，这些都是无处不在的诱发因素，它们几乎可以在任何精神分析病历和重要的精神分析研究中找到。但是为了理解这种"愚蠢的"举动，我们应该试着找出，为什么它们会在这种特定的时候、特定的环境下引发这种自残耳朵的特殊行为。

二

事发之际，提奥刚和乔安娜·邦格订了婚，显然，当时文森特就获悉了他们的婚约，尽管直到他出院以后才在信中提及此事。[13]提奥的儿子V·W·梵高博士写道："和高更在阿尔勒的摩擦，正是

---

① 俄狄浦斯情结（Oedipus Complex），系弗洛伊德所创立的心理学名词，亦称"恋母仇父"情结，意指幼儿的潜意识中会不自觉地存在着男孩的恋母仇父和女孩的恋父仇母情绪。俄狄浦斯为希腊神话中弑父娶母者，希腊悲剧作家索福克勒斯根据神话传说著有著名悲剧《俄狄浦斯王》，而弗洛伊德正是在观看此剧时获得灵感，为自己久久思索的心理学问题冠上了这一名称。

在文森特从提奥那里听到他准备结婚的消息之后开始的……他必是想到他可能会失去提奥的支持，虽然他从来没有提起自己的想法，而他所忧虑的情况也从未发生。"[14]文森特还必定会想到这个婚约将会把提奥和另一个人永远捆绑在一起，这会毁了他和弟弟建立全面紧密关系的可能性，而这正是他苦苦渴求的。以前，圣诞节通常是他和提奥一起共度的假日；可现在他明白，提奥会利用这一假期陪同乔①去阿姆斯特丹，探望她的家人。从文森特在精神和经济上对提奥的依赖程度来看，此时他的凄寂感和忧郁感必是大大加重了，这是不容置疑的。故而，在某种程度上说，文森特的自残是意在强化他和提奥（以及和乔）之间变弱了的纽带，同时又避免和提奥发生直接的对抗。

文森特也许没有意识到自己的愤懑，他也不可能公开批评提奥和乔，以造成他们之间的裂痕。他对乔是无可指责的，即便有，也和以前他的一些过激的反应不一样。他自己面临的难题使他热切希望把人们汇集在一起，而不是将他们推开。事实上，以前，他曾经鼓励提奥和一个财产比乔少得多的女子保持亲密关系，加以，鼓励结合是有益的。因为，通过以提奥作为镜中映像，他也可以和一个完美的女子结合，这是他自己从来无法满足的欲望。

用自毁的方式来帮助抚平他深重的挫折感，并期望以此解决日后他弟弟结婚所引起的内心冲突。他需要他们的关注，需要用强加于自己的病痛引起提奥和乔的忧心，使他们像父母一样前来照顾他，还能迫使提奥将圣诞假日花在他身上，而不是用于和乔相

---

① 乔，梵高的弟媳乔安娜·梵高-邦格的昵称。

处。具有讽刺意味的是,后来文森特竟责备高更把他的自残事件通知提奥。

三

　　对文森特来说,约瑟夫·鲁林是他一系列父亲替代者中的最后一个。由于对父亲不再抱有幻想,文森特避开那些他的类似者,去寻找像米什莱一般,具有革命思想的英雄主义的父亲替代者。作为一名画家,他曾求助于诸多旧时代的绘画前辈。但是,这些人仅仅是他精神上的"父亲"。在海牙,安东·莫夫承担起照顾他实际生活的责任,但是很快就卸下了这副担子。在巴黎,文森特还勉强接受像唐居伊这样的画商和老革命激进者。而温和质朴的鲁林则是唐居伊在阿尔勒的继承者。"我很少见到像鲁林这样坚忍不拔的人,"文森特大声疾呼,"他身上有一种和苏格拉底极其相似的东西,像半人半兽的森林之神一样丑陋,正如米什莱对苏格拉底的描写,'直到最后一天他以一座神像的姿态出现,照亮了巴森农神殿'。"[15]文森特想要以一个丑陋的苏格拉底来替代他那英俊的父亲,他终于在鲁林身上找到了这样的人——一个敢说真话而不担心后果的新父亲,但是接受了像他这样的人,却没有任何索取,给予的倒是非常之多。"虽然论年龄鲁林还不足以成为我的父辈,"文森特写道,"但是他对我仍然有一种沉默的庄严感和温和的亲切感,就像一个老兵可能留给年轻士兵的印象。"[16]
　　因为鲁林的家是一个大家庭,规模和文森特自己的家庭相仿,故而也让他倍感亲切愉快。然而,他觉得在自己的家里极不快乐,并受到排斥,而在鲁林家似乎恰好相反。他仅为自己的家人画了有限的几幅肖像,可是为鲁林家却画了很多。在残耳事件发生的那段时间他正在画作品《摇篮》,是以鲁林太太做他的模特儿。这是文森特以母亲摇摇篮的相同题材所作的五幅画中的第一幅,而摇篮在画面之外。他对他认同的幸福婴儿的羡慕,甚至影响了他对主题的处理方法,他说:"我刚和高更说到这幅画,其时我和他正在谈论冰岛的渔夫,谈论他们那种凄惨的与世隔绝的生活……于是一个念头立刻向我袭来,画一幅画,以这样的想象来画:那些水上漂流者,他们既是孩子又是殉难者……他们会产生一种旧日的摇荡感觉,想起了他们的摇篮曲。"[17] 他把对渔夫的想象延伸到自己身上。他也是孩子,也是生活在凄楚而隔绝环境中的殉难者,他渴望被摇荡、被爱。在作品《摇篮》中,他把自己当作是那个可爱的小孩,被胸脯丰满的母亲摇荡着。

文森特成为鲁林家中的一个成员,赢得了父母的替代者,赢得了一个替补的家庭、一个替补的童年。现在他有了一个慈爱的母亲,她不会轻视、责骂和侮辱她的孩子;他还有一个父亲,迥异于那个道貌岸然的道德家父亲;他的亲友也不会生活在以野心、权力和金钱为中心的圈子里。他不必再依赖荷兰的家庭传统;他宁可由一个忠于自身激进思想的"法国革命家"来激励他的奋斗。他找到了新的父母,他们不会让他产生恐惧之感,他们不会因为他的笨拙粗糙而加深他的负罪感,更不会羞辱他,尽管他们本身陷于苦难之中,但却给予他关爱。

然而所有这些依然是幻想,不论它是多么美好。他并不是惹人喜爱的孩子;他只是把自己和惹人爱的孩子等同起来。文森特的受虐狂心理的发展教会了他,要伤害他自己,使自己患病、无助、以及像孩子那样弱小,唯有如此才有可能把幻想转变成真正的东西。确实,他的自残插曲在这方面似乎有些成功。我们对鲁林太太的反应所知甚少,除了知道她继续忠实地做文森特的模特儿外。鲁林先生在出事的晚上一直看护着他,其后又利用业余时间照顾他。鲁林在向提奥报告文森特健康恢复情况的信中说:"你完全可以放心,我会尽力而为,给予他安慰和开导。"文森特住院期间,是鲁林走访医生,恳请允许文森特作画解闷。他还负责照看黄房子,并为租金支付事宜奔走调停。1889 年 1 月 8 日,他写信给薇莲明娜说:"[我们]整天都相互陪伴……在工作许可的情况下,我经常去看他……我会始终尽最大努力去做,以赢得我的朋友文森特以及他亲近的人们的敬重。"[18]

四

当然,高更在这场割耳闹剧中起了很重要的作用,但是对他所扮演角色的诠释,存在着很大的分歧。埃尔加认为自残事件是由于文森特和高更的友谊濒于破灭而导致的。雷内·休伊①相信事件的发生是源于文森特关于建立一个以高更为首领的集体画室的梦想遭到破灭。[19]施奈德医生觉得在赢得妓女欢心方面,高更击败了文森特是引发这一事件的一个重要因素,另外自残耳朵也表达

---

① 雷内·休伊(1906—1997),法国历史、心理学和艺术哲学作家,曾任卢浮宫绘画馆馆长。

了文森特对高更自虐狂式的同性恋诉求。施尼尔教授提出在再次出现的俄狄浦斯情结中,高更是文森特那个讨厌父亲的化身。很多专家认为,文森特这是把针对高更的攻击性冲动转移到自己身上。

人的行为是如此复杂,在这些所有的解读中可能都有真相。人们的行为动机包括两方面的因素,一是自己能够意识到的浅表因素;其次是深层次的令人迷乱不安的因素,而当面对它们的时候,人们又会激烈地加以否认。人们带着各种各样的矛盾冲突从生活的一个阶段进入下一个阶段,而每一个阶段的进展都会把它的痕迹带到下一个阶段。恨和爱、勇猛和温柔、侵略性和被动性,它们共同存在于潜意识的知觉中,并相互作用,而每一个因素在总的行为举动中有它自己的作用。在研究中,调查者可能会迷失在大量的细节中,唯有进行周密详尽的调查,才有望对事件提出本质性的解释,而不是提出纯粹用心理学理论包装起来的观点。

文森特认定高更是"一个非常伟大的画家",但是他之所以竭力动员高更来阿尔勒和他共处,除了为推进他们的绘画和希望建立一个画家同盟等现实因素外,还有比这更多的原因。还有种种由来已久的需要,它们萌发于他幼年生活的矛盾冲突中,萌发于为平息这些冲突所作的努力中。理智告诉他,催逼高更来加入这个联盟是愚蠢的,但是出于感情上的需要,他必须如此做。

文森特于1888年2月20日抵达阿尔勒,直到八个月后高更方才姗姗来迟,但是从该年5月的第一天开始,他就用画家联盟的活动向高更发出引诱。文森特写信给提奥说:"我会很好地和别人合用这个新画室,我乐意这样做,也许高更会来南方。"[20]他努力让自己深信,他们两人住在一起所需的费用,是与他一人独自生活的消耗相同的。6月6日,性急如火的文森特催促高更:"请在方便时尽快答复我们。"不久,他告诉提奥:"我很想知道高更要做什么,我希望他能来这里。"他继续他的诉求:

"我希望能和他住在同一个地方,或者他来这儿和我共处。"

"我很想知道高更要做什么。"

"你的信带来令人鼓舞的消息,也就是说高更同意了我们的计划。当然,最好他能立刻赶来这里。"

"我对高更想了很多,不管怎样,我确信,无论是他来这里,还是我上他那儿,他和我都会喜欢几乎相同的主题,而且……我相信他会爱上这里的乡村。"

"你意识到吗?如果我们有了高更,我们会开始一个非常伟大的事业,它将为我们开辟一个新的纪元……高更的路费比什么都重要,将会使你我的钱袋更为羞涩。这是最为要紧的事情。"

"我的整个心思,像你一样,全都放在高更身上,像你一样,我盼望他立刻动身过来。"

"既然他不是马上来,我越发想为他的到来更作努力,让一切有条不紊、准备就绪……[在给高更的附信中:]请你务必尽快来这里! 又及,致高更。如果你没有病倒,请马上来,如果你病得太重,请回我一个电报或一封信。"[21]

在高更没有对文森特的邀请做出回答的情况下,文森特的状态有时候就像是一个思慕遭到拒绝而深陷在挫败感中的恋人:"记住,对高更,我们不能放弃帮助他的想法……但是,我们并不需要他。"而有的时候,由于得不到高更的回音,他又灰心丧气,但他希望控制自己的怨气:"只是我认为,如果高更改变了主意,一定不要对他说什么不愉快的话,毫无怨言地接受它吧。"[22]

高更经济上的窘迫和身体上的虚弱是文森特最早的兴奋剂,激发他产生邀高更来阿尔勒的愿望。在写于阿尔勒的第四封信中,他首次提到高更所陷的困境:"我收到了高更的来信,他告诉我他卧病在床已有两个星期。他处于灾难的煎熬中,因为他有一些紧迫的债务。"[23]高更的困境对他是一种挑战。文森特总是被病人和穷人所吸引,而高更甚至能够给他更多的。虽然文森特把高更视作一个能够使他脱离孤独泥潭的朋友,但高更的作用是和提奥不同的。提奥照顾文森特,而文森特则照顾疾病缠身而又分文不名的高更。毕竟,文森特在博里纳日照顾过贫病交迫的弱者,在他母亲臀部损伤后,他为之精心护理,暂时改善了和母亲的关系。成为一个医生是他早年的一个愿望,无疑这是和他乐意悉心照料病人和同情苦难者有关。在所有这些情况下,他扮演的是一个具有爱心的母亲角色,面对着无助的孩子。

文森特对高更的赞美和同情,并没有阻止他对高更的野心产生疑虑,高更志在成为一个以赢利为目标的画商,文森特曾以轻蔑的口吻谈到"高更和他的犹太银行家们"。[24]虽然他仰慕高更,但是他对高更的计划持冷嘲式的态度:"[高更期望组成的]社团所提供的保护是以画家必须交出十幅画为交换条件的,如果画家交了画,这个犹太人的社团'首先'会将一百幅好画装入自己的口袋,亲爱的,这种由社团提供的保护压根儿是不存在的!"文森特想要支助"贫穷的高更",而贫穷的高更却想要去鲸吞别人!至少有时候文森特是头脑很清醒的,他意识到"如果拉瓦尔①还有那么一点点钱,高更早就会不顾一切地悄悄离开我们……只是在有利可图时,他才会变得忠诚……"高更并不想来阿尔勒,但他不能不需要"日常不可少的面包、住所和颜料"[25],而文森特在阿尔勒乐意为他提供这些物质上的需求。

尽管文森特时时在内心抵制自己对高更的不信任感,但文森特的疑虑还是在不断增加,在高更来阿尔勒的一个月前,他写道:"我有一种直感,我觉得高更是一个长于心计的人,他明白自己处于社会阶梯的底部,他希望恢复他的地位,当然是通过诚实的方法,但同时,也是非常明智的方法。""当然",这是一个让人安心的词汇,有时用来否定相反的说法,可能意在拒绝一个不受欢迎的想法:高更是不诚实的。但是很快他就公开表露他对高更的疑虑,因为他已经找到原谅高更的借口:"如果有一天他逃离蓬-阿旺……没有偿付他的债务,我想在他的状况下这也是可以理解的,正如任何陷于绝境中的人。"[26]文森特继续鼓动高更来阿尔勒,虽然他顾虑高更来了以后会利用他或背叛他。

文森特对高更的猜疑几乎就是正确的预言:"如果这里不适合他,他可能会漫无休止地责怪我说,'你为何让我来这破烂的乡下?'"事实上,高更广为传布对这位想要救援他的人的批评,就是一种"漫无休止的责怪"。文森特邀请甚至引诱这个潜在的迫害者来和他同住,在建立已久的爱与痛苦结合的模式中,这是另一个例

---

① 拉瓦尔(1862—1894),是法国画家,高更和梵高的朋友。1887 年 4 月,陪高更乘船先后到巴拿马、多巴哥、马提尼克岛等地。高更曾为他画像。

子。这有助于解释为什么他选择的是高更,而不是贝尔纳,贝尔纳也是一位有才华的画家,且是一位更为忠诚的朋友。实际上,文森特阻止忠诚的贝尔纳前来探访。

精神分析的著者认为文森特之所以被他的伙伴吸引,是基于性方面的因素。但他们不同意这是两人以公开形式约定的同性恋行为,而认为是文森特对高更怀有潜在的同性恋意识,这种潜在的意识激发了足以在圣诞节爆发的犯罪欲念。毫无疑问,文森特希望与高更生活在一起,与其说是如他信中所写为了追求事业上的伙伴关系,不如说是为了一场激烈的情爱。文森特怀着远远超过对事业合伙者的热情写到高更,他们间的讨论就像情侣争吵那样充满了电火:"我们的争论是电流的冲撞,有时讨论完毕,我们的脑子就像能量枯竭了的电池。"[27] 在自残耳朵前的那段日子,同性恋的冲动也许正在他的意识中逼进。写到这段时期,高更坚持说:"好几个夜晚,当他起来并从我床边经过的时候,我感到惊愕。"他暗示文森特在睡意朦胧中想要伤害他;他忽视了另一种可能。

文森特在信中多次暗示他把高更看作是一个男性和女性的混合物。就黄房子的装饰和布置而言,文森特自己的房间装点得朴素大方,具有男性的阳刚之气,而高更的房间则布置得秀美、可爱。他写信给提奥说:"如果高更来到,或者其他人来,立刻会准备好他的床位…… 二楼那间较漂亮的房间,我会努力装饰它,尽可能使它真的像一个风雅女人的闺房。其次是我自己的房间,我想要的非常简单,但是要有大而方形的家具,床、椅子、桌子,所有这些东西都配上白色…… 然后你会有房间,或者高更,如果他来的话,四壁将涂以白色,用黄色的硕大向日葵做饰物 ……用漂亮的床和其他时髦的东西来装点这间小闺房。"[28]文森特热切地等候高更前来主持炊事,等候这一切最终出现在他面前时他所给予的赞美,就像一个离开母亲长久的儿子,期待着只有母亲才能带来的欢娱。文森特写道:"他对烹饪非常在行。"[29]而另一方面,他又妒忌高更肉体上的强健和追求异性的勇敢。他称高更是一个血脉中存在野蛮本性的动物,他的性欲压倒了他在事业上的抱负,他"和阿尔勒女人的关系是非常成功的"[30]。由于文森特自己对高更抱有兴趣,高更的这些成功也许惹他妒火中烧,以致在他自残耳朵的前夜引发了以暴力袭击高更的事件,据高更说,这晚文森特将一只苦艾酒的瓶子扔到他的脸上。

《高更的椅子》(图 11.3)是文森特为他伙伴所画的象征性肖像,以此对高更纤柔的女性气息和雄壮的男性韵味作了描写。画中椅子的宽大弧形底座和《摇篮》(图 15.1)中的椅子底座是相同的,后者容纳了鲁林太太具有女性特征的丰圆臀部。但不同的是,一支点亮了的蜡烛直立在高更坐椅的前部,它的旁边搁着两本流行小说。如果我们假定这些画表现的是对人体的想象(确实,他对它们作了其他方面的展示),用椅子柔曲的线条来表示的高更的女性气,成为非常强大的男性的一种外衣。而高更则成了具有阴茎的女人——这是男孩常有的梦幻,当他们观察到有些人没有阳具,便担忧同样可怕的事情会落到自己身上,进而在恐惧中产生每人都有阳具的荒诞推想。以这样的观点进一步推论,在文森特眼中,高更这个兼备男女两性的角色,可能正代表了他那既爱又恐惧又厌恶的母亲——在对沉溺在幻境中的男性病人进行精神分析时,经常发现在他们幻觉中存在这样一种有危险阳具的母亲,他们对女性和她们的生殖器抱有恐惧心理，以致激起他们强烈的同性恋倾向。

我们能够推想高更可能充当的其他一些角色。例如他可能是文森特亡兄的替身。文森特把高更加以理想化，就像他母亲把第一个文森特理想化一样。但是，现在他对高更的理想化是局限在绘画方面；他知道在其他方面高更远不是完美的，高更确实很坏。这样，文森特能够成为好的一个，于是扭转了童年的情况。或者，像笔者已经提到的，文森特可能将高更当做父亲的替代者，对他怀着爱、妒忌、愤恨的复杂感情，他觉得对方会将这种愤恨反置到自己身上。由于文森特需要加强他对自己作为一个男人的确信，而有才气的、强大的、和女性关系总是成功的高更可以作为他的一个修正的自我。这些假设是非常合理的——只是假设而已。但是在文森特的信中没有为他对高更的这种看法和感觉提供令人信服的证据，如果没有附加的资料来佐证，我们将把这些假设搁到一边。

总之，高更在这幕戏剧中扮演了另一个更重要的角色。在这幕由文森特的冲动、幻想和自我防范意识所构成的大杂烩中，他扮演的是和文森特的耶稣角色相对应的犹大角色。

五

文森特带着自己的耳朵作为礼物去送给妓女拉结，文森特和女性的关系都是以悲惨的不幸而告终的，拉结是这一系列妇女的最后一个。早在童年时代，文森特就倾心于"被蔑视的"妇女，他错把伦敦的厄休拉以及荷兰的凯·沃斯当做这样的对象来追求，惨痛的失败把他推回到下层妇女之中。我们无法了解他首次和妓女有染是在什么时候，但可以知道自从遇到西恩，造访妓院就成为他生活中的常规。在阿尔勒，一个目睹者这样说："他总是在妓院附近游荡。"[31]

1883年，文森特在写于德伦特的信中曾经说：从某个观点看，妓女也许是下贱的女人，但是"她们有一种热情，有一种温暖"，"她们是如此真实的人，淑女们可以将她们作为榜样"。妓女不仅仅是性欲的发泄对象，事实上，文森特在信中不止一次提到他很少和她们发生性关系，当他和一个妓女的关系处于良好状况时，他必会关心照料对方，并寄于信任，正如他在给提奥的信中说的："我要坦率地表明我的观点，如果一个妓女获得你的信任，使你真的感觉到很多东西，那么偶尔，你肯定会毫不犹豫地去找她。"他之所以放弃他的宗教信仰，之所以弃绝中产阶级的大多数人，部分原因是他把这一切看作是他那忧伤的母亲对他冷漠和对他拒绝的延伸。"老实说，我非常清楚妓女是败坏的女人，"他承认妓女的弱点，"但在她们当中，我感受到一些充满人性的东西，使得和她们交往时不会产生哪怕是最轻微的不安感觉⋯⋯如果我们的社会是纯洁的和井然有序的，不错，那么她们会是引诱物；但是现在，我的看法是人们更应该把她们看作是善良仁爱的姐妹。"[32]

贝尔纳描述文森特"对妓女抱着极端的仁爱之心"，指出他待她们就像对令人敬仰的圣母玛利亚一样："我本人曾经亲眼看见他那非常具有爱心的崇高一幕。"于是，文森特将"败坏的"女人幻化成"善良的"母亲。

和文森特一样，妓女也是这世界上被挤在生活边缘的人，正如

1888 年 8 月文森特所解释的,这种状态能变成有益的效应:"和你我这样的画家一样,她也是一个遭到放逐的生命,被社会所排斥,她自然是我们的朋友和姐妹。而这种被放逐者的境况使她找到一种独立,恰如我们所做的,仔细想想,这种独立毕竟不是没有好处的。所以让我们谨防采取一个错误的举措,相信通过社会整顿的方法能够给予她帮助,就这一点说,是不现实的,对她会是致命的。"[33]6 月,那是他宰割自己耳朵的前几个月,他写道:"妓女就像屠宰场里的肉。"[34]当他对待自己的身体像对待"屠宰场里的肉"一样时,他调换了他们的角色,他把自己视为妓女的同一体,显示了对她的同情。

六

自残是自虐模式的一个部分,文森特在阿姆斯特丹求学时的老师芒德斯描述了他的这种倾向:"可是,无论什么时候,当他觉得自己的思想超越界限,他就把一根棍棒带到床上,用它死劲敲击自己的背部;当他确信他不该有在床上过夜的特权时,就在夜晚没人觉察的情况下悄悄溜出屋子,然后,当回来时发现门被上了两道锁,便被迫去一个既没有床又没有毯子的小木棚,躺在地上。他宁愿在冬天这样做,这样,惩罚——我倾向于认为是来自精神上的受虐——可能会更严厉一些。"[35]文森特一生都在刻意使自己处于饥饿状态,他限制自己的饮食,只吃最简单的食品,这是另一种摧残自己身体的方式。同样,他过多地减少自己的衣着,让身体接受自然环境的暴虐。他也承认他"经常处于非常忧郁、急躁、饥饿和干渴的状态中,可以说,为了得到同情",他接着说:"我甚至时常火上浇油。"[36]换言之,自我折磨也是一种为了引人注意而付出的代价,就像他在向凯疯狂求爱的最后阶段,把自己的手放在烛灯的火焰中。

芒德斯还指出文森特对病人、苦难者和残疾人的迷恋:"他被帮助不幸者的愿望所迷醉,甚至在我自己家中我也注意到了,他不仅对我的聋哑弟弟表示了极大的兴趣,而且他还经常以仁爱的口吻提及和谈论和我们同住的一个阿姨,那是一个贫贱的、有些轻微残障的妇人,脑子迟钝,说话嗫嚅不清,因此引起很多人的嘲笑。"[37]同样,他喜欢以伤残者作他的模特儿,他特别欣赏画家表现这类人物的作品。当他画一个上着绷带的老人时,他坚持:"一些外观上的损伤需要加以充分表现⋯⋯"确实,身体上的伤残不仅令他产生兴趣,而且在他看来还是美的:"近来我有一些极妙的模特儿⋯⋯一个带着独轮车的家伙,你可能还记得,他的头部和我以前画过的很相类。但那时他穿着只有在星期日①才穿的服装,在他的一只盲眼上包缠着只有星期日才使用的清洁绷带。"文森特引用德拉克罗瓦的一句话,来证明他所信奉的人体器官的缺陷有助推动创造活动的观点:"当我掉光牙齿或呼吸急促时,我发现了绘画。"[38]

尚没有找到文森特在童年时代就有自残倾向的文字记载,但是梵高-邦格女士谈到他幼时的一些习性和举动则与这种倾向相近——那就是毁坏自己创造的作品:"八岁的时候,他曾经用黏土塑了一只小象,这引起他父母的注意,可是按照他的逻辑,因为那时人们对它大惊小怪,所以立刻弄毁了它。同样的命运还落到一幅非常逗人的画上,画的是一只猫,他母亲时时想起这件事。"[39]愤

① 作者注:耳朵的闹剧发生在星期日。

怒中的人们也许会毁坏一些东西，以代替他们希望打击的人。而文森特毁坏的却是他自己创造的东西，那是他自身的延伸物。毁坏这样的"自我偶像"就是一种象征性的自残。文森特之所以毁掉它们，很明显是因为表扬让他产生了羞愧感和负罪感。大概在男孩心目中，"表扬"等同于嘲弄——这是对子女具有矛盾情感的父母硬加给孩子的蜜糖式的安慰。或许惩罚对他们来说更好一点，因为至少那是出自内心的。

文森特对残疾者的关注和与之身份同一的认定可以在他的书信中找到另一个原因：那就是他们能够接受到恩惠。例如，在讨论英国画家博伊德·霍顿①的作品时，他注意到《我们画家的圣诞招待会——来宾的光临》(图 26.4)这幅画："它描写了沉浸在圣诞节气氛中的一个画室的走廊，画家的模特儿们来了，他们希望过一个快乐的圣诞，很可能是来接受赏钱的。模特儿几乎都是残疾的无助者，一个撑着拐杖的人走在这个行列的前头，他的上衣下摆被一个盲人牵着，盲人的背上驮着一个根本失去行走能力的人，而这盲人的上衣下摆又被身后的第二个盲人抓着，再后面跟着一个头上缠绷带的相貌怪异者，他后面还有其他一些蹒跚地拖着步子的人。"[40] 在 1882 年的圣诞节期间，文森特本人也画了一幅头上绕绷带的伤残者素描肖像。"坐着供写生的模特儿，他的头部真的受了伤，而且用绷带遮蔽了左眼。"[41] 霍顿那幅表现伤残模特儿的画展现的是圣诞节的场景，而文森特画《左眼蒙绷带的男子》(图 12.1)

---

① 博伊德·霍顿(1836—1875)，生于印度的英国画家、插图画家，作品风格多样，在当时备受推崇。

以及他的自残耳朵,时间也都是在圣诞节,这并非巧合。他割下自己的耳朵,然后利用上着绷带的头部画了一幅自画像,他用这种方式来表达自己和残疾模特儿的身份同一。霍顿的模特儿们为了圣诞礼物而来,文森特也希望得到一份圣诞厚礼——那就是关心、同情和爱。为了获得这份礼物,他觉得他需要去成为伤残者。文森特解译德拉克罗瓦的《乐善好施者》(图 12.4),指出这幅画表现的是《新约全书》中的一个故事,画中有一个引人注目的头缠绷带者。

梵高-邦格女士记录了文森特母亲最爱讲的一个故事,这个故事可以启示我们对文森特割耳事件做出和上述观点相同的解释。邦格女士写道:"当他还是孩子的时候,性情就难以和人相处,又吵闹又任性。因为父母非常温和宽厚,特别是对他们的长子,故而他们对他的养育和施教都不足以消除他的这些缺点。有一次梵高的祖母从布雷达到津德尔特来看望孩子们,她总算领教了这个丁点大的文森特的顽皮劲儿。根据和自己十二个孩子相处的经验,她用手抓住这个小淘气鬼,把一个八音盒按在他耳朵上,将他逐出房间。平素温柔随和的母亲看到这幕情景非常生气,以致整整一天没和她的婆婆搭话,后来靠性情温和的年轻父亲从中周旋,才使这场风波最终平息。"[42] 不管它是真实的,还是夸张的,或者是家庭传闻,这个故事折射出文森特在他母亲心目中的印象——他是个坏男孩,不是为了母亲而收敛,而是全然不顾母亲的感受。也许,在这种场合,母亲对孩子所表现的克制和温和是一种过度反应,为了帮她消减自己对孩子的气恼,而对老年妇人发泄愤懑,也许是出于试图将对儿子的不满强行转移给他人的心理。

过去的经历留驻在文森特的心中,使他始终觉得自己是惹人讨厌的坏料,他断定母亲之所以对他装出保护的姿态,并不是因为他是对的,而是因为他受到了伤害。他早已作了被视为当然的假设:一个死了的男孩远比一个活着的男孩可爱。现在,他又推论说:受到伤害的人(即局部死亡的人)远比充满活力的、健康的人(即活着的人)容易得到爱抚。一个具有活力的男孩是"粗野的",我们想起文森特的母亲迫使他脱离乡村学校,是因为布拉班特的"农家男孩"教坏了他,使他变得"太粗野"的缘故。1888 年 6 月,他在阿尔勒责备自己是野兽,[43] 也许,他的耳中还有母亲苛责他的幻感。

在这件童年往事中,母亲对他充当了保护者的角色,在他的心理上烙下很深的印记,也许成为他成年后进行自残的激发力。当他描绘自己受伤的耳朵时,他是在恳请母亲(或所有的母亲替代者)的注意:"我的耳朵又受伤了,像你那时一样爱我和保护我吧。我并非粗鲁,我不是野兽,我是个无助的受害者。"此外,他在伤残者身上看到的美,可能来源于他童年的这类事件,因为赢得母亲如此的深爱,对他来说这是一个"美好的"体验;这种来自童年经历的美感被移置到了伤残者身上。最后,通过伤害自身,文森特还证明母亲是正确的:因为他做出如此具有破坏力的事情,他是一个坏孩子。但是,他也为此惩罚了自己。

七

文森特将割下的耳朵拿去送给一个妓女,他的举动告诉我们这幕惨剧含有一些性的意味,故而有些研究者认为在文森特意识中耳朵是男性生殖器的象征,显然,提出这一论点是不奇怪的。割耳事件发生在精神病急性发作的状态下,这时他对现实的判断能力减弱,并被原始的思维过程替代;在这种状态中,象征意念的出现是其最本质的特征。因为人的大脑在潜意识之中,往往习惯将突起之物当做男性和侵略性的象征,而去除耳朵的突起部分,也许是意在提醒那个妓女——他的一个母亲替代者,告诉对方自己不是一个侵略性的、有害的男性——那个被他母亲所厌恶的"粗野的"男孩——而是一个无助的、能够被接受的受害者。

另一方面,喜欢轻轻吻咬别人耳朵的人以及喜欢别人在自己耳朵上轻轻吻咬的人都知道,耳朵本身又是一个表达性爱的器官。心理学家和小儿科医生观察到,通过刺激婴儿的耳朵,可以使他们获得一种肉体上的快感,婴儿早在播弄他的生殖器之前就开始播弄自己的耳垂了。[44]他们在吮奶或吮吸自己的拇指时,往往会有节奏地牵动自己的耳垂。也许文森特对自身生殖器的缺陷抱有忧虑,故而退而去寻求童年那种借助耳朵获得的快感。早在自残耳朵之前,他就担忧自己性方面的能力,他在8月已经为这种感觉做了辩解,当时他用几乎近于呼喊的口吻说:"为什么我们竭尽全力倾注所有富有创造力的元气,但在使妓女性器官得到满足方面,那些肚满肠肥的职业皮条客和低劣的笨蛋却做得更为出色? ……"到11月,他又抱怨他与阿尔勒妇女的相处远不及高更那样"富有天资"[45]。因此,我们可以把耳朵的礼物视为文森特的另一种诉求,虽然此时他处于精神病发作的状态,他想通过与一个像母亲一样照顾他的人结合,以此来治愈他的孤独,但同时他又想逃避性器官的激烈交合。此外,因为规则、法令以及与它们相适应的刑罚都是首先通过耳朵进入大脑的,所以耳朵又被当做良知的重要附属物,而良知有时会通过耳朵以幻听的形式产生逆火。根据这一观点,文森特是在以割除耳朵的方式来扫除他的良知,这样,文森特就能够"转而用一只聋了的耳朵"去面对良知的苛刻要求。

在缺乏相关资料的情况下,作这样的推测是不会有结果的,我们或许来讨论另一个观点会更为有益。一个器官由于它的痛苦而被割除是正当的举动,治疗一颗病牙可能不比拔掉它来得省事。确实,文森特可以用自己拔牙的经历作为自残耳朵的充分理由;为什么不能以相同的方式来对待一只不舒服的耳朵?在他的精神病的发作期,无疑,他的耳朵会给他带来苦痛——他被听觉幻象所产生的恐怖和烦恼所纠缠,虽然对他圣诞节发作的症状没有精确的记录,但是可以知道,它们多半遵循其他发作期所具有的精神错乱、定向障碍以及听觉、视觉幻象等模式——这一点将在下一章展开讨论。几个月以后,他在圣雷米疗养院写了一些有关病友的情况:"在他们的狂躁发作期间,他们还听到奇怪的声音和动静,就像我听到的那样……"在提及一个特殊的病人时他又说:"他觉得他听到走廊里有响动和说话的回声,大概是因为他的耳神经出了毛病,它太敏感了,然而就我的病况而言,我的视觉和听觉都产生了混乱……"在别的信中他还谈到当他的狂暴发作时,"对宗教产生了混乱而可怕的想法",被"不可忍受的幻觉"所折磨。[46]在他的精神病发作之时,那种不可忍受的、令人恐惧的声音可能会促使他作出"耳神经"本身害了病的判断。

八

文森特听从耶稣对弟子的告诫,弃除犯了过失的器官:"倘若你一只手,或是一只脚叫你跌倒,就砍下来丢掉。你缺少一只手,或是一只脚进入永生,强如有两手两脚,被丢在永火里。倘若你一只眼叫你跌倒,就把它剜出来丢掉。你只有一只眼进入永生,强如有两只眼被丢在地狱的火里。"而再略微进一步就可以这样说:"如果你的耳朵叫你跌倒,就把它割下……"也许文森特对这个告诫做出回应不仅是出于他本身的自毁倾向,而且还由于马太福音第十八章开头一段对他来说具有特别重要意义的话,"当时,门徒进前来,问耶稣说,'天国里谁是最大的?'耶稣便叫一个小孩子来,使他站在他们当中,说:'我实在告诉你们,你们若不回转,变成小孩子的样式,断不得进天国。所以凡自己谦卑像这小孩子的,他在天国里就是最大的。'"而基督有关丢弃犯过失器官的劝诫是在这段话的后面几行;因此文森特认为为了使自己谦卑得"像这小孩子",也许就需要进行自我毁坏。

这段话文森特读了许多遍,他每次读的时候,童年时代的记忆和童年时代的痛苦必定会被激起。因为在他死于幼年的兄长——"完美的"文森特的墓碑上刻着路加福音对"小孩子"的解释(见图 20.2):

文森特·梵高

1852

让小孩子

到我这里来

不要禁止他们

因为在神国的

　　正是这样的人。

——《路加福音》18：16

　　割下自己的耳朵，意味着他可以去试着充当他已死的婴儿哥哥的角色，这是一个以后他一直坚持到最后的心理实验。从而他不仅可以索取母亲的爱，而且还得以进入"神国"，这种努力和奋争被频频表现在他的画中。

　　在 1888 年后期，文森特对宗教的迷醉好像又达到一个新的高峰，高更写道："《圣经》在炙烤他的荷兰头脑。"[47] 但是他在这个时期给提奥的信中并没有像早先那样充满《圣经》语录；相反，他否定从前对宗教的那份笃信，他批评教会，并且以讽刺的口吻谈论"优秀的基督教徒"。尽管他不相信基督教，然而，他也表达了一种"急迫的需要，我该说的这个词是'宗教'"，而"对爱的需要，对宗教的需要必定会在人们中间蔓延，作为对怀疑主义的反应，作为对使人绝望的剧烈痛苦的反应"。[48] 文森特的绝望来源于他感到自己不被爱，来源于他感到自己存在缺陷。他的绝望迫使他寻求帮助，并迫使他思索一种新的能使他沐浴爱光的信仰。

　　他的自毁意识和他的基督教见解在内心融合起来，他的自毁意识还使他脱离了他出生地的宗教。例如，在一封日期签署为 1888 年 5 月 29 日的信中，他把基督教与自杀及谋杀联系起来："你对'准备亲自去赴死'这句话理解得如此透彻，基督徒的想法（死对他，对基督来说是愉悦的，但对我而言似乎没有这样的迹象……）是毫无意义的……你难道没有发现，为他人而生活是同样的自我献身,如果这包括自杀,则是一个错误,因为那样的话你实际上是使你的朋友陷于谋杀者的境地,这你不会明白。"[49]"错误"代表了他的忧虑和他的意图,因为他将在12月犯下这样一个错误:牺牲他自己,割除自己身体上的一个部分,且又使他的朋友高更变成一个谋杀者。

我们有理由坚持文森特的自残是具有宗教意味的论点:随着圣诞节的临近,文森特对宗教的热情也不断增长,自从离开博里纳日以后,或多或少以隐形状态残留在心中的宗教观念,特别是与受到迫害和侮辱的基督保持身份同一的意识又再次浮起。他精神中那种控制他的宗教意识,使之维持在适度范围内的保护性结构瘫痪了,于是虚妄的宗教意念不断地冒出。遗憾的是,没有关于文森特幻觉和妄想状况的具体记录。但是毫无疑问,其中包含了他的宗教意识。在他残伤耳朵之后,提奥去阿尔勒医院看他,提奥从阿尔勒返回后写道:"我守护他一段时间,有短暂的片刻他情况尚好,但是很快他又回复到对哲学和神学的喋喋梦呓。"贝尔纳从高更寄到巴黎的回信中获悉有关信息,贝尔纳陈述道:"他想和别的病人住在一起(在医院里),他拒绝护士的帮助,他希望自己呆在一只冰冷的大箱子里,人们几乎会想,他在追求《圣经》所记载的苦行。"

正如后来文森特在圣雷米疗养院宣称的,他还回忆了他对宗教的迷醉,并把这归因于普罗旺斯的环境——也许周围的环境使他想起圣地,他说:"我觉察在这里由于频频发病使我产生了荒唐的宗教转变,此时,我脑中几乎产生了回北方去的冒险想法。"不久,他进而扩展说:"我很吃惊于我的现代想法……我发作起来就像一个迷信的人那样行事,我还对宗教产生一种变态的、可怕的想法，这是在北方时从未进入我脑中的。"[50]

　　在写于 9 月的一封信中，他吐露自己处于苦难的折磨、基督教的冲击以及对新信仰的寻求等诸方面错综复杂的内心斗争中："[托尔斯泰的]宗教不会是增添我们苦难的残忍宗教，恰恰相反，它会给以人极大的抚慰，它会使生活获得平静、力量和勇气，还有很多其他的东西……托尔斯泰启示我们：无论发生怎样的暴力革命，在人的内心，将依然存在一种属于个人化和隐秘化的革命，而新的宗教将从中诞生，更确切地说，是一种全新的东西，它没有名字，但同样产生安慰和改善生活的效果，它是基督徒的宗教以前有的……最后，我们将有足够的玩世不恭、怀疑论和欺骗……"[51] 然而，几个月以后，文森特的理性将被一种突然爆发的昏迷状态所减弱和击溃；他会陷于精神错乱的境地，于是他会失去区别现实和梦幻的能力。幻念中，一个从强大的、虐待狂式的父母形象中演变出来的上帝形象浮现了，和他心目中仁慈的上帝母亲形成对照，虐待狂的道德心和与之抵触的冲动会展开斗争，他的生命处于垂危之中。孤独所造成的虚无，就像真空，必须被填满。而一个虐待狂父母或虐待狂上帝允诺的，一点不比别人多。

九

　　我们还知道文森特曾被《新约全书》所描述的客西马尼①的果园景致所迷醉（它又常被称作为橄榄园）。1888 年后期，这些景象

───────────
① 客西马尼，在耶路撒冷，是基督被犹大出卖之地。

一直在他脑中——显然，法国南方的橄榄园和炽热的太阳刺激着他。但是这种迷醉很快就转化为恐惧。实际上，文森特在7月和9月曾两度画了这样的景色，可惜两幅画均被毁掉。[52]第二年，他似乎意识到他笔下的橄榄树和灿烂的星空是以"写实的"方法所作的果园风景，是略去"模特儿"的宗教画。用这种方法，他避开了和《圣经》描述的实际场景有关联的可怖景象，这一可怖景象出现在贝尔纳和高更的客西马尼风景画中，被他称为"噩梦"。也许它们在他圣诞节精神错乱的恢复期间唤他想起早年自身经历过的恐怖梦幻。当他告诫贝尔纳不要去画果园风景的时候，他表达果园的恐怖气息对他的生活和精神健康带来了威胁，他说："当我将这样一件东西[高更画的三棵对着蓝天的橄榄树]和噩梦般的'基督在橄榄园'的可怖景象作比较的时候，天啊，我深深为之悲痛，所以现在我要通过这封信，以最大的声音咆哮，我要用足肺部的力量以各种各样的名义呼喊你——再一次恳请你慈仁为怀，让你自己再保留一点小小的自我。"[53]

早在1888年10月的一封信中，他就已经和妹妹薇尔谈起过客西马尼，谈起过蒙蒂切利。文森特觉得自己对色彩所抱的兴趣是和蒙蒂切利相同的，而在蒙蒂切利身上也反照出他自己漂泊不定、嗜酒过度以及自我破坏的倾向，他说："在这里我常常极度怀念蒙蒂切利，他是一个坚强的人，有一点儿疯癫，准确地说确实如此；他梦想太阳、爱情和欢乐，但却总是被贫困所忧烦；作为一位色彩大师，作为一名继承了过去优良传统的显贵家族的纯正后裔，他还梦想具有极其优雅的品味。他死于马赛，也许是在经历了一个真正的客西马尼后，死在相当凄惨的景况中。现在请听我说，在这里我真的在继续他的工作,我就像是他的儿子和弟弟。"[54]

将"马赛"变成"奥维尔",文森特在预言自己的死亡。"经过一个正式的客西马尼",包含了割下你的耳朵。显然,《圣经》中记载的西门彼得削掉马勒古右耳的过激举动给文森特留下很深的印象,马勒古是前来捕捉耶稣的大祭司的仆人。"西门彼得带着一把刀,就拔出来,将大祭司的仆人砍了一刀,削掉他的右耳,那仆人名叫马勒古。耶稣就对彼得说,收刀入鞘罢。"(《约翰福音》第十八章第十一节)当然,文森特割下的是他的左耳垂,但是在他描绘他向世人展示的缠着绷带的头像时,受伤的变成了右耳:因为这是镜中的映像。可能和梦幻者一样,精神病患者所扮演的不只是一个角色。在精神失常中,也许文森特形成很久的以耶稣为模型的自我形象在表意识中苏醒过来,那也就是说他把这自我形象与西门彼得和马勒古的形象搅合在一起了,正如一个人从不同的角度看镜子,他可以目击到物体的多个映像,可以在同一场景中看到事物的不同特征,认知不同的自我形象。文森特在那幕地点不是客西马尼的表演中,也许所扮演的不仅仅是耶稣,同时还有遇难者马勒古和进击者西门彼得。

我们可以看到,高更所演绎的角色似乎也和客西马尼的场景有关,文森特怂恿高更来阿尔勒,但是他带着顾虑(并非"不顾一切"),他深信高更是个工于心计的人,只是把阿尔勒当做经济窘迫的权宜之计而已。"我已经看到他在种种情况下的所作所为,那是你我不可能允许自己做的,"他写信给提奥,"因为我们有良心,所以对事物的感受不同。"[55]文森特希望建立一个画家社团,大家为了公共的利益在一起工作,就像一群艺术的使徒,高更会成为这个画家俱乐部的一个不和谐的成员。在命名提奥为第一个"商人使徒"时,他希望:"如果我们坚持不渝,将会创作一些比我们本身更经久的东西。"[56]而相反,他觉得他的搭档高更难以令人信赖:"但是如果高更和他的犹太银行家明天来了,要求我们交给商人社团——而不是画家社团——数目不多于十幅的画,说实话,我不知道我是否会相信它,虽然我会毫不犹豫地将五十幅画交给画家社团。"[57]

如果我们对文森特惯于以耶稣自许的论点不抱疑问,那么割残他的耳朵就是客西马尼事件的重演,他的画家社团是和耶稣的一群使徒相等同的,而高更就成了在客西马尼为三十块银币出卖耶稣的犹大·依斯坎里特。在高更和犹大之间还存在另一点相似之处:直到几年前,高更还是一个金融运筹者——一个成功的股票经纪人,而犹大则掌管使徒们的钱囊(《约翰福音》12:6,13:29)。文森特对高更抱着爱恨交加的感情,这和《圣经》描述的耶稣和犹大之间的关系很相同,背叛之吻表明,在他们的关系中,爱的冲动和破坏性的冲动融合了起来。[58]文森特并不缺乏判断力,他正确地把高更定位在这样一个角色上,后者在他们相处最后阶段的行为及后来试图通过诋毁文森特为自己辩白的表现,远不是一个朋友应有的举动。

极为有趣的是,画家贝尔纳画了一幅名为《基督在橄榄园》的画(印制在里瓦尔德的《后印象主义》一书中),贝尔纳同是两位画家的亲密朋友,并且熟知在阿尔勒发生的种种事端。这幅画也许就是上述被文森特称之为"噩梦"的那幅画。画中,在三个正要捉拿耶稣的士兵后面显露着犹大的脸,画得就像是高更。里瓦尔德谈到,"高更确信他在那幅画像中认出了自己……"[59]

十

用文森特与钉在十字架上的耶稣是身份同一体的观点来看，则耶稣受难图中的圣母就成了文森特的母亲，图中画着她悲恸地面对耶稣的遗体。文森特将自己身上的一片死肉拿去送给他的母亲替代者拉结，他以这种方式象征性地重复了耶稣受难的一幕。在圣餐时，虔诚的信徒以享用面包和葡萄酒的形式来接受耶稣的身体和血；当文森特将自己的耳朵送给拉结的时候，他实际上是在重复耶稣的话："拿去，耳朵！这是我的身体。"通过这种称之为口欲期合并的心理作用，文森特和母亲成为一体。

当然，拉结更容易被看作是"抹大拉的马利亚"，而不是圣母玛利亚，然而，从精神分析的观点来看，这并没有多大的不同。母亲的形象已经被分裂成"善良的"和"邪恶的"两部分。其中的邪恶部分被移置到"抹大拉的马利亚"身上，因此圣母玛利亚能够被作为无罪的形象来认知。但是因为精神病发作导致心理上的防卫机制崩溃，两者可以再次融合为一。

巧的是，《圣经》中也有一个名叫拉结的妇女，文森特熟悉拉结这个人物，她是《旧约全书》里记载的一个伤心的母亲。在《新约全书》里也提到她，那时希律王要想杀害耶稣，故而对全城婴儿进行屠杀："在拉玛听见嚎啕大哭的声音，是拉结哭她儿女，不肯受安慰，因为他们都不在了（《马太福音》2：18）。"拉结是个为死去的儿女而哀悼的母亲。同样，笔者认为文森特也把自己母亲看作是为失去第一个文森特而悲痛欲绝的人。当他处于精神病发作的状况下，他想起

《圣母怀抱受难耶稣之忧伤图》中的情景,他首先把自己看作是死了的第一个文森特,其次把自己当做是钉在十字架上的耶稣,通过和他们身份同一的认定,他将耳朵作为自己身体的一个符号,即他象征性地献出了他的"遗体"。他希望由此能够使母亲像怜爱第一个文森特那样怜爱他,也像圣母怜爱钉在十字架上的耶稣那样地怜爱他。

文森特曾在一封写于 1876 年年末的信中表达了他对回家过圣诞节的渴望,并且追忆了以往和家人共度圣诞节的情景:"布拉班特永远是布拉班特,而故乡也总永远是故乡。"[60]然后他引用《圣经》如上所列的那段对拉结的评述:"在拉玛听见嚎啕大哭的声音……"可见,在妓女拉结进入文森特的生活之前,文森特就将圣诞节、拉结、母亲对孩子的爱和母亲为儿女而悲痛联想到一起了。

十一

在圣诞节期间,文森特把自己的耳朵送给拉结——也许是将它作为圣诞礼物。由于他把自己和耶稣视为同一,所以圣诞节对他而言具有特别重要的含义。在 1872 年到 1877 年的早期信件中,文森特反复地表达他对圣诞节、家庭以及故乡热切而快乐的期盼;[61]只有在这个节期里,他才能摆脱作为一个被放逐者的感觉。圣诞节对他的心理起了抚慰和治疗的作用,似乎还能融洽家庭气氛,欧内斯特·琼斯①把圣诞节作为一种理想的象征,通过节日的

---

① 欧内斯特·琼斯(Ernest Jones,1819—1869),英国宪章运动左翼领袖之一,诗人。

重聚,可以消除家人中的不和谐因素。然而,在文森特写于1877年之后的信中,笔者却找不到一句有关圣诞节的问候语,也找不到任何有关期盼圣诞节到来的谈论。

甚至在他放弃对宗教的专注和入迷之后,他仍然对圣诞节抱有热烈的感情,但却是用不同的语言来表达的,他说:"像无足轻重的老人将头埋在双手中的"那类画,意在表达"圣诞节和新年所特有的伤感"。[62]对于和家人快乐重聚的企盼,被日益增强的视自己和残废人、老人、穷人为同一体的被虐待狂的感觉所替代。霍顿那幅关于残废者在圣诞节接受施舍的画如此令他感兴趣,就是一个例证。他把自己视为那些不幸者的同一体,渴望获得爱和宽恕,以充作圣诞礼物。这是自虐狂的一种似非而是的意念:由于过去的经历,他深信必须将伤残和痛苦加于自身,这是一种儿童惯常的思路,他们往往感到生病时会得到爱,而健康时会被轻视。

文森特一生中两次最痛苦的经历都发生在圣诞节期间,这也许并非偶然。1881年的圣诞节,是他遭到凯·沃斯断然拒绝而陷入痛苦之后,激起了一场"和父亲的剧烈争吵,竟然发展到父亲吩咐我最好离开这个家"。[63]在他父亲看来,这种表现无疑是一场虐待狂的发作。但是在儿子眼中,仅仅因为激怒了父亲,就被他无情地逐出家门。而1888年的发作,虽然在内容上不同,是另一起受虐狂的事件。他相当清楚圣诞这个节期对他的影响,所以预测接下来的圣诞节会再次发作,事实证明这是准确的预言。

在争取认同的斗争中,文森特以他和基督保持同一来作为精神的支撑。那个死了的文森特——那个看不见的、在母亲眼里是不可挑战的竞争对手——也许是活着的文森特的最重要的敌人。而只有基督有望在这样的战斗中赢得胜利。有人描叙了一种相类似的病况,有一种称之为"圣诞节神经官能症"的精神疾病,患者会有规律地在圣诞节期间产生忧郁沮丧的情绪。L·布赖斯·博耶①认为,这种症状也许起因于与兄弟姐妹之间未能解决的竞争:"在他们心中,基督的诞生,意味着出现一个他们无法成功取胜的幻想的竞争者,使他们想起和兄弟姐妹的失败竞争,那些真实或幻想中的、逝去久远的记忆……也还有某种迹象,他们有时认同基督,努力否定自己的卑下,以获得他应该给与的宠爱。"[64] 在 1878 年之前,每逢圣诞节,文森特似乎都处于快乐无忧的状态之中,这使人联系起他和基督的身份同一,他就是个幸福的、新生的儿童基督,而后来,由于工作和爱情遭到失败,由于被家庭疏远和冷落,他成了为爱受苦的殉难基督。

文森特在圣诞节残伤自己的耳朵,这还可以被看作是受异教徒风俗背景的影响而导出的结果,在儒略历上,12 月 25 日是冬季的开始,异教徒把这一天作为太阳神的生日来庆祝。在变小的(即垂死的)太阳后面,紧跟着增大的(即新生的)太阳。祭祀仪式的习俗便由此发展而来,仪式中,国王或模拟国王被作为祭品或图腾盛宴献上。后来,用诸如野猪头之类的标志来替代国王。这象征着死亡必须先于复活——就像太阳必须在初升之前沉落。[65] 文森特神往于复活,复活是他书信中和绘画中最动人的主题,残伤耳朵的举动是另一种以死的图腾为复活做准备的献祭。这好比在客西马

①　L·布赖斯·博耶,临床医生,精神分析师。发表过大量学术论文,有多本论著。

尼事件中,马勒古在外观上耳朵遭到毁损:好似太阳,它看起来像是遭到毁坏,但它回来了,"如同新的一般","就摸那人的耳朵,把他治好了"(《路加福音》22:51)。

十二

因此,对于文森特的自残,存在多种相互关联的解释。这一事件发生在圣诞节期间,这并非是偶然的,自从1878年以后,圣诞节就成为他孤独、凄寂以及沮丧情绪的高峰期。文森特对身体上的伤残抱有极大的被虐狂式的迷醉,因为伤残是与关怀和爱抚相联系的,于是伤残可以帮助他抵御这些情绪的侵袭。进而,他把伤残和圣诞礼物联系起来。幼时耳朵上被置以八音盒的事件是童年时代他和母亲之间关系的缩影,此事使他得到一个验证,即耳朵受到伤害会格外招致母亲的关爱。而现在妓女替代了被他排斥也排斥他的母亲,故而他带着圣诞节的纪念品去送给一个妓女,并期望有一个爱的礼物作为回报,这一举动并不令人过于吃惊。1888年,弟弟提奥即将举行的婚礼增强他对孤独的忧虑,而自残身体可以促使提奥来看望他,从而能够减轻他的孤独情怀,同样,这件事促使鲁林夫妇来护理和照顾他,实现了他的愿望,这愿望反映在他对他们的婴儿充满羡慕的认同感。

残伤身体对文森特而言又还是一种象征性的死亡,使他以他亡兄——受到他母亲宠爱的第一个文森特——的形象显现。他以耳朵作为礼物,割下的耳朵是一个婴儿——死了的婴儿——的特殊的礼物。因此它既是一种与母亲紧密融合愿望的再次展示,又是对母亲久久眷恋亡儿的苦涩嘲讽。在文森特这种活生生的讥讽举动中,他嘲笑父母,提醒他们把自己的悲剧转化为他的悲剧。

可能,他把父母间的房事认知为刺激而粗暴的攻击性举动,正像他在画作《夜间咖啡馆》(图 25.5)中暗示的,他对这种关系的描绘呈现了它独有的特色,通过观看阿尔勒地区的斗牛,通过阅读开膛手杰克的凶杀新闻,通过和性欲强烈的高更的交往经历,他对上述关系的理解和认知又在脑中被重新激活。文森特用割下自己的耳朵来展现可怖的童年记忆;同时象征性地向他的一个母亲替代者表示他是个被阉割的、不值得害怕的人,他不是母亲心目中的残忍者或粗鲁之徒;他是需要母亲并应该得到母亲照看的受害者。

另一种观点认为,文森特自残身体,是和他的宗教思想以及他对自己和宗教人物身份同一的认定有关系的,这样一些想法几个月来一直盘踞在他脑中。他的耳朵中充满了一种宗教性质的、令他痛苦不安的幻觉,于是他用割下一只耳朵的方式来执行《圣经》中关于除去有害器官的劝诫。这样做等同于遵循刻在他亡兄墓碑上的《圣经》经文的训示,去做一个在神国里享受至尊的小孩。他对自己与受难基督身份同一的认定更加刺激他去自毁身体,并给予他获得父母之爱的更多希望。自残耳朵的部分因素还和《圣母怀抱受难耶稣之忧伤图》(图 25.1)的场景有关,图中伤心的母亲慈爱地抱住钉在十字架上的基督,耳朵象征耶稣的身体,就像礼拜仪式中的主。文森特将割下的耳朵送给妓女拉结,于是她便成了抹大拉的马利亚和圣母玛利亚这两种角色的代表。而攻于心计的、谋求财产的高更则被定位在犹大的角色上,犹大在客西马尼出卖了耶稣。在客西马尼事件中,马勒古的耳朵被削掉,这个宗教故事早在文森特自毁身体之前就在他脑中留下深刻的印记。而新近在阿尔勒斗牛场的所见以及开膛手杰克的割耳传闻,加强了这个印象,这个事件提示他选择耳朵来做特殊的伤毁目标。

第
十
章

疾病和眩晕画风的关联

一

1889年1月7日,即文森特自残耳朵两星期之后,他被允许离开阿尔勒医院。当他的伤痛得到恢复后,就迅速回到他的画架旁。因为正值冬天,他便画静物写生和肖像,他画的人物肖像包括头上缠了绷带的自画像和实习医师雷伊的肖像。然而到二月初,他的精神病又一次发作。[1]虽然只持续了几天,但是他的怪异举动使极端迷信的阿尔勒人感到害怕,他们开始对居住在黄房子里的文森特进行骚扰和折磨。结果,由于公众的请愿,2月下旬,他被送到医院的隔离病房监禁起来,虽然其时他是神志清楚的;这样,促使他的疾病紧接着又有一次明显而短暂的发作。

可敬的赛莱斯先生,一位对文森特友善的新教牧师,证实了他受到不公正对待。正如文森特对他弟弟诉说的那样:"总之,我在这里,整天被关在一个小室里,上了锁,有看守,没有证据证明我有罪,甚至公开证明……所以你能理解,发现这里竟有这么多的人怯懦到联合起来对付一个人,而且是一个病人,这是多么令人震惊的打击。"[2]他早就感到自己像是一个囚犯,此刻,他的描述使这种感觉成为真真实实的东西,但是他表明这是由于别人的软弱,而不是因为他自己。文森特在不知不觉中触怒了镇上的居民,同样是这些人,前不久还被他看作是爽朗和友好的,可现在却攻击他。当他们这样对待他的时候,他怒斥对方,他赢得了朋友们及弟弟的同情和关注。他把受到的不公正遭遇告知他们,让他们为他的处境而愤懑。

以上插曲可以看作是文森特的一种方法,他把自己置于殉道者的位置上,然后利用其反作用来维护自尊心。他被一群人嘲笑和威胁,正如基督在客西马尼受到嘲笑和威胁一样,而且基督也被抓捕并被诬陷有罪。[3] 由于面临这种灾难,文森特重申很久以前耶稣对他的教诲:"没有怨言地承受痛苦,是此生必须学会的一门课程。"[4] 通过把自我挫败的行为导入与基督身份同一的认定,他把自己置于他的迫害者之上。如此便可以抵御沮丧的袭击,否则沮丧会跟随着这样的被抛弃感而来;此外,混合着正义和愤怒的强烈情感是可以为艺术家的目标所利用的,以致不让它消耗在忧愁的麻痹状态中。

1 月 23 日,鲁林因调任马赛而离开了阿尔勒镇,不久以后他的妻子和家人也告别了阿尔勒。无疑,鲁林的离去使文森特的孤独感和凄寂感陡增,因为他们的关系已经日益亲密。文森特用饱含感情的笔墨描述鲁林的最后一次探访:"最后一天,当我看到他和他的孩子们,我很感动,特别是他带着最小一个孩子,引她笑,让她在自己膝上蹦跳,为她唱歌。"文森特又说,他的声音具有"催眠曲甜美而悲伤的"特质。[5] 为文森特唱催眠曲的是鲁林,像母亲一样关心看护他的也是鲁林。这不是文森特第一次找到一个男人而不是一个女人来照顾他。他画了很多表现妇女照料自己婴儿的素描和油画,但是对于妇女本身,他要不就是谨慎地与之保持距离,要不就是悉心照料她们。

3 月 29 日,文森特回顾他进医院以来的精神状态:"时而,我的情绪被难以言喻的极度痛苦所纠缠;时而,时间的幕布和环境的灾难似乎在瞬息间被撕开。"[6] 不久以后他写信给提奥说"除了有些不可名状的悲哀暗流之外",他感觉尚好,而他对画家保罗·西涅克说,他忍受着"巨大的绝望,任这种情绪在内心发作和蔓延"。他再没有勇气去面对画室的孤寂,但也不敢考虑和其他画家住在一起;时而,他又想去加入外籍军团①。[7]

文森特被解除监禁以后,决定继续留在医院里,直到赛莱斯牧师能为他找到合适的住所。然而,一旦找到一个地方,他会担心他不适于控制和管理自己。他还发现自己有了一些以前不能接受的想法,那是长期以来与他维护独立和蔑视权威的主张相对立的。他发现他有一种希望彻底被别人支配掌握的意念。他说:"当我必须遵循某种章程的时候,就像在医院里那样,我感觉我触摸到了平静。"[8] 这种对平静的渴求,加上自身的孤独、公众的仇视以及对精神病再次发作的担忧,这种种因素促使他寻找一个精神病疗养院来做避难之所。

二

在赛莱斯牧师建议下,提奥为文森特入住圣保罗疗养院进行安排,疗养院位于阿尔勒东北方向十二英里处。在普罗旺斯圣雷米的郊外,毗邻以历史悠久著称的古罗马废墟,其中圣保罗修道院

---

① 外籍军团,法国一支由外国志愿者组成的军队,成立于 1831 年。

是最美、保存最完善的。追溯到十二世纪，这里原先是奥古斯丁教会团修道院，十九世纪初才被改建为疗养院。它那迷人的、错落有致的建筑物和公园似的庭院，位于高兹山的山麓，高兹山是淑静美丽的阿尔卑斯山的一个支脉。

1889 年 5 月 8 日，文森特进入这个保护性的环境中。他的心理处于敏感状态，他和主管医生佩隆①讨论自己的病情。佩隆医生五十岁，早先的一个病人曾这样描述他："大腹便便，是半个森林之神，半个法斯塔夫②。"[9]他被人看作是个吝啬的家伙，他让他的病人处于简陋俭朴的给养之中。在男病人住区，病员不超过一打，尚有三十间空着的房间，故而文森特得到了一间单独的画室。处于这样的环境中他很愉快，他的忧郁随之减轻，他感到胃也舒服多了。在写于圣雷米的第一封信中，他强调他需要工作，并说他开始在疗养院的花园以及疗养院附近写生。他的看护，二十七岁的让·弗朗索瓦·波利特几年后回忆说：文森特是一个很好的伙伴，虽然他性情古怪、沉默寡言，他一旦投入工作便很快将痛苦置于脑后。文森特本人也坦言，只有当他站在画架之前，他才感觉到自己活着。[10]

很快，他就开始抱怨食物发了霉，他指出那些贫穷的病人"每天除了按时定量用鹰嘴豆、蚕豆、扁豆、其他杂粮以及产自殖民地的食品来填塞自己的肚子，此外没有别的消遣。由于这些食品不

---

① 佩隆（1827—1895），法国海军医生，在普罗旺斯圣雷米郊外一个前修道院里经营圣保罗精神病医院，梵高是他病人。
② 法斯塔夫，莎士比亚戏剧《亨利四世》和《温莎的风流娘们儿》中出现的人物。如今法斯塔夫成了体型臃肿的牛皮大王和老饕的同义词。

容易消化，所以他们以这种便宜而不伤人的方式充实他们的日子。"而他一连几个月都拒绝吃这种食物，用"面包和一点儿汤"来替代它们。[11]

7 月 5 日，他获悉他弟媳怀孕的消息，立即发出他的贺信。不久以后他在看护的陪同下去了阿尔勒，买了一些画布，还去探访赛莱斯牧师和雷伊医生，可是他们都不在镇上，所以这天他就和曾经临时照顾过他的老年女帮工，还有以前的一些邻居一起度过。回到疗养院的第一天或第二天，他的精神病又严重发作，故而他一度被锁在自己的房间里，不准使用画室。这条禁令取消之后，他依然心有余悸，害怕和别人接触；"我试图强迫自己下楼，但没做到，"他在 9 月 10 日写道，"可是我已经快两个月没去户外了。"恢复以后，他再次抱怨"忧郁症的可怕发作"[12]。像往常一样，忧郁驱使他"带着一种无声的愤怒"去投入工作，并且重又唤醒他的被虐狂哲学："我非常清楚，如果一个人是勇敢的，通过内心对痛苦和死亡的绝对服从，康复就会来到。"他住在安装了铁门、没有窗户的房间里，他有充分理由反复强调自己的处境如同囚犯一样悲惨。但是为了摆脱其他病人的干扰，他宁可把自己锁在画室里。[13]

尽管受到忧郁的纠缠，但他的食欲增强了，佩隆医生破例准许他食肉和饮酒。虽然近来他拒绝食用医院指定的单调食物，但此刻他又反过来责备自己"像猪一样地吃喝"，"说到吃，我确是吃得很多——但如果我是医生的话我会禁止这样的。"接着他又如此说："我看不出保持巨大的体力对我有什么好处，因为对我而言更合理的是全神贯注地考虑做好工作……"[14] 这段话启示我们：文森特平素的禁欲主义饮食习性是出于担心自己过于强健，因为强健会令他产生破坏性的举动;他希望处于半饥饿状态,这可以削弱他侵略性的犯罪冲动,而忘我奋发工作也是抑制这种冲动的有效手段。

11 月,文森特开始了他进疗养院后的第二次阿尔勒之旅,他在赛莱斯牧师的家中见到了这位朋友。这次重访故地没有导致病情的复发,但是如他所忧虑的,在圣诞节期间发过一次,但只是让他丧失大约一个星期的活动能力。尽管只是暂时“克服沮丧和忧郁的纠缠”[15],他立刻订出新的绘画计划,断言他的健康状况是两年来最好的。1890 年初,他又思量联合在布列塔尼的高更,尽管他们在阿尔勒的合伙不欢而散。然而高更业已离开布列塔尼去了巴黎,而高更提议在安特卫普建立一个工作室的主意引不起他的兴趣了。该年 2 月 1 日,他得知他的侄儿诞生,并取了和他相同的名字:文森特·威廉。在他再次造访阿尔勒之后的 1 月 23 日,他的病又有一次短暂发作;一个月之后,他去阿尔勒待了两天,又有一次严重发作,失去行动能力的状况一直延续到 4 月底。[16]

三

在文森特写于阿尔勒和圣雷米的信中,以及在这两地医院的记录中,明确地提到文森特的精神错乱有七次发作。其实并不止这些,因为在有记录的第三次发病之后,文森特在信中写道:他已经经历了四次“严重的危险期”和三次昏厥的阵阵发作,所有这些发作期的特征是对自己周围发生的事情失去了记忆。[17]病况的阵阵发作是突然开始的,然后缓慢地消失,这点,文森特本人的描述是和疯人院的正式记录相一致的。有两次病情持续了大约两个月，而另一次发病的恢复花了一到两个星期。在圣雷米疗养院的居留期间，四次发作中有三次发生在去过阿尔勒之后，而这段时间他对阿尔勒的四次探访只有一次没有引发不良后果。两次病发是在他绘画的时候，一次是在西北风吹刮的季节。文森特还注意到，面对自然时左右他的情绪会使他失去清醒的意识，[18] 遗憾的是他对此没有作详尽的说明。

发作是由一种严重的精神错乱和定向力障碍引起的。"我不知道我身在何处，"他写道，"我的脑子混乱不堪，像迷了路似的。"视觉和听觉上的幻象伴随着精神错乱而来；他回忆说，这些幻象就像是"真的"，使他非常非常"恐慌"。他还产生奇异的宗教想法，产生被攻击和被侵害的幻念，这种幻念有时会激起他具有攻击力的冲动。[19] 他的看护波利克说，有一次文森特突然猛踢他的腹部，事后文森特加以解释，因为他觉得从阿尔勒来的警察在紧跟着他；[20] 这件事有助于验证高更那段有争议的陈述——1888 年圣诞节，文森特在发病状态下对他进行了袭击。

在阿尔勒和圣雷米两处，当文森特发病之际，他曾经想到自杀，似乎他还确实尝试这样做。[21] 据保罗·西涅克回忆，[22] 1889 年3 月当他们在阿尔勒会面时，他试图喝下一瓶松脂香精①。在疗养院还发生这样的事情：他喝偷来的煤油，吞咽从软管里挤出来的油画颜料。有一次，需要佩雷医生、护理主管特拉布和看护波利特强

---

① 作者注：西涅克对提奥说他发现文森特的"健康状况很好，无论是体质上或精神上"，这很可能是为了使提奥安心（信件 581a）。

行从他手中拿走颜料软管。[23]

在精神病发作期间,文森特觉得人们好像距离他很远很远,听到的声音也是朦朦胧胧的,像是来自远方,而且眼前的物象都变了样。他常常认不出人:他们看上去"和他们原本的模样非常不同",他解释:"我看到他们身上有很多与我以前或在别处认识的人很相类的地方,有令人愉快的也有令人生厌的。"[24]他诉苦,说自己头昏眼花,由于他已经患病多年,要对这种状况精确评述是很困难的。在病情恢复的过程中,他的头脑有一阵子处于混沌模糊的状态,噩梦取代了可怕的幻觉,他还抱怨自己的眼睛"异常敏感"[25]。医生认为,在发病的间隔期中,他的智力功能丝毫不受影响,他信中的有关内容可以证实这个情况。在精神病的急性发作阶段他没有能力作画,只有当定向力障碍、幻觉、妄想等症状消失后,才能够回到画架旁边。有些人想要证明精神病患者尤能创作出杰出的绘画,可是文森特的情况对他们的论点并没有支持作用。

对临床医生来说,精神错乱伴有定向力障碍、幻觉、妄想、惊恐和暴力行为,使人想起一种综合症,通常称为"中毒性精神病"。这是由各种毒性或其他大脑器官的紊乱引起的,与所谓的"功能性"精神病——精神分裂症和躁狂抑郁症——的病况有所区别。很可能,文森特的情绪问题和不良饮食习惯的共同作用增加了它们在这些主要病因中的分量,但任何一种单一的因素,其本身都不足以引起这样的精神骚乱。

震颤性谵妄症属于最为人熟知的中毒性精神疾病。它往往在饮酒过度时或突然停止饮酒之后出现。但是没有确凿的证据显示,文森特在探访阿尔勒后的三次病情突发可能是由于回到这座城镇后又恢复无度饮酒,以及他被强行关在阿尔勒医院的一次发作可能是由于突然停止了饮酒。另一方面,与之矛盾的是1889年圣诞节他在疗养院的那次发作,我们可以推测,在那里他的酒精摄入量是被控制的。还有另外一些因素也有悖于对文森特的疾病作震颤性谵妄症的诊断:虽然他视觉上的幻觉是典型的,但听觉上的幻觉不常出现,昏厥的现象没有观察到,双手颤抖的典型特点是这种疾病冠名的原因,可是在文森特的发病记录中没有对它的描述。文森特的医生们反对他患的是震颤性谵妄症,这一事实也许是推翻这种推想的致命证据。[26]无疑,生活在普罗旺斯的医生对酒精造成的病理反应了如指掌。

苦艾中毒是另一种可能的诊断。[27]文森特对苦艾酒是不陌生的,根据高更叙述,那个文森特用杯子砸高更脑袋的夜晚,他们去了酒吧,其时,文森特喝了苦艾酒。文森特在否认一个不知名的画家是死于苦艾酒的时候,也许同时在告白自己喝它的理由:"而且,他会去喝它,不仅仅是为了获得快感,而是因为他已经病了,需要用它来支撑自己。"[28]苦艾酒是在1844年到1847年的阿尔及利亚战争期间,由士兵作为治疗热病的药物引入法国的,到文森特搬来那里的时候,已经获得民众的广泛欢迎。在1915年被立法禁止之前,它的消耗量以阿尔勒所在罗讷河口省为最高,全国的人均消耗量为零点六公升,与之相比,阿尔勒的人均消耗量则大大超过,为二点四五公升。[29]在植物苦艾中有一种称为侧柏酮的成份,它对人脑有毒害作用,因此苦艾酒成为所有酒类饮料中对人体最有威胁的一种,在法文医药文献中,记载苦艾中毒的最典型反应是癫痫性惊厥和精神错乱的反复发作。但是,不像震颤性谵妄症那样,据说这种病症会在病人停止饮用苦艾酒后继续发作，并且通常还伴有听觉上的幻觉。如果在两次发作的间隔期中，患者的精神功能没有明显的恶化（如记忆力衰退、智力机能减弱），那么病人患苦艾中毒症的可能性不大。

但是还没有拿到学位的实习医生费里克斯·雷伊，以及在精神病学和神经学方面没有受过正规训练的前眼科医生佩隆，都诊断文森特患的是癫痫症。没有惊厥的具体证据就做出这样的诊断，这在当时，即使对专家来说似乎也是了不起的。到十九世纪的七十年代和八十年代，在神经学专家之中兴起过一场有关"掩蔽性癫痫"的争论，其中最著名的休林斯·杰克逊医生[①]，他的结论是，间歇性的精神失常只有在癫痫发作后才会出现。[30]然而现今，患者一些心理上的骚乱不安，包括精神错乱，被普遍视为癫痫症的真实临床表现。由外部刺激而触发的病况以及文森特曾经描述过的迷乱幻觉，近来已被发现是癫痫症患者特征性的症状，是由于患者大脑的枕叶中存在异常的电活病灶所致。也许雷伊医生和佩隆医生超越了他们所处的时代；也许是因为文森特家族中有几个癫痫病患者的事实启发了他们；也许他们熟知文森特所感到的头晕目眩实际上就是惊厥发作的症状，但是却没有把它写到简短的病情记录里。

总之，将文森特的疾病诊断为脑枕叶癫痫症（或者，有时候被称作为"边缘性癫痫"）是可能性最大的推想。而关于这种疾病的

---

① 约翰·休林斯·杰克逊(1835—1911)，英国神经病学家，后期主要研究癫痫，以发现并提出"杰克逊氏癫痫""杰克逊氏发作""杰克逊定律"等著称于世，认为癫痫是因为"脑细胞突然、过度和迅速放电"。

不规则电荷的释放，其原因目前尚不可知，大多数人坚持它仅仅是一种神经科的疾病，也许是由于遗传而自然出现的。一些人相信，内心承载过度的情绪负荷可能是发病的原因。通过进一步研究，包括使用现代化的测试手段，可以揭示一些不容置疑的病理过程。但是在我们作结论的时候，我们必须慎重，像荷兰精神病学者 G·克劳斯教授①那样，在科学的反方向上展开他的推论，这无疑是错误的，他在对患者作了广泛的研究之后，竟提出文森特的疾病就像文森特的画，是"个人主义化的"，因此应该将它单独归为一类。[31]这种论断显然是站不住脚的，天才也像其他人一样，不可能念咒般地幻变出一种属于他私有的疾病。

四

德拉法耶目录中列出了文森特在圣雷米这一年里画的作品，大约有一百五十幅油画，十幅水彩画和一百幅素描。这些油画的调子比画于阿尔勒的来得阴郁晦暗，辉煌灿亮的对比色被混合的、土质的色彩所替代，他说："当我状况最佳的时候，我梦寐以求的不是非常引人注目的色彩效果，而是再一次出现半色调。"[32]这种变化可能反映了一个事实，即医院里的监禁生活使他清醒冷静下来，或是他可能担忧自己的健康濒临崩溃，而明亮的对比色会对他的神经系统产生猛烈的冲击作用。他本人写道"非常渴望从北方时

---

① G·克劳斯，荷兰格罗林根大学教授，梵高研究者，著有《提奥和文森特·梵高的关系》（1953 年）。

期的调色板开始",他把自己产生这种变化的灵感归结于受到蒙彼利埃博物馆里德拉克罗瓦的作品的激励[33]——而同是德拉克罗瓦的画作,从前却是他调色板明艳起来的激发力。这种矛盾并不难理解,文森特总是既随意又自如地借鉴其他画家的长处,但那必须是他所需要的东西。当他的需要发生变化,他的头脑便会受到该画家作品中其他方面的影响,那时,这些方面对他更为重要。

作为一组作品,文森特画于圣雷米的油画要比画于阿尔勒的更具有骚乱感和狂暴的力度。很多作品具有线状风格的特征,传达一种骚乱的运动印象,狂野地运笔,但又仿佛在魔力下得到了控制。尽管他精神恍惚,但是当他再现他的对象时,依然控制有度,比例非常正确。这个时期由于他特别强调线条的表现,结果使他的作品像是介乎于油画和素描之间。

在住入疗养院的第一个月里,他开始画花园里的景致——花、常春藤、树、灌木丛、长凳、楼梯以及喷泉等等。在安装了铁栅的画室窗口,他还画了一系列景色变幻、田野被圈围的风景画中的第一幅;背景中低卧着的阿尔卑斯山常常被画得像是扭曲的巨人——也许对习惯于平淡乏味灌木荒地的荷兰人来说,这是难以理解的,但这同样是他内心骚乱的一种投影。到6月,他终于能够走出疗养院的大墙,画了他的第一幅橄榄树和《星光灿烂》(图28.5)。这个月的晚些时候,他开始将普罗旺斯阴郁的丝柏变形为波动的、具有火焰形状的景物,并再次画了麦田的播种者和收割者。

当他从7月和8月持续不断的发病中恢复之后,就开始着手画自画像。虽然他声称这样做是出于缺乏其他模特儿,但也有可能在历经了这场破坏性的变故之后,他试图重塑自身的形象。在这组自画像的第一幅上,他写道,他"像幽灵一样地瘦弱和苍白"。但是大约一个月之后,他又描述自己像一个"津德尔特的农民",他写道:"我在画布上耕耘,就像他们在田里耕耘一样。"此外,他还为看护主管特拉布画了像,"在他那双小而机敏的黑眼睛中像是包含着某种机密的军情",而特拉布太太,是"一个不快乐的、听天由命的、无足轻重的人物"。[34]

　　大约在这同一时期,他临摹了一些复制品和一些木刻画、石印画。这是提奥为他提供的,他最初临摹的是德拉克罗瓦的石印画《圣母怀抱受难耶稣之忧伤图》。在他刚刚从中恢复过来的那场疾病发作期中,他毁掉了这幅石印画的原本,或许这体现他"病中的信仰转型"[35]。而现在他又带着它重返生活。他还临摹了迪蒙特·布雷顿夫人①的《海上的人》、伦勃朗的《天使》(图 29.5)和《拉撒路的复活》(图 29.2)、杜米埃的《酒徒》、多雷的《囚徒放风》(图 5.1)、以及德拉克罗瓦的《乐善好施者》(图 12.4)。他还临摹了四幅高更的《阿尔勒的妇女》、甚至还复制了他自己的《弯腰的男子》和《卧室》。最重要的是他将米勒的农民画"译成另一种语言"[36],它们总共有二十幅,包括称之为《田野劳动者》和《白昼四小时》的两个系列。他以黑白的印刷品作为范本,在挖掘对原作记忆的同时,即兴地运用色彩:"'色彩大体和谐,至少在感觉上是正确的'——那是我自己的解译。"[37]实际上,文森特正是在和这些画家进行合作,而不是单纯地复制他们的作品,用这种方式来继续与画家的合作关系,这种合作是不再可能以人与人面对的形式来展开。无疑,

———————————
① 迪蒙特·布雷顿夫人(1859—1935),法国画家。

他还想用其他画家的作品来增强对自己画家身份的认同，这种认同曾因为他的患病而被削弱。

在 1889 年的最后一个月里，文森特画了收获季节的橄榄树，还有圣雷米的维克多-雨果大道，以及在风格上追随日本版画家的雨中风景。1890 年年初，当他听到他侄子诞生的消息后，特地画了一幅蔚为壮观的作品，画中，"开满白花的杏树对着蓝天伸展它粗壮的枝干"。[38]

五

1876 年，当文森特在英国布道，布道的中心人物是一个外乡人或旅行者，他们的生命就是一个"从尘世到天国"的漫长跋涉过程。而文森特本人也神往于土地和天空，他一生都喜爱在乡间散步，将自己融合在天地的怀抱之中。

前面早就提到，文森特对土地抱有的那种艺术家的迷醉，来源于他在童年时代对刻有自己名字的墓碑的惊恐。然而，也来自他把土地作为母亲替代者的观念。一方面他感到土地疏远他、拒绝他，另一方面他幻想土地会接纳他、包容他，而且自己会成为它的一部分。他画的植物和树木紧贴在岩石的斜坡上，好像害怕失去对土地的依附，从本质上讲，这也是他的一种自画像。《树根》（图1.4）意在表现一种"对大地痉挛性的、热情的依附，而大地被风暴撕裂。"当他画"幼小的树干坚毅地扎根于土地"的时候，他正是在用视觉的形式表现他的信念，"成长吧，一个人必须扎根于大地"[39]，他迫使自己以画家的眼光来观察树木强劲的躯干，他还画那些将根深深扎在地底并使之和肥沃土壤融合为一的树木,此时,他感到自己也和大地结合在一起了,没有根,他会枯萎和死亡。正如我们已经看到的,他对掘地者的题材深感兴趣,并用了许多素描来展现,其原因,一部分是出于他对土地的这种情感;所以他如此钟情于土豆,土豆用他祖国的语言说是 aardeppel,用他第二故乡的语言说是 pomme de terre,他多次画到它们。

由于被爱情拒绝,于是文森特将他的热情转移到对天国上帝的信仰之中;正如他在布道中阐述的:"当一个人在尘世诞生的时候是快乐的,但是更欢乐的……时刻是一个天使在天国诞生了。"在那里陌生的外来者成了受欢迎的客人;后来他在阿姆斯特丹写道,月亮、太阳、还有夜间的星星,"都在谈论上帝的爱"[40]。当文森特放弃宗教服务而接受绘画职业的时候,他对天国的信念和兴趣听上去少了,但热情并未衰减,因为他将它们投入到自己创造的天空中去。我们已经看到在文森特写于 1888 年秋的信中,他频频提到基督教徒有关痛苦、死亡、天国的观念,因此这时他沉醉于对灿烂星空的描绘并不是一种巧合;埋头这项工作有助他将有关天国的神秘意念加以具体化,而同时又使自己立足现实的土壤。当他画普罗旺斯的星星时,他怀着希望仰望它们,而它们也用兑现希望的承诺向他点头致意。

步履维艰地朝地平线遥远目标迈进的"旅行者"经常出现在文森特的作品中,如《通往鲁斯道嫩的道路》(图 27.1)。他的一些风景画,在前景中,徒步的旅行者和地面上的观察者之间隔着一大片开阔的空间,但他同时也远离天空。而在另一些画中,跋涉者则趋于遥远的地平线。此外还有一些相类似的风景画,里面旅行者却不见了影踪,这是在喻指文森特本人是画面之外的画家旅行者,企望着前方艰难的道路和上方的天国。其中还有令人注目的远景,将旅行者——即观察者——推向苍穹;在描述作于 1888 年的《播种者》(图 17.1、图 17.3)时,文森特写道:田野"在朝地平线上升"[41]。有时他从远景的角度来画他的南方风景,他利用远景来使画面产生一种像是被强有力地向上推往天空的感觉。例如,在《被圈的田地》(图 27.3、图 27.5)中就可以看到这种向上的推力,这幅画描绘的是圣雷米疗养院后面的田野,它的实际地势比油画中所表现的地势要平坦些;但是一幅同样景致的素描显示他有能力像摄影一样准确地画下它们。圣雷米地势倾斜的风景画和他的一些荷兰风景画是相似的,但还是有所不同,荷兰的风景画是牵着观察者的手走向天空,而圣雷米的风景画和他在世最后一年画的其他风景画一样,土地的表面像是崩裂,猛烈地将观察者投向天空。

文森特还采用其他一些构思将土地和天空联系起来,包括不可计数的教堂钟塔、高耸的树、烟囱、有尖塔的建筑物。在荷兰,风车往往像基督教徒的十字架,直指天空,这景色吸引着他那双画家的眼睛(见图 27.2《多德雷赫特的风车》),并且让他到了巴黎之后仍不能忘怀,还继续画它们,甚至在走访圣马利斯时,他还画了那里小屋顶上指向天空的十字架(见图 27.4)。

他还迷醉于鸟类,收集并画它们的窝,鸟巢这样的东西提醒他,他也可以像鸟一样自由自在。在抑郁一阵阵发作的时候,文森特称自己是一只关在笼子里的鸟,一个被定了孤独罪的囚徒的自我形象的变体。另一方面,展翅翱翔的鸟类在梵高诸多的风景画里都是很突出的物体,它们和跋涉于天国之路的旅行者是同类之物。(见图 27.6《鸟巢》、图 28.1《飞燕》、图 11.2《收割者》、图 17.1 画于 1888 年 6 月的《播种者》、图 27.1《通往鲁斯道嫩的道路》、图 32.3《麦田上空的鸦群》)

用烟斗抽烟是文森特很早就爱好的几个题材中的一个,在他的作品中有许多叼着烟斗的人。有一次他写道:在一棵老树干旁抽烟,注视着蓝天,使他忘记了心中的忧烦。[42]在那里,像那棵老树干一样,他扎根土地,同时袅袅轻烟又为他提供了一条通往天国的直接路线。他还画从巨大的工业烟囱及农舍涌出的烟气。(见图 10.3《耳朵上绷带的自画像》、图 12.1《左眼蒙绷带的男子》、图 3.4《工厂》和图 13.1《炉边捧读书本的农民》)

在他生命的最后一年里,他用强劲的笔触——既有连绵曲折的阿拉伯式花纹,又有直线的特征——像雅各的梯子①一样飞快地升上天空,有的时候这种特征非常强烈,有的时候他用以取代他早期的透视画法(见图 29.1《葡萄园和农妇》)。不管作品的内容是什么,它们都能把人引向天空,从这个角度看,他的有些作品可以被看作是抽象表现主义画派的早期范例。通常他将这些技法和其他一些表现手法结合起来,例如在《北方的记忆:茅屋和丝柏》(图 28.3)中,地势是和《被圈的田地》中一样急剧地向上攀升,而房屋的顶部也被抬高,形如火焰的丝柏直指苍穹的绝顶,所有这些处理都增强了笔触和线条垂直向上推扫的力度。

文森特关于人生就是旅行过程的布道还使我们想起班扬的

---

① 雅各的梯子,即上天的梯子,源于《旧约·创世纪 2:10—18》中的记载:雅各梦见一个梯子,耶和华在上面和他说话。

《天路历程》,这是他最喜爱的一本书。书中的英雄人物基督徒像文森特一样,他在悲痛中逃离了家庭和邻人,因为他们认为他疯了。像文森特到法国南部去寻找光明一样,他朝着远方的光亮走去,那光亮把天国的大门照得通明。像文森特一样,即便在老于世故先生、懒惰先生、愚昧先生、傲慢先生、循规蹈矩先生、伪善先生的引导下,他仍然没有迷失方向,而且像文森特一样,他最大程度地保持着人的谦卑。像文森特被阿尔勒的镇民拘留在疯人院一样,他也被人间浮华世界的镇民拘留。像文森特在奥维尔自杀一样,他在瓦兹河大步跨越了死亡之河,并且奔上通往天国的山坡。

文森特用英国画家鲍顿的一幅风景画来结束他的布道,这幅风景画名叫《朝圣者之路》,他说道:"我们的人生就是一个朝圣的过程。我曾经看到一幅非常美丽的画,那是一幅傍晚的风景。右侧的远景中,一排起伏的群山笼在暮霭中,呈现出蓝色的调子。群山的上面染着落日壮丽的余辉,灰色的云彩翻露出内层的银色、金色以及紫红色来。这幅风景是一片覆盖着草和黄叶的平原或灌木荒野,因为时值秋天。"

将这幅英国风景画和文森特的《麦田和丝柏》(图 28.4)进行比较,后者是文森特罹病时画于圣雷米圣保罗修道院的几幅相同风景画中的一幅。背景中的蓝色群山陡然朝右侧上升,天空充满云彩。前景中的旷野被长长的、金黄色的麦梗覆盖,意味着秋天的收获就要开始。这幅画的原型是疗养院后面的群山——低矮而连绵起伏的阿尔卑斯山支脉,但实际的地势并不像画中所见的急剧提升。

梵高的许多风景画都采用这种相同的方法,通过使观察者的视线向右上方推移,把画面和天空联系起来。这种效果在他早期的作品中是依靠透视画法来获得的,而在他后期的一些作品中,是凭借线条来实现(见图3.3《截梢的柳树风景》、图2.1《路边截梢的柳树》、图27.1《通往鲁斯道嫩的道路》、图6.3《楼梯》、图27.3 油画《被圈的田地》、图29.1《葡萄园和妇女》)。

文森特在他的布道中继续解释鲍顿这幅画的含意:"一条小路贯穿整个画面,一直通往远处的高山,通往山顶那座遥远的城市,在城市的上空,落日散射出灿烂的霞光。"基督徒迈着沉重的步履,长久地陷于疲惫困乏之中,他终于问上帝的使者,"'这旅行将耗费漫长的一整天时日吗?'天使回答:'是的,我的朋友,正是从早晨到夜晚。'于是,朝圣者在继续悲哀的同时又常常欢快雀跃——悲哀是因为目标离他如此遥远,而道路又何其漫长。但当他仰望那座遥远的、在晚烧中无比辉煌的永恒之城时,他的心中充满了希望……"

在文森特的《麦田和丝柏》(图28.4)中,我们看不到天国的永恒之城。但是在另一幅阿尔卑斯山风景《星光灿烂》(图28.5)的深蓝背景中,它大概有所显露。事实上文森特把《星光灿烂》与《麦田和丝柏》(或另一幅像这样的风景画)看作是一对相近的作品:在一个独立派的画展上,文森特提出将这两幅画放在一起展出。[43] 在《星光灿烂》这幅夜景中,重现了《麦田和丝柏》中那种向上陡升的群山。一个神秘的城镇卧伏在高高的山巅上,在黑暗中闪着光亮。像这样的城镇在阿尔卑斯山是找不到的,尽管纯粹想象出来的景物在文森特的画中很为罕见。也许它正是朝圣者的目标,"那座遥远的、在闪亮的夜色中无比辉煌的永恒之城"。

在文森特的心中,《麦田和收割者》(图28.2)、《麦田和丝柏》、《星光灿烂》,这三幅作于1889年的风景画形成了一个系列,它们描绘的是"从早晨到夜间",从尘世走向天国的布道主题。在第一幅风景画中,形体小小的收割者——文森特心目中的"近于微笑的"死亡象征,正在开始他的长途跋涉。这三幅画中,山脉是相同的,但是视线被引导在画面上的停留位置却一幅比一幅高,就像白昼在向夜色推进。在第一幅风景中没有丝柏,在第二幅风景画中它们出现在右边,而在第三幅风景中它们都被移到左边。忧伤而勤勉的收割者攀上了山坡,并且最终将在夜间到达天国的永恒之城。这些作品有助我们深入理解文森特的绘画:文森特强调他的绘画意在表现"浓重的忧伤",这仅仅是一个方面,此外,它们还表现了永恒的快乐。

六

文森特的透视画法往往让人产生眩晕和扭曲变形的感觉,例如迈耶·夏皮罗就注意到《特兰凯塔那钢桥》中"平行和收敛性的线条所产生的一连串眩晕感",还有《卧室》(图 9.5)中线条的"急剧汇拢"[44]。在后一幅画中,前景的扩张和背景的收缩可以用来证明文森特对空间的感知已经异乎常人,这是由于狂躁的发作或是由于某种毒素(如苦艾酒)的侵袭伤害了他的神经系统。[45]可是,在画于相同时期的其他作品中却没有这种视觉上的异化现象,[46]于是我们可以知道,这种现象并非是他在精神疾病的逼迫下被动产生的,而是他有意去达成的,因为这是他希望获得的绘画效果。就像我们看到的,"扭曲变形"在《被圈的田地》是出于同样的考虑。在圣雷米时期,那种火焰般的线状风格特征,是他故意对对象作扭曲变形的另一形式。"'橄榄树'和白色的云层、背景中的山脉(图 25.2《橄榄树的风景》)、还有'月出'和夜的印象,都有所夸张,它来自对观察点的调整,"他写道,"它们的线条被扭曲变形,宛如苍老的林木。"[47]透视上的夸张和弯曲的线状风格,赋予文森特的作品以运动感,这是他渴望得到的效果。例如夏皮罗谈到《卧室》时写道:"在他表现的事物中,运动感会自然而然地增强……通过将运动感投放到对象中,他消除了紧张,赢得了真正的平静。"[48]也许这使文森特相信,这间卧室的场景是"暗示休息和睡眠"。[49]

线条犹如具有力量和方向的矢量,将他高度充电的内在生命朝外释放。[50]例如,在他画的丝柏、橄榄树以及那幅《星光灿烂》中,出现的同心圆、螺旋线,还有阿拉伯式花纹,会使一些敏感的人产生眩晕的感觉。文森特长期以来一直受到头晕目眩的折磨,这决不是什么巧合,而且这种眩晕感常常是因为身居高处引起的。对于高更一幅表现他坐在海边悬崖上的漫画,文森特注解道:"当我患眩晕症的时候,经常对自己所处位置有一种难以言喻的恐惧感,就像站在大海上方的险峻峭壁上。"[51]这个问题如此严重地困扰着他,以致他在巴黎的逗留期中一直不习惯攀登楼梯;在圣雷米也是如此,他抱怨"在可怕的噩梦中,眩晕阵阵发作"。当他在正午画德伦特的灌木荒野时,他甚为苦恼和忧烦,他说:"在如同火焰燃烧般的光亮中画它,表现旷野消隐在无垠之中,使得我头晕目眩。"[52]在画普罗旺斯的平原时,眩晕感重新出现了,显然,此时他是伫立在蒙马儒尔废墟上鸟瞰眼底的风景。

也许和头晕目眩联系在一起的恐高症会对一个风景画家的工作构成障碍。但是文森特将逆境当做一种考验和挑战,无疑,像忧郁一样,这种眩晕的症状激发了他的创造活力。笔者认为,他在高处作画,试图控制恐惧和减轻头晕目眩,他画出了充满眩晕感的透视图,并找到运用于绘画的旋转线模式。他不是消极被动地去经历和忍受这种病状的磨难,而是主动以积极的姿态去将他的感受诉之于绘画。A·M·哈马克切尔教授认为文森特的很多画都是在窗口画的,利用有安全保障的环境作画,对他来说是一种热切的需要,因为户外作画会使他头晕目眩。[53]他的窗子可能安装了栅栏,就像是在令人眩晕的峭壁边缘设立了安全防护装置。几乎一直和他绘画生涯相伴的画架,也是在一个木制框架上缠以纵横交错的网状铁丝而构成的,显然,是为了让它产生同样的效能。

虽然我们只能推测,文森特的头晕目眩和恐高症源于他童年时代受到的诸多伤害。也许他和忧郁沮丧的母亲最初的不和谐关系导致他置身于空间时会产生不安定的恐惧感,因为他母亲从不亲密搂抱他。他是如此敏感,他把父母间的交媾看作是兽性的发作,他对此所持的饱含惶恐的认识无疑会增强他的不安定感。在他生命的最后两年中,由于神经系统紊乱的反复发作,由于营养不良以及酒精的作用,他的眩晕和恐高症状可能进一步恶化了;也许正是因为这个原因,他的眩晕感在那个时期得到了最直接的艺术表现。

七

在圣雷米的头几个月里,文森特表示希望回到北方时期所惯于采用的色调中去,显然,他这是委婉吐露自己想要回荷兰的至深愿望。到 1889 年 9 月,他的这一想法变得更加直率明了:"一个急切的愿望占据在我心中,我想去看望我的朋友,再去造访北方的农村。"[54] 1890 年 4 月,他把对故乡的思念之情,灌注在一组描绘麦草顶的农舍和穿木鞋的农民的油画和素描中——他称之为"北方的记忆"(参见图 28.3),以及灌注在他用新的线性风格画成的《食土豆者》的修改版中。他写信给母亲说,他有一些画"遗留在荷兰,好像是画于津德尔特,或是画于坎尔勃梭特[布拉班特的另一个村庄]……如果我安宁地留在北布拉班特,我会有一种较为朴质的感受"。他告诉提奥他新近的学习和研究是"与我们年幼时在荷兰的遥远记忆"紧密相连的。[55]

4 月 29 日,他抱怨他比自己能用语言表达的"更悲伤,更不幸"。[56] 无疑,由于佩隆医生看似对他这场刚恢复过来的发病并不重视,使得他的郁郁不欢更趋严重,虽然直到离开圣雷米去奥维尔之后,他才公开表示了对佩隆的不满:"老佩隆没有给予最起码的重视,丢下我和其他所有人在一起,全都是染病很重的。"[57] 但是工作依然是他解忧的良药,5 月间他写道:他脑中的想法比他能够落实于行动的要多,他的笔触"如同机器"般快捷。[58]

在乡愁和孤独的煎熬下,他决心离开疗养院:"在这里,周围的环境开始像重荷压在我身上,我难以用语言描述这种感受……我需要空气,我感到快要被厌烦和痛苦所淹没。"他要求提奥恳请佩隆医生放他离开。此事很快就商量停当,为此他画了四幅静物写生,这是他迄今所画的最大型的静物写生画——它们是两幅玫瑰花、两幅鸢尾花。其中一幅鸢尾花,他追求色彩以"柔和与谐调"的方式相互结合;而另一幅,他采用的是"截然不同的互补色"。[59] 不久前，他曾表示希望放弃后者那种鲜明的色彩对比，但是偏偏，他并没有过度地被他的艺术家决心所束缚。也许，这种和他近期作品风格背离的现象之所以容易产生，是基于他知道逗留此地只是短暂的事实，他将在一周之内离开，从而感到更自信，"带着一种沉静和平稳的热情"工作。

到了5月16日这天，也是他来到圣雷米一年又一个星期之后，他向北方迈开了步子。

第十一章

一双特独的怪眼

一

文森特的绘画成就,乃是一个在绘画方面接受很少正规教育的人的非凡成就,之所以成为可能,得益于他自幼就开始的一种训练。它不是 1880 年代那种有计划的训练,而是一种自发的、有点无意识状态的"学习",是被他内心需求的压力和他所处文化环境推动的。这种学习过程的一个重要部分就是看,就是对观察事物的强烈迷醉。

《文森特书信全集》的读者很快就会知道文森特的眼睛是在不停观测他周围的一切。早在他决定许身绘画事业之前很久,在写给提奥的诸多信件中充满了对人和场景栩栩如生的描述。对视觉的绝对专注是一种生气勃勃的动力,推动文森特进入绘画领域。正因为长期深入细致的观察,所以仅在开始绘画生涯一年以后,他就能够自信地说,他的眼睛"训练有素和坚实稳健"[1]。画家的眼睛犹如音乐家的耳朵一般,是一个基本工具。画家能够通过对所见物象的回忆、组合和修饰,使之呈现在画布上。确实,画家可以把自己看作是一只巨型的眼睛,一个像奥迪隆·雷东那样神秘的、优游不定的眼睛人,或者像保罗·克利[1]那样更具有幽默感的眼睛

---

① 保罗·克利(Paul Klee,1879—1940),瑞士画家,与康定斯基、雅兰斯基、法宁格组成"蓝色四人派"。1911 年在慕尼黑加入"青骑士"派。

人。塞尚把莫奈称作为"只是一只眼睛——但那是一只怎样的眼睛啊!"文森特本人在描述他的偶像米勒的一幅肖像时这样说:"画家热情的目光是多么美丽,它又像是公鸡眼中锐利的闪光。"[2]

文森特也有"热情的目光"。他在多德雷赫特销售书籍的日子里,有一位熟人就注意到他那双"小小的、凝视时变狭的眼睛",正像后来阿尔勒的一位观察者所说的,他"不时地停下来盯着东西看"。[3]凝视是文森特最容易满足的乐趣。例如,当他在海牙住院治疗并被禁止下床时,他会忍不住违反医院的规定,为的是从病房的窗口瞭望"壮丽的"景色。在安特卫普,他去参加舞会,但他不是跳舞而是观察,他说:"我还经常去参加那些流行舞会,观察妇女的头部和水手、士兵的头部……通过观察这些娱乐中的人们,一个人可以让自己快乐整个夜晚,至少我是这样。"[4]对于普罗旺斯的风景,他惊呼道:"我不可能经常对你说,我看到的一切令我心摇神荡,心摇神荡!"在普罗旺斯期间,当他不得不羁留在户内时,他发现他能够凭借储藏在脑中的视觉记忆来画画,这很像一个人能够坐在家观赏电影,[5]这种能力对他很有帮助,特别是冬季受气候影响不能去户外作画的时候。

文森特将他的凝视固定到画纸或者画布上,这是一个自然的结果:"看着一样东西,赞美它,思索它,把握它,然后说我要把它画下来,于是为它而工作,直到把它固定在纸上,这是多么美好的事情。"他还用别人的美术作品来做观察的替代形式。远在他成为画家之前,他在英国的时候,每个星期都会看《图画周报》和《伦敦新闻画报》的新刊号。"当时我得到的印象,"十年以后他回忆一些画时说,"是如此强烈,以致尽管以后我经历了所有一切,但那些图画在脑中依然清晰如故。"作画是看的延展,他说:"我爱绘画,爱观察人和物以及任何构成我们生活的事物,如果你喜欢,包括人造的。"[6]

此外,文森特还是个如饥似渴的阅读者,他经常一夜工夫就读完一本书。他有"对书籍不可抗拒的热情",他多遍阅读自己特别感兴趣的书籍,例如《圣经》、狄更斯有关圣诞节的故事、《汤姆叔叔的小屋》,还有米什莱的著作。书本不仅给他带来新的思想观念,唤醒他过去的情绪,但是还会激活他的视觉印象。"对书籍的热爱,"他说,"是和对伦勃朗的热爱一样神圣的——甚至我认为两者是互补的。"[7]他说,长年的阅读使他"目光准确"。观察人和环境,读书和欣赏画,都是视觉活动的推动力,只是形态不同而已。他那种"获得力量在短时间内毫无困难读完一本书并对它保持强烈印象的"能力,是促使他的画家眼睛成为"训练有素和坚实稳健"的一个环节。[8]他把阅读书本和观赏美术作品视为等值,他写道:"看书犹如观画,你必须赞美值得赞美的东西,毫不怀疑,毫不犹豫,确定自己的立场。"

往往,在读书的时候,与其说他是读文字还不如说他是看图画。例如,他发现左拉的作品中有一些"宏大如画"的章节,提奥一封来信中的一段话对他来说是"可摸可看的"。在读维克多·雨果的《九三年》时,他写道:"它是画出来的——我是说用文字画——就像是一幅德坎普斯①或朱尔·迪普雷②的作品。"另一次,他说如果他去

① A·G·德坎普斯(1803—1860),十九世纪第一批从新古典主义向浪漫主义转型的法国画家。
② 朱尔·迪普雷(1811—1889),法国画家,巴比松画派主要成员,作品题材以悲剧和戏剧为主。

听一些音乐，"我应该是去看音乐家的风采，而不是去听什么"。[9]

根据E·H·贡布里希的见解，画家是"学会了用批判眼光来观察的人，并学会了用游戏和认真的姿态来尝试作多种解读，以探索自己的认知"。[10]文森也强调需要实践，和冈布里克关于潜心于学习过程的认识是一致的。"要想在未来变得更大胆、更勇敢，它的方法，"他写道，"就是现在尽可能忠实地保持冷静的观察。"他被内部压力强烈推动着去观察外界，并对他看到的加以解释。结果他"学会了以批评的眼光来观察"。[11]

文森特对观察的热衷，可以被视为源于一种强大的、天生的用眼驱动力。例如，心理分析家菲莉丝·格里纳克提出，艺术家（不仅仅是画家）异常敏感的感觉中枢系统是基因突变的结果。[12]除别人之外，阿道司·赫胥黎也赞成这种观点。另一方面，格里纳克医生还对神经病患者和精神病患者的知觉器官的各个部位做了观测，不管他们是不是艺术家——都可能是高度敏感的，并追溯这种敏感的根源是来自童年的冲突。[13]艺术家的敏感难道不可能有类似的根源吗？正如弗洛伊德在很久以前指出的，艺术家和神经病患者之间没有明显的分界线。也许把艺术家奉若神明，是文明人和半文明人的一种古老的倾向，对我们当代的思想家还在产生影响。从"神赐的"到"天资赋予的"，这种转变与其说是基本信念的变化，不如看作是一种科学诡辩的表现。

但这并不意味着试图否定天资的重要性，而是认为艺术家的创造力是一种非常复杂的精神状态，故而需要在复杂的层面上予以解译。精神分析家无意去证明或是驳斥遗传对于创造力的重要意义。然而，清楚的是，在文森特展开他热衷的视觉活动时，精神力量起了重要的推动作用。文森特在观察的基础上，也对视觉的一个方面，即对色彩的反应，得出了类似的结论："所有印象派画家都是……有点儿神经质的。这就使得我们对色彩和它的特殊语言、对互补色的效果以及它们的对比和调和效果非常敏感。"[14]

视觉活动是文森特用以忍受寂寞煎熬的武器。用眼睛看是孤独的圈外人借以和他人维系关系的方法，尽管这种关系是保持在远距离上的，甚至大多数还只是自己的一种梦幻之感。文森特在他那幅户外餐馆的画（图29.3《乡村小酒店》）中，刻画了一个局外旁观者的形象，画中一个男子被他前面的桌子、树木以及他身后的楼梯所围合，他在谛视面前一对对亲密无间的情侣。文森特在视觉上的兴趣是他对自然兴趣的补充，他用自然界的各种形态来替代人际关系，而这些关系也主要是通过他的眼睛展开的。

像其他具有强烈忧郁癖性的人一样，他格外敏感的是不被人爱和遭人讨厌，这样的人往往具有一个高度发达的知觉器官，他们身上像是嵌装了雷达屏幕，搜索周围环境中可能存在的危险，因为他们所忧虑的危险随时都会吞没他们。文森特的眼睛是向他大脑提供信息的最重要装备。他深信别人想要伤害他，于是用自己的眼睛对他们的一举一动进行跟踪，就像一个间谍在敌人的行列中搜集它的军事动向。起初它是作为一种自我防卫的手段，最后发展成为一种洞察人心的方法，这对于他从事的绘画事业是很有益处的。他在写给荷兰朋友拉帕德的信中说："你可知道，我习惯于非常准确地观察人的外表，以便了解他们真实的精神特质。"[15]

在文森特的书信里，有很多段落提到观察的快感可以替代饥饿时狼吞虎咽的兴奋状态。他觉得给予眼睛滋养比给予嘴巴滋养更令他愉悦。他对饮食保持禁欲主义者的习惯,但在使用眼睛进行观察时他有一种饥不择食的感觉。例如,他"狼吞虎咽"了一本新书的两个章节,他继续说:"有人认为这足以替代用膳 …… 我让自己继续依赖于咖啡、酒精以及阅读。"

文森特用他的行动来否定狂暴的食肉冲动,这是他极为恐惧的;但是对他而言,贪婪和狼吞虎咽的是他的眼睛,而不是他的嘴巴。通过凝视,视觉上的满足感替代了口部的满足感。他用眼睛吞咽周围的环境,就像它们既是食物又是朋友。这种情况特别出现在看画的时候,有一次他说:"绘画艺术是多么美丽魅人;一个人只要还能够回想起他看到过的东西,就永不会空虚和真正凄寂,也永不会孤独。"[16]他从心底服膺德拉克罗瓦的陈述:"绘画是眼睛的盛宴。"

文森特自认遭到母亲疏远和排斥,也许,这种感觉的由来是和婴儿期母亲喂食、搂抱的状态有关。他的母亲实际上并没有抛弃他;母亲还在那里,等着被看到。结果,兴趣的转移可能发生了,不满足感可能从嘴巴、皮肤、身体上转移到视觉上来,好像是进食前被冻僵的状况。他继续不停地用期待的目光远远凝视母亲,期望母亲来喂食和搂抱。但由于他最终未能如愿,故而这凝视成为一种饥饿状态的凝视。认为这样的挫伤感会引导出愿望成真的幻觉,是一种老的概念。然而这样的视觉表象通常只是真正目标的前兆,而不是目标本身。出于无奈,文森特把目标变成了意象,而不是和母亲的最终亲密合一。

当抑郁引导他转入幻想状态的时候,渴望进食的挫败和对狂暴食肉冲动的恐惧促使他将兴趣从嘴转移到视觉。就这样,视觉表象在他的精神生活中起着重要作用。一些临床的数据表明，如此极度饥渴地使用眼睛，是和抑郁的情绪有关联的。英国小儿心理分析学者 D·W·温尼科特①对类似文森特的抑郁儿童的视觉状况作过观察。[17]这些不幸孩子的眼光往往会长时间停留在近处的物体上；后来他们成为"驾驭自己眼睛的奴隶"，进而，产生一种巨大的阅读推动力。

文森特本人也观察到儿童在凝视中获得的愉悦，例如一个婴儿"会一连几个小时看着[织布机的]梭子来去飞动"。[18]他把早晨太阳和煦宜人的光照和母亲的亲切温暖等同起来："一个小小的婴儿在早晨醒来，他牙牙而语，或者因为看见阳光照进他的摇篮而露出笑颜，我想，我在他的眼神中看到了比海洋更深沉、更无限、更永恒的东西。"[19]这个孩子——文森特自己的延伸物——沉浸在满足和永生的幸福中，因为犹如母亲胸脯和面容的太阳散射出滋养的光芒。

"拖着车的老马有一对动人的大眼睛，"有一次文森特写道，"有时饱含着基督徒那样的悲悯。"[20]圆睁的大眼睛往往容易使人联想起带着忧郁神情的凝视。这样的眼神文森特画了很多，比如《食土豆者》(图 24.4)中那些人物的眼神。他们像是在乞求："请不要伤害我，请帮助我并赐爱予我！"他们又像是饥饿地张开嘴巴，恳切地期待喂养。文森特既对用冷漠伤害他的母亲抱有恐惧心理，又希望和她维系一种亲密关系，他陷于两种心态的矛盾冲突中，他

---

① D·W·温尼科特(1896—1971)，英国儿童心理学家，精神分析学家，对客体关系理论有一定贡献，论著甚丰。

力图解决这场争斗,于是通过眼睛,以它们为纽带,将两者关系保持在一种调和的状态。

一种毫无根据的说法认为,文森特急骤收缩的透视画法是由于狂躁症和神经系统中毒所致,与此同时,眼科专家则推理,文森特在普罗旺斯的明亮而充满主观感情色彩的视觉和光晕效应,是起因于诸如近视眼、青光眼、白内障等眼睛疾病。任何把文森特的绘画发展看作是一个整体的人,都不会信服这样的观点。其实,文森特不仅能够控制自己画中产生的夸张感和眩晕感的程度和效果,而且这一切都是经由他周密安排,并在他的个性和他熟悉的各种绘画风格的综合作用下逐渐形成的。它们决不是突然起因于某种眼睛或大脑的紊乱。

二

文森特对观察的入神也面临着它自己的难题。当他和别人之间没有足够的屏障,他们在场使他不自在的时候,注视他们会产生一种恐惧感。在这种情形下,他通过不看他们来进行心理上的自我防卫。他的妹妹伊丽莎白说,小时候和家人一起用餐时,他常常半闭起自己的眼睛。有人还提起他走路时总是直盯着前方,无意和街上的熟人打招呼。[21]

在居留圣雷米疗养院期间,观察给他带来的焦虑感趋于强烈。在他的病况得到充分恢复之后,他在镇上徘徊,对此他写道:"单单人和物的景象就对我产生如此的作用,以致我想我快要晕过去了,感觉很不舒服。"七个月之后,在讨论一幅他希望临摹的画时,他说:"你知道,'圣母玛利亚像'如此令人眼花缭乱,我都不敢注视她。"[22]而另一方面,他却不怕面对太阳——这是最危险的,对眼睛最有伤害的东西,而对他来说,这是所有物体中最有价值的视觉对象。他对太阳的直视起始于荒凉阴郁的荷兰,而不是起始于阳光明艳的普罗旺斯,后者的阳光极度强烈,会使他的眼睛疼痛发炎。

童年时他半闭着眼睛是为了使自己隔绝于家庭之外,这种策略好像被他转化成一种绘画技巧,并用以发展他的绘画风格。1883 年,当他还在海牙时,曾经提到这个方法:"现在,我让自己张开一点点眼睛,更大程度地通过睫毛去看,而不是死盯住眼缝和分析物体的结构,这样就引导我更直接地观察到更像是色彩块面相互对比的事物。"他对自己的一些研究解释说,他观察到"一些神秘的东西,它们是透过睫毛注视自然界而获得的,因此物体的轮廓就简化为色彩的块面"。[23]他发现这种方法对他画《食土豆者》很有帮助:"当在灯光里通过睫毛看的时候,所有的景象都呈现非常深沉的灰色……但当我开始画它的时候,我试图使用那种方法,例如,采用黄褐色、红褐色以及白色。但那太明亮了,肯定是个败笔。"[24]

他的朋友科斯迈科斯叙述和他一起散步时的情景:"当面前出现一轮壮丽的落日,他突然站定不动,然后用双手像是遮蔽了它一会儿,半闭起眼睛,他解释,'……当你在户外作画时,注意千万不要忘了半闭你的眼睛,有时候纽南的那些乡下人说我疯了,因为他们看见我慢慢吞吞地在荒野里游荡……我眯起眼睛,或以手遮目,时而用这种方法,时而用那种方法,为了要遮掉一些物体。'"[25]"遮掉物体",它开始是一种试图让自己隐形的防御,通过魔法般的逆转,后来竟成为一种观察物体的新方法。笔者不清楚当今是否还有其他画家使用这样的技巧，然而，即使他从别人那里听到过，这种传授只会鼓励他使用这种老的和成熟的方法。

文森特为他的绘画事业奠定了良好的基础，这不仅取决他一生对观察能力孜孜不倦的训练，而且还取决他始终着眼于绘画先贤和前辈，从他们那儿汲取视觉方面的养分。贡布里希认为，绘画的发展不是像一些绘画史学者认定的，仅仅是文化演变的结果，而且还是一种特殊历史——技巧的历史——的发展结果，文森特绘画风格的发展就是说明这个论点的极好例子。绘画是通过技巧一代又一代的不断积累而发展的。通过这种积累，画家"学会了观察"，去看以前从未见过的事物。画家用老的和新的绘画语言来描绘世界，使这些图景成为他个人视觉的一部分，这种能力对持续发展富有创造潜力的绘画是至关重要的。

凭借非同凡响的视觉记忆，文森特广泛地掌握了各种不同流派的绘画风格，这些知识成为他视觉意识的一部分。让笔者从为数众多的例子中列举几个：在德伦特农村，他看到"凡·戈因①式的印象"以及"确实像吕斯达尔笔下被漂白过的田野的印象"；当他看见纽南的织工在灯光下劳作，他就像在领略"伦勃朗式的印象"；当他开始对日本版画产生兴趣之际，罗讷河河面上的一只小舟在他眼中便成了"纯粹的葛饰北斋"式的风物。在圣马利斯海滨，他看到的人物形象"就像是契马布埃②笔下画出来的"。[26]最终，他把

---

① 凡·戈因（1596—1656），荷兰多产的风景画家，有一千二百余幅油画和一千余幅素描存世。

② 契马布埃（1240—1302），佛罗伦萨最早画家之一，意大利文艺复兴时期艺术的先驱。

这种观察方法融入到自己的风格中。

为什么文森特如此习惯于将现实中的人物和景致当做是在画中所见？这是由于他诞生在一个把绘画艺术当做整个生命来接受的国度，这一传统已经根深蒂固，有四百年之久的历史，其次，他诞生在一个异常珍视绘画艺术的家庭，似乎助长了他的这种倾向；此外，阴郁、潮湿、单调乏味的农村也是一种激发因素。文森特把荒凉的环境与寂寞和沮丧等同起来，这常常在他内心激起忧郁的情绪。然而，通过一位可敬的画家的眼睛，就能看到它的光彩，于是那场景被转化成一种使厌烦和抑郁得到减弱的审美体验。产生于强烈凝视中的恐惧，可能强化了他以这种"好似"的方式来感知世界。与之相同的是，他眯起眼睛把人或物看作是一幅画，这样它们就会不那么逼真，也不那么危险了。

在文森特视觉经验的发展中，他那种强烈的羞愧感也起了重要作用。羞耻感的强度与形成孩子自我形象的因素有关。童年时代的际遇使他深信自己低人一等——无论是在体质上或是在精神上，无论是在整体上或是在某一特定的方面，这种自卑的心态使他更容易产生羞愧之感。羞愧是一种和视觉最有关系的情绪，因为它是基于这样一种感觉，即一个人被看作是一个下等的或被鄙视的人——丑陋、肮脏、讨厌和无助。为了避免被这样看待，他希望从人们的视线中消失，从词源学的意义来说，羞愧（Shame）这个词如果用来做词根，是表示被遮掩起来的意思。

文森特力图摆脱羞愧感的纠缠，于是便把自己推进了自我封闭的状态，因为在孤独的隔绝中他成为不被人们看见的人。文森特有一个奇异的想法，即不去看就是不被看到，故而当他试图逃避受辱的痛苦时,他转过头或是闭起眼睛。他还害怕和他尊敬的长者直接接触。例如在伦敦,他偶然遇见荷兰当代最负盛名的画家马西斯·马里斯,文森特非常仰慕他;但是文森特发现自己"太窘迫了,以致不能对他畅所欲言"。[27]文森特在布道中曾提到画家波顿的作品《朝圣者之路》,然而当他见到波顿时,同样是窘态百出,他说:"我不敢和波顿说话,因为他的出现使我敬畏。"1880年冬天,他由比利时的博里纳日步行了很长的路程来到法国西北部的库里耶尔,目的是拜访著名画家和诗人朱尔·布雷东,布雷东继承了库尔贝和米勒的现实主义风格,深为文森特所敬佩。经过一个星期长途的艰辛跋涉后,他抵达了布雷东的画室,看到它那如同"卫理公会教徒"一样冷漠的外表。尽管他费尽周折方才来到此地,但是,顷刻之间就失去了拜谒大师的勇气。在这个城镇的其他角落,他试图用不怎么难堪的方法使自己得到满足:他觅到一幅画,可能是布雷东画的。[28]

作为一个画家,文森特成为一只眼睛,他说,作为一只眼睛,实际上"我能够看见你,但你不能看见我。"在画自画像的时候,他说:"我被人看,但那是按照我自己的方式来看。我可以让自己被人讨厌,也可以让自己有吸引力。这取决于我而不是取决于你。"在为一个模特儿画肖像时,他说:"这里展示的是另一个人,不是我。"而同时他又表示那画里也有他自己的影子。

文森特把他在众目睽睽下产生的羞愧感——被人注视时引起的痛苦——转化成为观察事物时所持的敬畏感。这种转化是文森特的绘画发展中至关重要的一环。敬畏是一种被人和物的高大显赫气势所压倒的感觉。它往往是尊敬、惊奇、恐惧等情绪的复合。

羞愧感和敬畏感是有所关联的,两者都是显贵与卑微进行对比的产物,它们都和视觉有关,虽然在羞愧的感觉中他是被观测者,而在敬畏的感觉中他是观察者。文森特经常描写他在面对心仪的理想人物或面对大自然时内心泛起的强烈敬畏感,使人们可能从他的画中猜到的变得明确。他在敬畏的事物前面,仍然感到自己渺小和卑下,而他敬畏的对象则是高大和强有力的,但他不再经受由此产生的被蔑视的羞愧感的折磨,也不再有被抛弃的惊恐。正如他说的,在强有力的形象面前,在他们的位置上他感觉到的是敬重、同化和"安慰"。

然而,敬畏感并不能完全令人满意地取代羞愧感,因为在威严的物象面前他依然感到虚弱、卑下、无助。此外,敬畏时常伴随恐惧而来。他把物体看作是画中所见而不是真实存在的东西,这种能力会使他的羞愧感作进一步的转化。把对象置于画布和框架构成的区域中,通过这种视觉上的转移,他能够克服残留的羞愧感和敬畏中固有的恐惧感,并将它们转变成一种审美反应。现在,他可以说:"没有什么东西令我恐惧。渺小和无能的不是我,而是你。但是我不会利用我的力量,相反,我赞美你,希望成为你的朋友。"

在这个过程中,留给文森特走的还有一步。他在观察上感受到的审美反应,使他更容易把对象移置到画布上,并让其他人产生共鸣。他使自己成为一个画家而不是仅仅以画家的眼睛来观察,他使消极被动转化为积极主动,通过这样,他进一步控制了他的表现对象。他成为主人,对象则永远处于他的驾驭之下。通过对画面的概括和修饰,他和它的关联更为紧密了,转化也得以完成。

第十一章

不是宗教画的"宗教画"

一

把自己视作和基督保持同一，这种认定是一股强大的动力，推动文森特去成为一个具有独创性的多产画家。他觉得作为基督的追随者，他完全有理由去抨击那些刻板的院士，完全有理由去为绘画而殉道。艺术利用他的受苦，通过以基督的形象赞美自己的受苦，他的痛苦在绘画中得到了利用。他勇于摈弃僵化无益的传统，而从别的异端者那里汲取新的思想、新的技巧，并确信自己负有创造一种新传统的使命。那种觉得自己是一个卑微的门外汉而产生的羞愧感，被能够使他创造绘画奇迹的巨大激情淹没。像是基督，他被允许——或被逼着，面对充满威胁的世界大胆向前突进，他自信未来会为他的努力见证。

文森特视自己为基督的同一体，这样的认定不仅增强他绘画的冲刺力度，而且还对他的绘画内容和绘画风格产生有益影响。虽则如此，但他以《圣经》场景为题材的画并不多。他只能被称为把思考中的宗教观念在作品中以非宗教形式进行表现的宗教画家。在他北方时期的作品中，除《负重者》和《食土豆者》中有小而不甚显眼的基督肖像外，还没有单独的、显著的宗教描绘。他的几幅以《圣经》场景为主题的作品均作于普罗旺斯，其中两幅描绘基督在橄榄园的画作于阿尔勒，[1]但都被他毁了。其他的全是临摹之作，画于一年后他被监禁在圣雷米疗养院时。它们包括《圣母怀抱受难耶稣之忧伤图》(图 25.1)、《乐善好施者》(图 12.4),这两幅是根据德拉克罗瓦的作品临摹的,还有《天使》(图 29.5)和《拉撒路的复活》(图 29.2)是临摹伦勃朗的,所有这些画的主题对文森特而言都有很深的个人含义。德拉克罗瓦的那两幅画涉及到他最喜爱的题材——通过病、伤残或者死亡来诉求爱和关注。《圣母怀抱受难耶稣之忧伤图》描绘了一个母亲对亡儿的爱。而《乐善好施者》表现的则是一个受伤的男子,他接受护理,被包扎了,并在途中得到帮助。《天使》是以《天使拉斐尔》的印刷品为基础画出来的,将它归于对伦勃朗的临摹可能不甚贴切。[2]拉斐尔是一个仁爱的监护天使,他是青年、天真无邪的孩童和特别是像文森特这样的流浪者的保护人。然而,我们不能确定文森特是否知道这幅画的确切主题,虽然他对此作过询问。我们清楚的是文森特把这幅画看作是"灿烂和令人欣慰的"[3]。当然《拉撒路的复活》和再生的主题有关,是文森特的另一个重要主题。

在临摹《拉撒路的复活》时,文森特对伦勃朗的这幅蚀刻画作了一些重要的改动。在原作中,基督处于近景之中,俯视着拉撒路(见图 29.4)。而文森特略去了基督的形象,并把自己的视线局限在以拉撒路——他现在和文森特相似——倒着的身体为特写镜头的范围内。让我们来和原作做比较,原作中的场景是站在远处看的,而文森特的画,其观察点是原作中基督站立的位置,画家文森特多少有点通过基督——"最伟大的画家"——的眼光来看这幕情景。在伦勃朗的蚀刻画中,一个直立的男子在拉撒路前面的旁观者中高耸着,相比之下,他下方那个形体较小的妇女显得晦暗模糊,而在文森特的画中,这个男子被删除,但是那个妇女被画得大了,画得老了,并且情绪更为激动失控,独自扑向那个倒地的身体。就这样,通过文森特的变形处理,这个妇女成了一个悲哀欲绝的母亲,而这幅画就变得和《圣母怀抱受难耶稣之忧伤图》相仿,文森特简化了蚀刻画的焦点,将注意集中在虚弱的男子和关爱他的妇女之间的亲近关系上。

除了这些摹品之外,文森特的作品都避开宗教题材。他试图通过对荷兰绘画作冗长而热情的表述来解释这个问题:"那些荷兰人几乎没有任何的想象和梦幻,但是他们出色的鉴赏力和知识结构是无与伦比的。他们不画耶稣、上帝等等诸如此类的体裁……"[4] 他可能还会补充,说这是荷兰加尔文主义造成的。

从十四世纪到十六世纪,罗马天主教主导的荷兰绘画,其内容主要是宗教的。但是随着宗教改革时期加尔文教派的出现,绘画被禁止进入教堂,神圣人物的肖像画也受到抑制。新教的偶像破坏者们在凡是他们鞭长能及之处对教堂绘画作了摧毁性的破坏。结果《圣经》人物和宗教故事渐渐从绘画中消失。到十七世纪,大多数画家为了迎合荷兰革新派教会而使自己的作品和宗教绝缘,并从周围的普通事物中去寻找灵感。所以,这个伟大时期的绘画是由肖像画、静物写生画、风俗画、风景画和建筑画组成。

伦勃朗是一个重要的例外。但是和意大利、西班牙及法兰德斯的天主教绘画相比,伦勃朗的宗教肖像仍然是近乎于世俗化的。伦勃朗采用《圣经》题材,更多的是为了描绘人物,而不是解释宗教故事。例如,根据绘画史学者威伦斯基①的看法,伦勃朗的作品"就

---

① 威伦斯基(1887—1975),英国画家、艺术史家和评论家,以论著《现代艺术运动,现代雕塑的意义》和对约翰·罗斯金的心理研究而著名。

艺术的意义而言,不是由于教会服务而产生的宗教画……普遍认为他是从日常生活的角度来思考《圣经》故事的"。[5]文森特自己也谈到在荷兰所有的画家中,伦勃朗"是一个绝无仅有的例外,他塑造了诸多基督形象及其他形象。他的笔底,几乎不同于任何其他宗教画家所为,具有高度抽象的魅力"。[6]

文森特对宗教的醉心从信奉《新约全书》转变为投身有宗教寓意的绘画,在他的很多作品中可以找到关于对《新约全书》宗教思想的隐喻,这种迫于教会压力的转换模式已经由他们的荷兰前辈建立很久。当宗教的肖像画被改革教派禁止后,就进入了地下形态。于是,宗教思想被隐藏在静物画、风景画和世俗画之中。例如,苹果代表原罪,胡桃代表基督的神灵,蝴蝶代表灵魂,鸢尾花代表圣母玛利亚。最初它们是作为宗教绘画附带的描绘细节,而到十九世纪晚期,它们以独立、具有象征意味的静物画形式出现。无论是一个民族或是一个人,根深蒂固的宗教思想不可能因为一纸禁令而被铲除。他们坚持用绘画来做隐喻。

但是文森特为什么回避神秘性质的宗教肖像画,除了荷兰传统的解释外还有更多的理由。驱使他远离基督教的个人恐惧,使他抵制非理性的绘画。例如,在 1885 年,他抱怨乌德①的一幅画中有一个"神秘的基督",又补充说他宁可喜欢莱尔米特和拉菲利那种"完全符合逻辑、明智和诚实"的绘画。[7]1888 年,他批评由雷东致力推广的那种符号式的、晦涩难解的绘画。文森特的状态可能

---

① 弗里茨・冯・乌德(Fritz von Uhde, 1848—1911),德国宗教题材画家。风格介于写实主义和印象主义之间,曾被誉为"德国杰出的印象派"。

像一个处于奇怪位置上的人,他的生活中充满非常奇异的行为,但他又担忧自己会失去对行为的控制,而这种担忧似乎就是他讨厌此类绘画的原因。他不热衷于画《圣经》的场景,部分原因是由于一种"可怕的想法"——从本质上讲,不外是"自毁"的念头——闯入他的意识中,且可能主导他的行为。在绘画形式的宗教中,文森特拒绝了一个施虐的基督教上帝,而为自己找到一条通往更安全的仁慈上帝——大自然母亲——的道路。与其画《圣经》中的基督,他宁可画"基督的教义"[8],这是他谈到米勒的风景画时所说的一句警言。

1888 年和 1889 年期间,文森特甚为反对梦幻般的宗教场景,其时他的朋友高更和贝尔纳正在布列塔尼画这样的东西,他还劝告贝尔纳把握现实,和真实同在。在承认自己"对所有的宗教夸张都感到恐惧"后不久,他抱怨他们画的"基督在果园"令他甚为不安,他把它们称为"一种幻想或噩梦"。[9]他自己甚至也被这种逼真的场景所感染,以至在 1888 年他两度画了这个题材。当他毁掉这两幅画的时候,他就像是在捣毁一个把恐怖转变为现实的可怕噩梦。事情确实如此,几个月之后,他弄残了自己的耳朵。

文森特对德拉克罗瓦和伦勃朗笔下宗教场景的临摹,远非是简单的仿造。但是在他自己和《圣经》之间有另一个画家站着,也许成了一种保护。而且,文森特没有把德拉克罗瓦和伦勃朗作为空想的宗教画家来接受。他们所画的是真实的东西,而不是想象出来的场景。在论及德拉克罗瓦时,他写道:"那么,你知道为什么德拉克罗瓦⋯⋯的画能如此打动一个人?因为在画'客西马尼'的时候,他亲自去观察过橄榄树丛是什么样的⋯⋯"[10]对于伦勃朗,他重复同样的见解："伦勃朗没有虚构任何东西，他画天使、画神奇的基督，这是因为他熟知他们……可以说德拉克罗瓦和伦勃朗的绘画手法截然有别于其他所有的宗教画家。"[11]

我们早就看到，文森特对田野里播种的人们有一种强烈的迷恋。在他投身绘画事业的第一个月，其时他还没有离开博里纳日，他至少已经画了五幅以播种者为主题的画。"……而且，我将会再继续画它，"关于播种者他写道，"我完全沉醉在那个形象中。"[12]他对播种者的兴趣，一部分是来源于他的偶像米勒以及米勒对"基督教义"的描绘。他在北方和南方都临摹过米勒的《播种者》（见图17.2），并在其他风景画中也画了与之相同的形象。

甚至就像年轻人期待宗教生活一样，文森特把自己看作是一个追随基督脚步的播种者。例如，在1887年他写道："我想，对于一个我希望成为的'上帝福音的播种者'来说，以及对于一个在田野里撒籽的播种者来说，每天会产生足够多的自身罪恶，而地里也将长出荆棘和蓟。"[13]当他成为一个画家（并将基督转化为画家）的时候，他把有关播种者的概念转移到画中。1888年6月，他写信给贝尔纳说："尽管伟大的画家——基督，蔑视有关记载思想的书籍，无疑也蔑视口头语言，更何况——特别是比喻。（什么播种者啊，什么收割啊，什么无花果啊，等等）……这些口头语言……通过艺术的表现达到了巅峰。它们使我们领略了富有创造活力的艺术，那同时又是不朽的、生机勃勃的艺术，是和绘画紧密联系的。"[14]通过把自己和基督等同起来，并把基督和绘画艺术等同起来，他的画就成了可视的而不是口述的比喻，他笔下的播种者就是基督的肖像，同样也是他自己的肖像。

当时,文森特在这封信中把基督和播种者及绘画等同起来,他还画油画的和素描的播种者,包括在致贝尔纳和英国画家拉塞尔的信中画的播种者草图。[15] 在这些画中,播种者迈开大步在犁过的田地上朝着对角线方向斜跨,太阳在他脑后。如果观察者将自己置身于播种者的前面,则太阳成为一个光轮,而这个人物形象就成了带着光轮的基督播种者;"播种者"这个词的比喻意思被解释回字面意思,这是梦中常有的形式。梵高的另一幅《播种者》,画于此后的 10 月份,对它无需太多的想象就能明了。在这里,播种者的头被金光灿灿的太阳所环绕,就像教堂里的基督像,头部环围着一个金色的光晕①(见图 17.1 作于 1888 年 6 月的《播种者》和图 17.3 作于 1888 年 10 月的《播种者》)。

就在他画这些播种者的同一个夏季,他走访了圣马利斯德拉梅,那是地中海沿岸的一座渔村,他极为赞赏那里的渔船——"绿色、红色、蓝色的小船,形状和颜色都是那么美丽,让人想起花朵。""整条船只有一个船员,"他写道,"当没有风的时候,它们启程了,当狂风大作之际,它们回到海岸。"[16] 他用隐喻的眼光来观察它们:"现在,我们栖身于悲惨的小舟之中,航行在波涛汹涌的海中,独处于我们时代的巨浪之上。"[17] 去描绘它们,可以有助去控制这一凶险场景所象征的凄寂可怖的世界。

这些小船还使他想起德拉克罗瓦的一幅画——《基督在加利利海》(图 30.1),那是对《马可福音》第四章第三十九节基督使海面

---

① 作者注:这幅《播种者》被非常贴切地用在一本寓言读物的外封面上,它是乔基姆·杰里迈斯著的《耶稣的寓言》,由泽维尔·马帕斯和李·普依于 1962 年编辑出版。

平静下来的图解。文森特在从圣马利斯返回阿尔的时候提到这幅画:"啊,德拉克罗瓦画的那幅'基督在革尼撒勒〔加利利〕海的舟中'是多么的可爱!他带着淡柠檬色的光环,在一块引人注目的紫罗兰、暗蓝和血红色的衬托中熟睡着,那群惊魂未定的使徒——在可怖的、翠绿色的海上,一直升到画面的高处。啊,这是多么杰出的构思。"[18]文森特画了一些圣马利斯海景,无疑是受了德拉克罗瓦这幅画的影响,它们在构思和色彩上都类似它。当文森特画这些风景的时候,他把圣马利斯那些漂亮精巧的、"几乎不可能在远海冒险"的小舟,画成处于狂暴和骚乱的水域之中:使人目睹到阴郁的色彩、猛烈的运动感,以及波涛的汹涌澎湃。然而,尽管环境骚乱和凶险,那些被认为只能在"没有风浪"中航行的小舟依然给人留下平静及和平的印象。(见图30.3《海之舟》)

　　文森特画了三幅海景,他写道:"只是让我的笔驰骋。"[19]这就是一个画家自由联想的前弗洛伊德版本。实际上,也许文森特是说,这些画所代表的思想来自隐藏在他内心的智能,它们正在推压他的意识,最终,通过他的手自然而然地浮现出来。考虑到他把自己和基督视为同一,还有那时候他对《新约全书》兴趣浓厚,因此很可能对圣马利斯的造访和看到飘荡在海上的渔船,会唤他想起《新约全书》中基督镇住海水的场景,并唤他想起德拉克罗瓦展现这一传说的绘画。文森特对圣地拥有颇多知识,这必然会促使他将圣马利斯和《圣经》故事发生的所在地加利利进行对比。这个普罗旺斯的小渔港对普罗旺斯的意义,相当于加利利的渔村对圣地的意义。很多基督教的神职人员继续住在这些渔村,在基督徒中流传的那种绚烂多彩的打渔生活,被认为就是来源于这里①。

文森特并非刚刚开始对这类景致产生兴趣。早在 1876 年他布道时就讨论过这样的话题。在一段布道中他把人生比作是艰难的海上航行,他写道:"顷刻之间,波涛掀得更高,狂风刮得更猛,当我们还没有意识到这一切的时候就已经在海上了……难道你们每个人不是和我一样感受到了生活的暴风雨吗?或预感到它们的来临?或唤起对它们的回忆?"在回答这个问题时,他提出基督渡海的场景来安抚与会听众,基督平息了风浪,并使小船化险为夷。1877 年他再次回到这样的情绪之中,那时他在阿姆斯特丹,有一天狂泻不止的暴风雨刺激了他,他发出了"太美,太激动人心"的呼喊。[20] 他提醒提奥,当彼得在水面行走并开始下沉的时候有些恐惧,但是耶稣回答说:"你这小心的人哪,为什么疑惑呢?"

文森特的早年生活遭遇导致他失去信仰和信心,而这些对他建立一个乐观的世界观是必不可少的,由于缺乏信念,令他脆弱万分,他往往怀着恐惑的心理对生和死作苦思冥想。而当他把自己与基督联系在一起的时候,他成了被爱的孩子,他希望紧紧握住在童年时代躲避着他的信仰。他对慈爱上帝强烈但又不稳定的信仰,使他的生活和绘画成为可能。他对接受暴风雨洗礼的大海无限倾心,其根源多少有些和《圣经》里这一章节的记载有关,在《圣经》的记载中,信念压倒了恐惧。

他通过在恶劣条件下描绘暴风雨中的大海,来再现《圣经》中

① 作者注:圣马利斯是以两个圣玛丽的名字命名的——她们中的玛丽·雅各布是圣母玛利亚的妹妹,传说被弃在海中的一只小船上,最终她们抵达了这个港岸。她们的墓地长久以来一直是虔诚的香客一年一度朝拜的圣所。

这一幕景象,而他则充当基督的角色。通过把场景移置到画布上,他控制了对风暴的恐惧,其实,也控制了风暴本身。也许他为绘画事业奋斗的初期,脑中就有了这样的想法。他在那句引语中明确了自己的信念:"我将在暴风雨中壮大起来。"1882年,当他画海牙附近的海景时,他找到了这种壮大起来的感觉:"整个星期我一直处于狂风暴雨和雷电交加的环境中,为了领略这派景象,我去了斯赫维宁根几次。在那里我画了两幅海景带回家来。其中一幅被撒上了一层薄薄的沙粒,但第二幅是在一场真实的暴风雨中画成的,其间海水已经非常逼近沙丘,因此画布上被覆上厚厚一层沙,我不得不抹了它们两次。风刮得如此猛烈,以致我几乎无法站稳脚跟,由于沙粒满天飞扬,我几乎什么也观察不了。不管怎样,我跑进沙丘后面的小旅馆,在里面全力整理和修改。我抹去沙层,赶紧再接着画,并不时跑回海滨,以便获得新鲜的印象。"[21]

他为了几个"孤独地在凄凉的海上"献身的水手,画了《摇篮》。[22]在画这幅作品的时候,大海成了他自己内心世界的反映,这是一个从他童年的绝望中成长起来的世界,虽然是一个充满危险、缺乏爱和亲情的封闭空间,但又是巨大而空漠的。通过把自己看作一个能充分把握世间凶险的基督,从而加入了他对景象的修正,他转化和驯服了这个荒漠贫瘠的空间。

文森特多次将谷物遍野的平川和大海作比较,有时他将陆地景致与海洋风景等同起来。例如在描绘德伦特的田野时他写道:"它的背景中没有大海的景色,而只是幼嫩谷物的海洋、犁沟的海洋,而不是波涛的海洋。"[23]后来他又描写普罗旺斯的平原是"像海洋一样地美丽和无限"[24]。克劳附近的风景——一片被他称之为

"无限而永恒"的辽阔平川,激起他的感叹,他情不自禁地问伙伴:"你感到吃惊吗? 我认为这景色如同海洋一般美丽!"他很高兴听到伙伴这样回答:"我本人觉得它甚至比大海更魅人,因为它是人的栖息之地。"[25]

当他面对普罗旺斯强劲的西北风时,他重演了基督平息风暴的一幕,他将画架插在地下,来画那片此起彼伏的麦海,他似是在告诉狂风,他确实不畏惧它们,他能够驯服它们,像基督所做的。"我在西北风的狂吼中作画,"1888 年 6 月他写信给贝纳德说,"我用铁桩将画架固定在地面上……"8 月,他再次记录了他在"非常恶劣的、喋喋不休的西北风"中作画。[26]但是此时,他是将画布平铺在地面上,双膝跪着工作。

文森特将大海、田野、播种者和基督同等起来。所以,把他画于 1888 年的《播种者》看作是德拉克罗瓦《基督在加利利海》的陆地版本,是不足为怪的,其时德拉克罗瓦的这幅画令他心迷神醉。在 1888 年 7、8 月间,他写道,他正在为一幅播种者而工作,"和以往画的完全不同。天空呈黄色和绿色,大地呈紫罗兰色和桔黄色。当然,会有一幅这样的画来描绘这个辉煌的主题,我希望有朝一日会产生,无论是由我或由其他任何人来做。"他想把德拉克罗瓦的《基督在加利利海》和米勒的《播种者》结合起来:"德拉克罗瓦画的'基督在舟上'和米勒的'播种者'在画法上是全然不同的。'基督在舟上'——我说的是蓝色和绿色的草图,带有少许紫色和红色,以及一点点柠檬黄的光环,光环通过色彩独自表达一种象征性的语言。而米勒的'播种者'则采用淡灰色的调子,就像伊斯雷尔笔下的作品。现在,你能用色彩来表现播种者吗? 用同时并存的色彩进行对比,例如黄色和紫色……行还是不行？噢,当然。好！那么动手吧。"[27]他遵循着自己的忠告。

在画于 1888 年 10 月的那幅《播种者》(图 17.3)中,他非常成功地将米勒的《播种者》的形式与德拉克罗瓦的色彩和风格结合起来。他说:"绿黄色的天空中飘着粉红色的云彩。田野是紫罗兰色的,播种者和树则呈普鲁士蓝。"[28]但是,他并不满足于单单用色彩来表示具有象征意味的光晕,因为那光晕还直接代表太阳,"一个巨大的柠檬黄的盘子"环绕着播种者的头部,就像德拉克罗瓦的那幅画,在基督的身后有个"柠檬黄"的光圈。和德拉克罗瓦的海景相比,文森特 1888 年 10 月画的《播种者》还有另一些形式上与之相同的特征,播种者被光晕环绕的头部和基督被光晕环绕的头部处于画面相同的位置;文森特的麦田的对角线和德拉克罗瓦的小船的对角线位置也是相同的;甚至文森特画的树枝也似是德拉克罗瓦笔下的翻版,像那个激动的渔夫举起的手臂。

《播种者》和《基督在加利利海》之间的联想,与播种者的比喻和《圣经》中基督平静海水的段落之间的联想是一致的,文森特熟知基督镇海的故事。播种者的比喻是基督在海上的舟中说的(《马可福音》第四章第一至第九节),而基督在暴风雨中行神迹的段落是在几行以后(《马可福音》第四章第三十五至第四十一节)。文森特写到德拉克罗瓦的《基督在加利利海》和米勒的《播种者》,是在刚从圣玛利斯返回阿尔勒以后,在圣玛利斯,他以德拉克罗瓦的风格画了渔船;他的评论表明,当他在阿尔勒画播种者的时候,他在继续同样的基督教的主题。进而,他在一封写给英国人拉塞尔的信中更是直接地由海联想到了播种者:"我已经到海边去了一个星期,很可能我会马上再去那儿……我正为一幅播种者而工作:开阔无涯的田野整个儿都是紫罗兰色,天空和太阳非常之黄,这是个很难处理好的主题。"[29]

至于梵高其他画作中包含的宗教意义,可以从画家自己的思考中得到推论。让我们拿他在西恩从医院回来以后画的躺在摇篮里的新生婴儿为例,当他画《摇篮中的婴儿》(图 14.2)时,他想起"圣诞之夜和马厩婴儿的不朽诗篇……那是黑暗中的光明,那是黑夜里的灿烂"。[30]他认为那个婴儿是和圣婴基督同等的,环绕着婴儿头部的洁白枕头和周围幽暗的环境形成鲜明对照,那枕头代表婴儿的光环。我们可以以此和埃尔·格列柯①的《崇拜》进行比较,在《崇拜》中,那块置于圣婴基督头部的白布起了光环的作用。梵高其他有关母亲和儿童题材的绘画,也可能部分来自这一神圣场景的激发。在作品《夜晚》(图 30.5)中,婴儿熟睡着,婴儿头部的上方亮着一盏烛灯,它的火焰就像是一个黄颜色的火球。那是被引入到户内的太阳光环,用以装点这幅夜景,借此,文森特返回到"圣诞之夜的不朽诗篇"中。

文森特觉得那些如此令他迷醉的凄惨妇女都有一种"悲哀的表情"[31]。那幅以西恩为模特的速写,他在上面题写了"悲哀"的标注,是他的英文版的《悲哀》。当文森特为这些悲哀的面容画素描和油画时,就像他一次又一次做的,他也在画钉在十字架上的基督的慈爱的母亲——哀痛欲绝的母亲。她是文森特在生活、绘画乃

---

① 埃尔·格列柯(1541—1614),西班牙文艺复兴时期的画家、雕塑家和建筑家,作品多宗教题材。

至毁灭中苦苦寻求的理想。

一匹拉车的老马和加歇医生，从表面上看是完全不同的题材，但它们都源于受难基督这样一个主题。在讨论一首描写"神秘基督消瘦不堪"的诗歌时，他写道："殉道者的痛苦神态，就像那匹拉车老马的眼神，是充满忧伤的。"[32] 关于加歇医生的肖像，文森特说它揭示了"我们时代令人心碎的景象"[33]，而且还使他想起高更对基督在橄榄园受难的描绘。对文森特而言，它是基督受难的一个当代和世俗化的版本。他在疲惫的老马和忧哀的老医生身上看到了自己和基督。

因为文森特对大自然的崇尚是对可怕的基督教的放弃，所以他的风景画就是对富有梦幻色彩的宗教肖像画的放弃。但是，像很多旧时代的荷兰绘画一样，风景画也是基督徒自身信念的一种含蓄的表现。当他画树、田野、花卉、鸟雀、大海，还有画含有太阳、月亮、星星、云朵的天空时，他其实是在表现某种宗教意念。通过描绘树木及植物的死亡和再生、描绘田野里的收割和播种、描绘夕阳西下和旭日东升，他表现了基督的殉道和复活；他还用空中的飞鸟、浮云和伸向苍穹的树木来象征向天国飞升的灵魂，在摈弃了当代基督教中的"犬儒哲学、怀疑论和荒诞的谎言"之后，他转而向"描摹单根草叶"的日本画家学习。"现在，来吧，"他继续说，"这些质朴的日本人，他们生活在大自然中，仿佛自己就是花朵，这难道不是他们教给我们的真正宗教吗？"[34] 在日本画家的影响下，他画了只有单独一根细枝的花卉和独干的麦穗，对于他，这两者似是具有相同的含义（见图 30.2《长春花的枝蔓》）。

文森特崇拜太阳，称它为"慈善的大阳神"，并坚称："嗨，那些不信仰太阳的人才是真正的异教徒。"[35]在一幅画于圣雷米的风景画中,太阳"被巨大的黄色光圈环绕着",从麦田上方升起。"在这里,"他写道,"我试图表现宁静,表现无可比拟的平和。"针对这样的画,他进而又说,"为了产生柔和的、安慰人心的效果,没有必要去画山上的布道者"。[36]白昼,绕着光环的太阳经常主导着文森特置身的地球,而星星则在夜晚显露。当他感到"有一种紧迫的需要……对宗教的需要",他写道,"然后,我便会在夜晚去户外描绘星星"[37];闪烁的群星会使他想起伯利恒之夜。

二

播种者头部的太阳光轮,以及在麦田上升起的、形成光环的太阳,它们仅仅是文森特绘画中大量光晕效果的一部分,文森特作品的独特风格正是由这种光晕效果促成的。无疑,把自己和头绕光晕的基督视为身份同一,对此起了一定的作用。他那一头醒目的红发可能增强了这种自我形象,而他童年目击的男女交媾令他深感恐怖,正如前面提到的,可能使他直接体验到了头昏目眩的光晕效果。而且,在本质上讲,文森特所画的光晕反映了他对自己的看法和认知,从这个观点来看,光晕其实就是经过简略的自画像。

他把他画光晕的技法看作是对绘画的一个贡献:"对于用点触的笔法,画出光晕和其他东西,我认为它们是属于真正的发明,但我们必须看到,这种技法不会成为比其他技法更普遍的法则。"[38]不过,他只有一次明显地描绘过宗教意味的光环,是在《天使拉斐尔》的摹本中(图29.5《天使》)。那种阳光透过云层的光晕,几乎就是《夜晚》(图 30.5)中的模式,是婴儿头上方的光晕的翻版。《夜晚》这幅画令人想起文森特的话,它是"圣诞之夜和马厩婴儿的不朽诗篇……那是黑暗中的光明"。他的几幅自画像,包括和《圣母怀抱受难耶稣之忧伤图》(图 25.1)中的红发基督很相像的一幅,头部环围的光晕都是由许多同心光环构成,每一个光环用短促而有力的笔法画出。另外,在其他一些肖像画中,人物的头部也被类似的光晕所环绕,包括《卡米尔·鲁林》(图 30.4)和《朱阿夫兵中尉米利埃》(图 31.1)。有时光晕还由炽热的灯火和黑白色调之间的对比产生。在《食土豆者》(图 24.4)中,光晕由水蒸气形成,而在那幅有关西恩新生儿的素描中,光晕则由白色的枕头来构成,这是另一些特例。

光晕效应除了被用于人像头部和太阳之外,还经常被移植到其他地方,例如,透出云层的阳光所形成的光晕就被用来作为描绘灌木林和树丛的表现手法,在农民肖像《帕蒂斯·伊斯卡林》(图 26.1)中,一个个同心圆环绕着人物的眼睛,大大增强了他的脸部表情。光晕还可以在《小路、丝柏和星空》(图 8.4)中看到,在这幅画中,文森特用令人惊异的手法表现了天空。同样,在《夜间咖啡馆》(图 25.5)的油画版中,光晕存在于灯光的效果中。

在文森特以自杀来结束生命的这一年,他可悲地被神秘的天国所吸引,这使得他的画在垂直方向产生一种强烈的运动感。也许这一倾向促使他将同心圆光晕的模式转变为阿拉伯花纹的模式,以及转变成扭曲了的螺旋线,于是便形成他这一时期作品的特色。在画中,光晕的环形结构被解开,光环被画成以曲线的形态向上运动。

更重要的是,作为他绘画艺术的一个整体,他试图仅仅通过色彩来达到光晕效果："我要画带有光晕的男男女女，光晕是永恒的象征，是我们力求通过色彩的真实辐射和颤动来表达的。"[39]

<h1 style="text-align:center">三</h1>

在 1888 年和 1889 年间，文森特对橄榄园——基督受难和犹大背叛的场景——题材的关注，在他这个时期的绘画中起了特殊的作用。除了画有两幅被他毁掉的这个场景的油画外，他把对这个场景的深深迷恋转移到他的风景画中。例如，拿《圣保罗医院的花园》(图 14.3)来说，画中"最近处的那棵树只剩一段粗大的树干，树被雷电击中，被锯断了"，这个"阴郁的巨物就像一个失败的骄傲者"。他写道，他试图"给人一种极度痛苦的印象，而不是直接去瞄准具有历史意义的客西马尼果园"。[40]实际上，他画这幅画是为了替代年前被自己毁掉的客西马尼油画。

梵高笔下的橄榄树属于绘画中最富特色的视觉形象。通过它们，文森特倾诉了自己对普罗旺斯这片土地的热爱，并表达了他对那座置身橄榄林中的山间花园的依恋。他用非常简洁的构图隐去《圣经》中的人物——基督、门徒、犹大、兵士等。用活生生的橄榄树来做模特儿，他能画出一个象征基督在果园受难的版本，而不会感到要被迫去毁掉它。普罗旺斯的橄榄树是可接受的，而他幻想中的客西马尼橄榄树和幻想中的《圣经》人物却是太让他感到惊恐，因此，他必须避免将这些置于画面之上，否则即便这样做了，他也必会毁掉这些画。以树干粗糙多瘤的橄榄树替代客西马尼果园，并把它带进现代艺术的行列，这时，文森特重新找到了古老的基督教象征：早在很久以前，橄榄树就被用来表现客西马尼果园（见图 31.3《橄榄园》和图 25.2《橄榄树的风景》）。

文森特的一些书信揭示了他笔下的橄榄园与《圣经》中某些相应场景的关系，在写于 1888 年 7 月的一封信中，他介绍了普罗旺斯的橄榄树，而这之前，他吐露了自己第一次画基督在橄榄园的个人体验："我已经涂去了一幅画得很大的习作，是一个橄榄园，有一个用蓝色、橘色画出的基督形象和一个用黄色画出的天使。土地为红色，山丘绿中带蓝，橄榄树的树干现紫罗兰色和洋红色，而叶丛是灰绿中含有蓝色，天空呈柠檬黄。我涂去这幅画是因为我告诫自己，不应该在没有模特儿的情况下去塑造那些重要的形象。"[41]在接下来的一封信中，他简略地提到蒙马儒尔的橄榄树，蒙马儒尔是阿尔勒附近一座古老的修道院。

9 月份，橄榄树作为和客西马尼场景关联的对象，重又出现在文森特的笔下。他说："已经是第二次，我涂去了描绘基督和天使在橄榄园的习作。你瞧，我能在这里看到真的橄榄树，但是我不能够画这幅画，或者说在没有模特儿的情况下我宁可不再去画；但是我的脑中装满了东西，各种各样的色彩，星光灿烂的夜空，蓝色的基督形象，那是最强烈的蓝色，还有混合着柠檬黄的天使。在这幅风景中，所有暗部都是紫色的，从血红的紫到带灰的紫。"[42]此后，有关客西马尼场景的话题在他信中再没有出现，虽然在那个他自残耳朵的圣诞节里，客西马尼的一幕又重新浮上他的脑际。

次年 4 月，即他自愿在圣雷米疗养院幽禁的前不久，橄榄树又回到他的笔底。但是，现在他把它们从《圣经》场景中分离出来，尽管两者潜在的一致性还是可以从它们的联想关系中推断出来。首先，他嘲笑"纸糊的基督们在那种被称之为新教、罗马天主教，或其他什么教会的杜瓦尔①的机构中为你服务"。接着，像是病人在精神分析中的联想，他突然调转话题："唔，我亲爱的提奥，如果你此刻看到橄榄树……温柔的美丽，卓而不凡！……橄榄树丛的飒飒声中有一些非常奥秘的东西，而且非常古老。对我来说，这简直太美了，以致我不敢画它出来，也无法对它展开想象。"[43]

然而，在 6 月，借助疗养院的安全保障，他"敢于画它了"。即使在否认橄榄树和之前两幅被毁的《基督在橄榄园》的油画的联系时，他还是吐露了它们之间微妙的潜在关系。他说："最终，我画了一幅橄榄树的风景和一幅描绘星空的新作……没有回到虚幻的和宗教的构思中，没有。"[44]他否认这两幅画的内容具有宗教意味，至少，证明他是这样认为的。但是他把这两幅画视作"相同作品"的事实，暗示了它们代表文森特毁于 1888 年的两幅油画的两种外观。橄榄树的风景画可以和他 7 月画的《基督在橄榄园》形成对照——那是一幅具有"柠檬黄天空"的白昼景致。而那幅描绘星空的油画则可以和作于 9 月、表现夜间场景的《基督在橄榄园》相对照，后者也是以夜色中的星空为背景。

虽然文森特对具有神秘气息的宗教绘画抱有反感，但他仍然推崇德拉克罗瓦有关《新约全书》题材的作品。"因为，德拉克罗瓦在画'客西马尼'时，"文森特写道，"他亲自去观察过橄榄树丛是什么样的，同样也亲自观察了强劲的西北风撩动下的大海……"[45]德

---

① 杜瓦尔(1821—1889)，法国画家和政治家，以创作严肃的古典作品(包括许多教堂和公共建筑的天花板装饰画)而闻名。

拉克罗瓦的现实主义描绘(伦勃朗也是如此)使得文森特能够忍受这些《圣经》故事的可怕一面,同时也能从基督的安慰中获益。然而,从他自己的绘画观出发,他找到了属于自己的方法,他将他的作品没有风险地限制在对橄榄树的描绘上,而不使画面出现《圣经》中的人物。不过,橄榄树本身就是人物形象的象征,正如文森特在写于11月的信中吐露的:"我并不赞赏高更的《基督在橄榄园》……[贝尔纳]可能从来没有看到过橄榄树……不,我从不相信他们对《圣经》的解释……如果我待在这里,我不会去尝试画一幅《基督在橄榄园》的,而是画我见到过的橄榄树,如你所看到的,不过,对其中人格化的形象给予十分精确的比例……"[46]

文森特用这样的陈述揭示了《圣经》场景和橄榄树的关系,尽管他从来没有公开承认这点。在和一个画家朋友讨论他对橄榄树的"见解"时,他说,他更喜欢"其他比我更好、更强大的人展示他们的象征语言"。[47]但是在下一封致提奥的信中,他的看法竟又是这样:"这个月,我沉迷于描绘橄榄树的小树丛,因为他们所画的基督在果园,我真的看不到什么东西,这搅得我心烦意乱。当然,对于我,不存在根据《圣经》作画的问题……贝尔纳的[宗教画]是一种幻影或噩梦……它带给我的是痛苦的崩溃感,而不是奋进的激情。好吧,为了摆脱它,我一直在果园游荡……至少,你有的那三幅橄榄树习作在一起,构成了对这个问题的冲击。"[48]

文森特的橄榄树可能还表达了其他的宗教意念。尽管它们被扭曲,像是饱受痛苦的折磨,但是它们依然拼命迎上天空,它们经常被画成带有两个伸展着的枝杈。显然,这是出于模仿受折磨的人体形象,它们代表钉在十字架上殉道的基督,同时也代表象征基督的十字架。就像《新约全书》和精神分析文献所证明的,橄榄树和十字架历来都被作为等同之物,文森特也是如此,他将两者视为等价是毫不为怪的。在《橄榄树的风景》(图 25.2)中,天上飘着酷似母子形体的云彩,画中还含有这些半人格化的、在作痛苦挣扎的橄榄树。如果文森特将它们象征为十字架,那么,画中不安地"奔流"的大地和山川则象征战栗——表现基督忍受酷刑之时地球所产生的摇撼和震荡。

在上述的风景画中,文森特好像是在以他特有的绘画语言来表现一种意念,这和意大利文艺复兴时期吉罗拉莫・戴・利布里[①]的一幅画——《圣母马利亚、圣婴和两个圣徒》(图 31.2)很相类。后者画了一个十字架和一棵伸着两个枝杈的树,它们相互对着,两者是等同的圣物。上方的天空中,怀抱圣婴基督的马利亚被一片云彩围绕,但是文森特却避开画这类空幻如梦的场景,尽管这幅画所表现的主题对他甚为亲切。可能文森特是用自己的风景画来表现相同的主题,只是他略去了十字架,略去了天上的圣母和圣婴,而保留了姿态逼真的树和形似母子的云彩。

在画于 1888 年 10 月的《播种者》(图 17.3)中,那棵树干分叉成两根主枝,它们的顶端被修剪过。这种树形象征的是另一种十字架——树状十字架,如果真是这样的话,那么,头绕光环的播种型基督形象则被十字架上受难基督的原始形象所替代,这种种错位时常出现在梦中。

---

① 吉罗拉莫・戴・利布里(1474—1555),意大利文艺复兴早期风格的写本装饰画家和祭坛画画家。

第十三章

鸦群，死亡的投影

一

1890年5月,文森特离开圣雷米,来到北方,先在巴黎逗留了三天,在此地他和弟媳乔会了面并第一次见到他的侄儿。看上去他是健康和振作的,但是他抱怨都市的嘈杂和忙乱"对他的脑子有害"[1]。5月21日他离开巴黎前去奥维尔。①

奥维尔是巴黎西北方向二十英里远的一个风景如画的小镇,它坐落在瓦兹河畔,自从1860年多比尼蛰居此地之后,画家就频频造访这座城镇。它的一条主要街道沿着河岸展开,城镇的其他部分一直延伸到梯田密布的山腹,消失在地势高高的平原中。一来到这里,文森特就大为赞赏它的美丽,并且对"华美的、覆盖着苔藓的、用麦草铺就的屋顶"格外倾心。来到奥维尔的头一个星期,他的健康状况有所改善,他感到"平静如常"[2]。他寄居在一个小旅馆里,每天得支付六个法郎,由于觉得租金太高,便搬进主街上的古斯塔夫-拉乌旅馆,租用一个房间,每天的费用只需三法郎半,他做这样的选择可能还有另外的原因。有意或无意地,他选择了一个地方来度过他生命的最后两个月,拉乌旅馆面对市府大楼,这

---

① 作者注:扬·赫尔斯克相信文森特离开巴黎的时间是5月20日。扬·赫尔斯克(1907—2002),荷兰美术史学家,《梵高油画、素描、速写全集》的编者,以研究梵高而闻名。

样的位置关系几乎和津德尔特那座他出生和度过幼年的故居完全一致。

保罗-费迪南德·加歇医生的存在,是奥维尔吸引文森特的原因之一,加歇是一个六十一岁的开业医生,对顺势疗法①甚有研究,提奥通过毕沙罗和他相识。加歇医生的诊所在巴黎,但他每周只去那儿工作三天,其余的时间都在奥维尔度过。在奥维尔,他作画、雕刻,必要时还照顾当地的村民。他宠爱各种动物,拥有"八只猫,八条狗,此外还饲有鸡、兔、鸭、鸽子等等,数量非常之多"[3],另有一只他称作昂利埃达的山羊,散步时总带着它。他还是个有才华的业余画家,用保罗·凡·里赛尔作为笔名,他是印象派画家最早的知音,有法兰德斯人的血统,讲文森特的母语,并且对荷兰的绘画大师持有广博的识见。当他还在蒙彼利埃学医的时候就熟知文森特久为景仰的蒙蒂切利和布鲁雅斯,后来他又和杜米埃、塞尚、库尔贝、毕沙罗、吉约曼、雷阿诺、马奈、莫奈以及西斯莱结为莫逆之交,在七十余岁的时候,塞尚成了他的邻居、病人和朋友。他还是无婚约的自由性爱主义的拥护者,并且是一个像唐居伊、鲁林以及文森特本人一样的社会主义者,他似乎是文森特理想的医生伙伴。[4]

文森特在写于奥维尔的信中说他"回到画家中间,并且对所有的争执和讨论抱有兴趣,尤其是对跻身在独立的画家小圈子里工作深感兴趣"[5],这种状态对他产生非常有益的作用。但是除了加

---

① 顺势疗法,1796 年由德国医生山姆·赫尼曼创立,即使用一种能对健康人产生相同症状的药剂来治疗这种疾病。

歇外,他没有像往常那样和该地的画家保持亲近关系。其原因也许如他信中所说:现在,他深感没有精力来组织画家的联盟,那曾经是他梦寐以求的事情。他提及的几个画家似乎对他都不怎么重要。其中一个名叫安东·赫希格①,是一个年轻的荷兰人,也住在拉乌旅馆,文森特对他的画不甚热心,但建议他离开奥维尔去和高更一起工作,其时高更已经返回布列塔尼。文森特还提起一个名叫沃波尔·布鲁克②的澳洲画家,但只说到布鲁克在奥维尔"住了几个月,我们时而结伴外出"。他还谈及一些美洲殖民地的画家们,就住在他隔壁,但是他"还没有看见他们在做什么"。另外有一个名叫路易·杜莫林③(文森特写成"迪斯莫林斯")的画家,因为在日本从事绘画而对文森特颇感兴趣,并在文森特逗留期间返回奥维尔。[6]根据杜莫林后来的表白,文森特曾表示希望结识他,并且这样做了,[7]但是,在文森特的信中找不到这样的记述。

文森特也没有提到他认识的名叫加斯顿和勒内·塞克雷唐的两兄弟,住在附近他们富有的父亲的农庄里。十九岁的加斯顿喜爱绘画,并热衷和文森特讨论艺术方面的问题。两兄弟和他们的伙伴们直觉地感觉到文森特的受虐狂秉性,于是以惹怒他为乐事。"一天,"勒内叙述道,"他大发雷霆,想要杀死所有的人,因为有人将盐投入他的咖啡。还有一次,当伙伴们把一条死蛇丢到他的绘

① 安东·赫希格(1867—1939),荷兰画家,梵高死时,他们同是奥维尔拉乌旅馆的寄居者。
② 沃波尔·布鲁克(1865—1938),澳大利亚画家,在奥维尔和梵高有交往,在梵高死后留下的七号速写本里发现了他的名片。
③ 路易·杜莫林(1860—1924),法国画家,是法国艺术家协会的创始人。

画材料中,他几乎晕了过去。"但是,大多数情况下,在他们捉弄他时,他会将愤怒压制在自己心底。[8]

无疑,文森特还与拉乌一家及镇上其他居民保持友好接触,因为其中一些人曾摆姿势供他写生,但在文森特的信中几乎没有写到他们什么事情。他仅承认和加歇医生有亲密关系:"现在,除了加歇,没有任何东西,绝对没有任何东西能让我们留在这儿,但我想,加歇将继续是朋友。"几乎很快,他们就变得亲密无间,文森特还计划每周花一到二天时间到加歇的花园去作画。他写信告诉母亲,医生是富有同情心的,"当我需要的时候",就能去他家。"他完全理解我们,"他告诉提奥说,"而且,出于对绘画的爱,为了艺术的目的,他会和你我一起工作,毫无保留地尽他最大的力量。"他和加歇一家共进周日晚餐,尽管他抱怨有太多的一道道菜。他发现加歇是个博学之士,且很欣赏他的作品,他说:"这位绅士对绘画深有卓见,很喜爱我的画;他给予我极大的鼓励,每周总来看我二到三次,一连几小时陪伴我,看我在做些什么。"[9]

文森特还观察到加歇医生的另一个侧面。在来奥维尔后的第一封信中,他提到加歇医生反常的举止和"悲伤而呆滞的表情"。他将加歇描写成"一个非常神经质的人,他的举动很古怪",文森特解释说,他妻子死于"多年前","极大地导致他成为一个心境破碎的人";实际上,他的妻子早在十五年前就死了。显然,为了防止对一个他极度需要的人产生幻灭之感,文森特表达了这样的观点:"他的医生经验,必定使他保持足以抵抗神经疾病的平衡力,当然,他似乎至少和我一样,受到这种疾病的严重折磨。"但是,最终幻灭感没有能够被遏制:"我认为我们全然不应该对加歇医生有所期望。首先，我想，他病得比我更厉害，或者应该说程度相当，情况就是如此。现在是一个盲人为另一个盲人引路，他们两人难道不会跌到沟里去吗？"在加歇身上他看到了自己的影子，因此加歇是不可能帮他摆脱困境的。[10]

　　"总之，加歇老爸非常，是的，非常像你和我。"文森特在给提奥的信中这样说。加歇和文森特不仅具有共同的绘画兴趣和政治见解，而且还如他在给薇尔的信中所说的，加歇"在一些地方很像另一个兄弟，我们彼此的体质和气质是如此相似"[11]。他们两个都是红头发、蓝眼睛，都有宽大的额部；两人的衣着都很怪异，时常嘴上叼着烟斗，消化功能都很差；另外正如文森特看到的，两人都神经过敏、性情孤僻、忧郁消沉。保罗·加歇的儿子极力否认文森特对他父亲作的"不可思议的奇怪判断"，有可能的是——考虑到某些相似处——文森特无意识地把自己的想法投射到他的恩人身上。[12]或许，文森特在致薇尔的信中关于对加歇的谈论可以使我们获得一点提示，在这里，文森特重复了1888年他给提奥信中对德拉克罗瓦那幅布鲁雅斯肖像的描述："就像另一个兄弟一样和你我相似。"①如果文森特在无意识状态下把布鲁雅斯的肖像当做他视为身份同一的亡兄的形象来接受，如笔者所提示的，那么他也可能以同样的方式来接受加歇。他把从没见过面的布鲁雅斯理想化了，而和加歇的接近会激起他对与他争夺爱的亡兄的愤懑，这愤懑深埋在他心底。现在加歇成了他的兄长，且具有和他相同的、连他

---

① 作者注：梵高在致提奥的同一封信中（第564号），记述了加歇和他们之间在外表上的相像，文森特还谈到加歇熟知布鲁雅斯，赞同自己对布鲁雅斯的看法。

自己也诅咒的弱点。

如果我们相信加歇儿子叙述的一则轶事，则可以知道文森特冲着加歇而来的愤懑远不是表面上的。据加歇儿子说，文森特参观加歇的屋子时称赞了吉约曼的一幅画，画中是一个躺在床上的裸胸女子。[13]但是因为这幅画没有框架，使他大为抱怨，要求改变这种状况。于是加歇请了当地一个工匠来承担这项工作，可是后者没有迅速付诸行动。当他再度来访发现这幅画依然被忽视时，大为恼怒。加歇感觉到他把手伸进外衣口袋，像是要摸索什么武器，随后又狠狠盯了那个年轻人一眼。用这种方式文森特使自己的愤怒平息下来，然后低着头离开。这个故事几乎就是高更对割耳事件描述的翻版，高更坚称文森特用剃须刀对他进行了威胁。然而，没有足够的依据证明这次文森特的暴怒是又一次精神疾病的发作。

加歇的儿子吐露，他父亲宁可把钱花在一些特别好的画上，而不愿花在它们的附属物上；结果，他收集了许多没有边框的画，其中包括塞尚的两幅杰作。然而，为什么文森特独独对这幅画特别敏感？如果他将加歇和他哥哥等同起来，那他可能会把画中这个大胸脯的妇女当做他所渴望的、抚育孩子的善良母亲来接受，但是，她属于他的另一个哥哥所有。这件事意味着这个让人妒忌的哥哥的替身现在对她有所忽视，而他哥哥的死是母亲痛苦的原因。在这样的情形下很容易触发他的愤怒，于是瞬息之间他将羞愧感和负罪感扫到一边，而在平时，他的真实情绪会被它们压制和掩盖。

二

文森特的躁动似乎对他奥维尔时期的绘画产生了重要的影响,他在奥维尔大约画了七十幅油画、三十幅水彩画和素描,还有一幅蚀刻画。他像是一匹接近马厩的马,驱使自己比任何时候都要跑得快。圣雷米时期的螺旋线几乎消失,而短促狂放的笔触更为突出了,虽然在他的作品中这并非是新的表现手法。他的作品给人一种含有点点闪亮镶嵌物的印象,或像螺旋线形成连续的运动模式。

文森特在奥维尔画的第一幅作品是一座老旧的茅草顶农舍,他观察到这样的屋子越来越少。[14]他一直到生命的最后阶段还在坚持画这些农舍,显然,他是在继续始于圣雷米的"北方的记忆"。他通过再造和童年环境相似的风景来弥补渴望返乡而又不能实现的遗憾。他在奥维尔画的另外两座建筑——市府大厦和教堂,可以看作是这种童年场景再造的一个部分,因为津德尔特的市府和教堂是它们的副本,曾在文森特的童年时代起了很重要的视觉作用。十分明显,《奥维尔市政大楼》(图31.4)和从他津德尔特故居窗口眺望到的景致异常相近,他离开故乡竟然约有二十五年了。而《奥维尔教堂》(图32.1),无疑,包含了文森特对津德尔特那座教堂的清晰记忆,在那里,他的父亲曾经布过道,在那里,还长眠着第一个文森特。

虽然文森特在他的书信中没有把这两座教堂联系起来,但他指出,对于奥维尔教堂这幅画,他意在使之成为"与我的纽南老[教堂]钟楼和墓地的习作几乎完全相同的东西"[15]——我们先前就查证过津德尔特教堂和墓地对这些作品的影响。然而,纽南时期的画中墓地没有出现在这幅奥维尔的作品里。可以用这样一个事实来解释:教堂的后面,即画中描绘的这边,是从墓地俯视到的景致。这暗示,他是从他嫉妒的兄长的埋葬之地象征性地眺望津德尔特教堂;很快,他自己就要被埋葬在同样的墓地里了。我们可以将这幅教堂风景和诸如《摇篮》(图 15.1)、《拉撒路的复活》(图 29.2)那样的画来进行比照,笔者曾经提出,在这些画里,文森特也是将自己置于画面之外。

需要补充的是,《奥维尔教堂》对文森特可能还有另一种象征性的意义。站在教堂后面左边的是一个丰满女人的后背——有一个夸张的臀部,让人联想到他在纽南经常画的那些大臀部女人(见图 32.2《曲腰的农妇》)。我们已经看到,文森特习惯将人和物体视为等同的东西,并经常将两者结合在同一幅画中。于是我们得到启示:他将教堂和这个妇人等同起来。按照这个思路再进一步推断,这个教堂有宽敞的和给人以平安感的内部,对文森特而言,也许就像对许多虔诚的信徒一样,是一位慈爱母亲的象征。他曾经谈到在画女性身体时所采用的扭曲变形,对教堂的表现他遵循的是同样的原则。早在安特卫普时期,当绘画班的老师批评他的一幅素描,认为他过于强调模特儿维妮丝·德·米洛的臀部。他反驳道:"老天诅咒你!一个妇女必须具有髋部、臀部和骨盆,这样,她才能生儿育女!"[16]奥维尔教堂这幅特别的风景画也许还表达了文森特的另一个愿望——希望自己是一个能保护他、能精心哺育他的母亲所生。这是他以固定周期反复表现的一个主题,其形式却呈现丰富多彩的变化。

在奥维尔,他不再画群星闪耀的夜空,但在他的奥维尔时期,《星光灿烂》(图 28.5)中那种深沉而神秘的蓝色变得更为显著了。它经常出现在文森特风景画中的骚乱天空上,《奥维尔教堂》中的天空也是如此。这种阴郁的蓝色并不是坚实的一团,而是用短促的笔触画出的更明亮的蓝、白色的点状镶嵌物。它闪闪发光,在文森特,这是作为一种预兆,暗示天空将为一个快要来到的、充满希望的时代而打开。

上述蓝色在客栈老板女儿阿德琳·拉乌的肖像中几乎占据了整个幅面,是"在蓝色的背景中穿着蓝色的衣服"[17]。文森特在奥维尔画了一打肖像画,这是其中的一幅。其他肖像有神情忧郁的加歇医生、弹钢琴的加歇女儿玛格丽特、幼童、戴着黄色大帽子的乡村姑娘,等等。此外,他还画了花卉静物写生,白杨林里茂盛的灌木丛,树木成行的街道和城镇花园。

或许,文森特在奥维尔最特色的作品是开阔无遗的风景,文森特称它为"从高处眺望到的旷野"[18]。它们几乎有三十幅之多,一些画在宽度上的尺寸比高度大得多。这样可以增强大地广袤无垠的印象。哈马克尔教授认为这种新的构图形式来源于皮维·德·夏瓦纳。[19]三幅宽幅的画布上描绘了"骚乱天空下的广阔麦田",它们反映了文森特的绝望。但是没有多久,文森特又画了"一片万里平川,麦田在远山下伸展,像是一望无际的海洋。鲜丽的黄色,鲜丽的嫩绿……像跳棋棋子一样,每隔一定距离在绿色的、开着花的土豆庄稼地里分布着,所有的一切都处于由艳蓝、白、粉红、紫罗兰混合而成的天空之下"[20]。这些风景画所显示的田野被分割成许多分散的区域,这一特点比以前任何时候都要明显,对此笔者已经作过解释,认为这是源于文森特早年对墓地的迷醉。

三

尽管提奥就近在巴黎,距奥维尔咫尺之遥,但是在文森特蛰居奥维尔的七十天时间里,两兄弟的相互探访仅有两次。6 月 8 日,星期日,提奥偕全家和文森特一起在加歇医生的住所度过"平和安静的"[21]一天。7 月初,文森特回访了巴黎,在巴黎会晤了许多老朋友,并和土鲁斯·劳特累克一起用午餐。其时提奥正为家人的健康和家庭的经济问题而烦心,提奥和文森特都处于紧张和急躁的情绪中,一场争论之后,文森特突然离开巴黎回到奥维尔。"回到这里,"文森特在回复乔的一封友善的来信时写道,"我仍然感到悲伤,并在继续感受那场既惊吓你也折磨我的风暴。"他没有从她善良的话语中得到安慰,因此他又说:"我的生活还处于深深的危难之中,我的步履依旧摇摆恍惚。"[22]

文森特一再恳请提奥来奥维尔度假,以替代常规的荷兰之旅,他坚称母亲会予以理解。[23]提奥没有理会他的建议,于 7 月 15 日偕妻携子离开巴黎前往荷兰。大约八天之后,提奥单独返回巴黎,留下乔带着幼子奔走于母亲梵高女士和乔的家庭之间。

7 月 27 日,这是一个星期日,也是提奥回到巴黎不久,下午,文森特用左轮手枪射杀了自己。当地的报纸《蓬图瓦兹新闻》报道说,事件发生在"田野里"[24],当夜色降临的时候,文森特步履跟跄地回到旅馆。拉乌请来当地的医生马泽里,但是文森特要求加歇医生也来。[25]两位医生经诊断,认为子弹无法取出,加歇医生用药膏敷在他的创口上。伤口"和肋骨的边缘一样高,在腋窝前面一点点"。文森特没有太多的痛苦,他的脑子很清楚,并且彻夜抽着烟斗。由于他拒绝告诉加歇医生他弟弟寓所的地址,加歇只好让赫希格在第二天一早将一封信送到他在蒙马特的画廊。当提奥最终赶到文森特床畔时,文森特说:"不要哭,我这样做是为了大家好。"7月29日,星期二,凌晨一点钟,他平静地在提奥的手臂上停止呼吸。就这样,他走完他三十七年零四个月的生命历程。

四

由于文森特饱受生活的磨难,由于他对死亡抱着赞美的态度,因此他的自杀并不是一个意想不到的结果。他深信"微笑的死亡"是有可能实现的,他能够坦然地说"我不害怕拥抱死亡",这是一句以前他从未用过的有关生命的箴言。在描述作于圣雷米的《收割者》(图11.2)时,他说"在这种死亡中没有什么悲哀可言",死亡"在清朗的白昼穿行,太阳的暖流淹没万物,使它们披上一层纯净的金光"。[26]文森特在仲夏的一个星期日射杀了自己,这一天,很早以前就奉献给太阳来作礼拜。我们的想象力提示我们,他把自杀选择在下午赤热的太阳光照下,选择在空旷的田野中,那正是他在画作《收割者》中所展现的场景;然而,自杀地点的真实情况不得而知,尽管有人提出一些相互矛盾的说法。

文森特时常触及自杀的话题,但是他总是以责备的口吻谈到自杀,或是对自杀的冲动予以抵触和否定。例如在1881年,他写下这样的话："我确实不认为我是具有如此倾向的人。"接下来的一年他又说他赞同米勒的见解，米勒认为自杀是不诚实者的行为。1883年，他把自杀描述为"可怕的"。[27] 在这个时期，他还没有产生自我了断的念头。他把生命视为死亡所必需的预备阶段，这种观念出于他既希望"过基督的生活"，又希望能创造出足以使他成为不朽的画作。"我想成为这样的人——在我拥有的岁月里，我是充满活力的，"他写道，"因此当一个人面临死亡之际，他会想：我要到所有那些人都勇敢前往的地方去。"[28] 然而，到他人生的后期，他对自杀的看法不再那样具有说教的意味；例如在1887年，他写道："过快乐的生活总比自杀好"；而到1889年，他几乎是在承认他有自杀的冲动，这是早年他极力回避的想法，他说为了制止自杀，他接受查尔斯·狄更斯建议的疗法——一杯葡萄酒、涂了奶酪的面包，外加一个烟斗。[29]

最终，在生与死的天平上，死的愿望重过了自我防卫的力量，这架天平为什么会发生这样的摆动呢？就像论及残耳事件时，我们可以推想出各种各样的触发因素，但是其中最令文森特痛苦和忧哀的是他和提奥之间的关系。因为那时他非常害怕失去弟弟，提奥确实如他所说，是他仅有的"真正朋友"。甚至，早在博里纳日，当他的福音传道职业被剥夺时，他就将生与死的大问题依托在提奥身上："如果我不得不避开你……"那时他这样写道，"我可能希望自己不要活得太长。"后来他反复提到这种想法，当提奥对增加他的经济援助表示为难时，他说："……我的生死取决于你的帮助。"当提奥降低对他的捐助金额，他的回应是："这像是窒息我或溺毙我。"[30] 到1890年，这种在生计上对提奥的依赖性成为最具威力的激发因素。来到北方后,文森特直接面对提奥为自己新家庭的安乐而产生的深度忧虑,特别使他感到震动的是,那时提奥的孩子的健康状况非常差。尽管提奥承诺继续资助他,但是文森特想必意识到提奥一定会将感情和资金的重心向两个新来者转移,想必他还意识到周末他是作为一个造访的客人和提奥相处,而不是作为家庭中的正式成员,而且他再也不能像1886年那样,作为一个伙伴在提奥的寓所整天与之相守。

其时提奥还卷入一场和雇主的纠纷,雇主反对他对印象派画家的兴趣,拒绝支付他应得的酬金。"我难道该不考虑明天而生活吗?"6月30日提奥写道,"当我整日持续工作,但是尚不足以使善良的乔免受金钱拮据的忧虑,因为布索德和瓦拉东,这些卑鄙小人把我看作像是刚刚进入他们生意中的新手,继续付给我低微的津贴。"他扬言如果他要求他们明确表态的抗诉遭到拒绝,他就辞职并开展自己的生意,7月14日,他写道:"虽然到现在八天已经过去了,但这些绅士们尚没有说过一句有关他们准备对我做什么的话。"尽管很早以前文森特曾经纵容提奥放弃他的职业,但是很显然,当它真正成为一种可能时,当文森特得知提奥将失去赖以支持他的经济来源时,他的情绪是复杂和矛盾的。文森特用自杀来从他弟弟背上卸下一个不堪承受的重负。他死后人们在他身上发现了他的最后一封信,其中最后一句话是激将提奥敢不敢辞职:"我想,你还是能以人性的方式选择自己的立场,但是你想怎么做呢?"[31]

长久以来提奥的体质甚为虚弱,状况堪忧,这也对两兄弟之间的关系构成潜在的威胁。文森特已为提奥的健康犯愁了好几个月,尽管他试图用希望和安慰的表情来掩饰他的心急如焚。正如乔在 5 月 17 日所观察到的,文森特看上去远比为他生计承担责任的弟弟来得健康。人们对提奥的病情所知甚微,但其严重性是不容置疑的。文森特死后,提奥的健康迅速恶化。在疾病和心理压力的双重折磨下,导致精神崩溃。最终他的病演变为尿闭症,并在1891 年 1 月 25 日去世,距他哥哥的死才六个月。

在自杀者中间有一个突出的现象,他们往往将愤怒的情绪朝着自己的爱者和自己的依赖者发泄。当文森特在信中写到自杀者会使他的朋友们沦为凶手时,他几乎在承认这种现象。然而就文森特而言,把愤懑对着他最亲近的朋友提奥是有悖于良心的,于是他极力抑制自己对提奥的愤怒,这可能就成了促动他自杀的强大推力。父母亲把提奥看作是一个漂亮的、文雅的孩子,无疑会加深文森特自认形秽、自认低劣的感觉,并把提奥作为他的另一个无法取胜的竞争者——完美的第一个文森特的新翻版。提奥有了妻子和儿子,这也是文森特自己热望拥有的,故而提奥的现状会激活他早先的妒忌和愤懑,结果会使他的负罪感比任何时候都更强烈,特别是在提奥自身陷于不拔困境之际。

为了把愤怨减弱到最小程度,文森特像是在用如下方式使自己从这场竞争中退出——在少年时代,他让自己作为提奥的保护者,到后来,他让提奥反过来变成他的捐助者。虽则如此,但妒忌偶尔也会从心底浮现,例如有一次他在描述提奥深得母亲抚爱后又说:"我几乎要羡慕你了。"当他吐诉心中的苦涩时,他不无讽刺地说:"你是个很讲究的绅士,而我是匹害群之马。"[32] 在他信中通常看不到那种伴随妒忌而来的愤懑,但是在 1883 年到 1885 年之间的信件属于例外。在这个阶段,由于提奥为父母进行声辩,并拒绝以画家兄弟的身份加入他的联盟，使他大为失望，于是他在一封信中说了其他话之后对提奥作了羞辱、斥责和威胁。他谴责提奥以虚伪的方式维护自己的社会地位，"以你们俗不可耐的小聪明来行残忍之实"。他谴责提奥没有尽自己的力量卖掉哪怕仅仅一幅画，谴责提奥不理解他，还谴责提奥"自视高大，以致一点也不关注……我的工作"。[33]

在他离开纽南之后，从他的信中再也没有冒出这样的抨击，而他的愤懑则以另一种形式显露。例如，拿1886年的情况来说，尽管提奥强烈反对他来巴黎，但是他还是突然而降，也没有事先通知提奥。后来两兄弟在一起住了一段时日，其间文森特多次对提奥大发雷霆。文森特在阿尔勒的一个疏忽也许是他对提奥故意显示的敌意。那时，他刚完成一幅极为光灿的画，画的是两棵树，他获悉他的第一个老师莫夫逝世的噩耗。"我愣住了，只感到被什么抓住似的，喉咙里也像塞了一团东西，"他写道，"我在我的画上写下'纪念莫夫，文森特、提奥'。"[34]然而，在画上并没有出现提奥的名字。单单这样的疏忽还不足以说明什么，另外的情况也可以佐证，文森特为很多人画了肖像，包括他的母亲、父亲以及妹妹薇尔①。但是在他的肖像画中没有发现提奥的，虽然他坚称提奥是他最亲近的人，是他最感激的人②。在奥维尔，他计划要为提奥、乔以及他们的婴儿画像，但是他没能实现他宣称的意图。按照文森特的见解，肖像画是实现不朽的途径。如果以这样的思路来分析，那么文

---

① 作者注：他父母和薇尔的肖像都是根据照片画的。
② 作者注：据梵高博士说，所谓最近"发现"文森特画的提奥肖像纯属子无虚有。那既不是文森特画的，也不是提奥的肖像。

森特拒绝为提奥画像意味着他试图阻止提奥来分享自己的不朽。哥哥可能配得上进入天国，就像他墓碑上暗喻的，但是文森特能够把取代他成为自己竞争对手的弟弟排斥在外。

五

离开普罗旺斯到北方去，意味着文森特在朝荷兰迈进，他以此来回应时时啃咬着自己的思乡情怀，对故园的追恋在他自我放逐的这么些年里一直折磨着他。然而返回故乡是徒劳无益的，因为他清楚在那里他不可能找到自己渴望的家。"在充实的绘画生活中，"有一次他写道，"有，而且保存着……对真正理想生活的乡愁般的热望，这是永远不可能实现的生活。"[35]然而，自杀却是一条通往理想家园的象征之路。像年轻时他在布道中提到的朝圣者，像殉难的基督，他会成为一个在天国永恒之城受到欢迎的来客。1883年，文森特曾经准确地作过预言："我的身体将支撑到某一年——例如，再维持六到十年。"[36]在他三十七岁临终之际，他正以基督做自己的楷模。

正如前面所提到的，文森特对衰老有一种强烈的厌恶感，如果一个人觉得自己未老先衰，那么自杀是对它的一种抵制和反抗。随着岁月的不断流逝，他的恐惧也渐渐增加，他害怕年龄的增长最终会令他丧失他赖以提升自己生命价值的技能和创造力。到1888年9月，那正是他的成就达到高峰之际，他写道："我也感觉到了衰老的可能，感到有可能看到自身绘画创造力消失殆尽的时日，就像一个人在人生跋涉中走完了他那段年富力强的路程。"[37]在奥维尔,他对加歇医生帮助他康复的能力丧失了信心,而他精神病复发的可能性更增加了他对衰老的恐惧,他担心自己不能够继续工作下去:"我力图不要丧失我的能力,然而,要在创作中获得某种技能是困难的,这是不争的事实,由于停止工作,我将会更快、更容易失去它,远非为获得它付出的努力可比。前景暗淡无光,我根本看不出来有什么欢乐可言。"[38]当然,他这里指的是尘世的未来欢乐,因为他从来没放弃过未来到别处去获取欢乐的想法。

当文森特害怕失败的时候,成功的威胁可能更使他忧心。在总结自己"对成功的恐惧"时,他引用卡莱尔①的一段话:"你知道巴西有一种熠熠发明的萤火虫,晚上,女士们就用发夹把它们插在头发上;对,名望是件好东西,但是你看,对于艺术家来说,它就像发夹对于昆虫一样。"[39]另一次,他又把名望比作是"将雪茄燃着的一端硬塞进你的嘴巴"。[40]

然而文森特在生前并没有赢得广泛的认同,甚至,在他生命最后一年刚刚出现的赞许声也令他局促不安,并且可能促使他痛下自杀的决心。在1886年到1888年居留巴黎期间,他的一些同人,包括土鲁斯·劳特累克,为他的工作辩护并对其加以赞扬。他的画作在拉富什餐馆、唐布兰歌舞餐厅、唐居伊画品商店以及马丁和和托马斯的画廊展出,后来,还在"独立画家"展览会展出。[41]但是他除了从唐居伊手中收到一幅肖像的报酬——微不足道的二十法郎外,所有这些公开的展出没有吸引一个购买者,而报纸和杂志上

---

① 汤姆斯·卡莱尔(1795—1881),苏格兰评论家、讽刺作家和历史学家,作品在维多利亚时代颇具影响力。

也没有出现对他的任何评论。[42]

　　在他人生历程的最后一年,情况开始发生变化。1890年初,他的作品在布鲁塞尔的"二十人"展览会上展出,这是一个优秀的比利时绘画社团,足以和巴黎最好的现代绘画匹敌,安娜·博赫①,是文森特的朋友尤金·博赫的姐姐,本人也是一个画家,以四百比利时法郎买下文森特的一幅画,[43]这在当时是一个不菲的价格。文森特的名字也开始在出版物上显露,他的名字第一次向公众露面是在J·J·艾萨克森②1889年8月17日的一篇文章里,这是艾氏一系列评论印象派画家论文中的一篇,发表在阿姆斯特丹的《画夹》周刊上,艾萨克森是荷兰画家和评论家,和提奥很熟悉,他在文章中热情洋溢地对文森特作了描述,他认为文森特注定会成为后代的楷模。还在文章发表前,文森特就预先警告作者:"你的下一篇文章,可能会有几句评论我的话,在此我要重复我的顾虑,为的是盼你届时不要扯到我身上,因为我从没做过什么重要的事情,这是确切无疑的。"[44]后来他告诉提奥,文章中的表述是"极其夸张的"[45],他宁愿艾萨克森对他保持缄默。

　　1890年1月,年轻的法国批评家阿尔伯特·奥里埃在《法兰西水星报》上撰文高度赞扬文森特,这是第一篇完全写他的文章。文森特迅速回应,他一再抱怨文章对他的褒奖是夸张的,又说:"我的后背并没有宽阔到足以支撑这样的使命。"[46]在给他母亲和妹妹薇尔的一封信中他写道:"当我读到我的工作获得了一些成功,当我

————————

① 安娜·博赫(1848—1936),比利时印象派女画家和艺术赞助人。
② J·J·艾萨克森(1859—1942),荷兰画家、摄影家、评论家。和梵高熟识,画作多肖像和《旧约》场景,死于波兰奥斯维辛集中营。

读到那篇讨论中的文章,我立刻忧虑我将会因此而承受痛苦,这几乎就是画家一生中总会发生的事情:成功是可能发生的最糟糕的事情。"[47] 在另一封给薇尔的信中他吐露了更多的感受:"但是,当我读到那篇文章时,我的感觉几乎是悲伤的,因为我想,我应该那样,我感到如此自卑。骄傲就像酒,使人麻醉,当一个人受到赞美,他就喝下了赞美。这让人悲哀,或者更确切地说……一个人能够做的最好事情,莫过于在没有赞扬声的情况下隐居家中,悄悄干自己的。"[48] 作为一个自觉的受虐狂,认为自己丑陋和令人讨厌,光大名声是他不可忍受的事情;作为一个怀有负罪感的人,当他确信自己应该得到痛苦作为惩罚时,他就不可能享受成功的荣光。荷兰的教育要求他弃绝名利上的自我膨胀,强化了这些影响,以致使他对名声和财富深恶痛绝。

临终时他可能感到满足,这是不足为怪的,因为他抛下了他的恐惧、沮丧、怀疑、羞愧、内疚和怨恨,在"遥远的永恒之城"进入极乐生命。他的"死之渴望"大大超过了"生之意愿"。

六

《麦田上空的鸦群》(图 32.3)是文森特在生命最后一个月里画的一幅作品,有人认为这是他一生最后一幅作品,然而这似乎缺乏根据。研究者通常把这幅画的主题解释为阴郁的,是对悄悄逼近的自杀作可怕的预告。迈耶·夏皮罗描述这幅风景画说:"田野从近景中顺着三条岔开的道路向前展开……线条像是奔腾的激流,从地平线朝前景汇聚。空间好像突然失去了它的重心,所有的物像都咄咄逼人地向着观者拥来……巨大而明亮的太阳裂变成分散的黑团……在一种横向的运动中，以一个横向的运动，[鸦群集合了]人间道路相逆的方向和死亡象征的双重意象……就像[画家]……看到不祥的命运正在逼近。而作为画家的观者成了它的目标……"[49]黑色的鸟群、准备收割的麦子、不祥的气雾，这一切都在预示死亡的逼近。死亡是直冲画家本人而来的，他已经站在三条道路在画面外的聚合点上。

夏皮罗教授注意到，文森特这幅画所表现的绝望情绪在他的书信中也有表露，他在信中谈到绝望。但是绝望是基督的声音，文森特在信的开头告诉他的弟媳，她的来信"像是一个福音，解除了因为我和你们共处时引起的痛苦"。[50]基督通过被钉死在十字架上而解脱了他的痛苦——果园里的极度痛苦。所以我们可以推测这幅画画出了文森特的梦幻——他把自己想象成被钉在十字架上的基督。画中，两条横向的道路代表十字架水平方向的双臂。而中间那条路则代表十字架垂直轴的上端。没被看到的画家兼基督的头部被置于画面外。把自己置于画面外与此相同的位置上，在文森特的早期作品中已经存在，例如在《摇篮》（图 15.1）中，被疼爱的孩童兼画家在一个看不到的摇篮里，而伦勃朗的《拉撒路的复活》（图 29.2）被他修改后也是如此。夏皮罗教授指出，"破碎的太阳"是文森特的"慈善之神的太阳"，那个暂时抛弃他的上帝。

以此来看，《麦田上空的鸦群》再现了基督被钉死在十字架上的瞬息，这时"黑暗笼罩着整个大地"，基督呼喊道："我的上帝，我的上帝，为什么你抛弃我？"这幅画留下一个令人郁闷的警报：毁灭正在逼近！但是作为十字架上的酷刑，为文森特提供了一个更重要的、实现其愿望的功能。它预示快乐的再生，预示他将受欢迎地飞升到上帝宠儿的天国。它就像他布道主题的阴郁面一样，是可以忍受的——事实上，它是受到欢迎的——因为他深信只有经历苦难，最终才能得到上帝的垂爱。

这幅画不仅像是在把焦点向观察者聚拢，而且同时也在把观察者引进天空。研究者曾讨论鸦群究竟是朝观察者飞来，还是朝天空飞去。当视之为十字架上的苦刑时，这种明显的纷乱就可以被理清。因为在这个痛苦而充满希望的事件中，焦点必定会分裂成十字架上殉道者的死、等待他的永恒欢乐以及所有相信他的人们。鸦群低掠而来是为了预示他的命运，但它们还要伴他飞入永恒的天国。

最后，文森特弥补了母亲的忽视。临死前作为上帝的宠儿，他终于超越了第一个文森特。

附录一

梵高作品图表（图片编号为书中图画插页的页码）

5.3　《织工》,1884 年,纽南(阿姆斯特丹:文森特・梵高美术馆)

5.4　《小酒馆》,1886 年,巴黎(巴黎:卢浮宫博物馆)

6.1　《蒙马特》,1886 年,巴黎(芝加哥美术学院)

6.2　《老情侣》,1882 年,海牙(阿姆斯特丹:文森特・梵高美术馆)

6.3　《楼梯》,1890 年,奥维尔(圣路易斯城市美术馆)

6.4　《阿斯里尔斯公园》,1887 年,巴黎(阿姆斯特丹:文森特・梵高美术馆)

7.1　《吊桥的草图》,1888 年,阿尔(信 B2[2]中的草图)

7.2　《情侣》,1888 年,阿尔勒(信 556 中的草图)

7.3　《午间——田间小憩》(临摹米勒),1890 年,圣雷米(巴黎:卢浮宫博物馆)

7.4　《诗人的花园》,1888 年,阿尔勒(未知名的收藏者)

7.5　《罗讷河的星空》,1888 年,圣雷米(收藏者不祥)

7.6　《牧师住宅的花园》,1885 年,纽南(荷兰:瓦塞纳尔,B・迈耶收藏)

8.1　《公园篱边一角》,1888 年,阿尔勒(阿姆斯特丹:文森特・梵高美术馆)

8.2　《吊桥》,1888 年,阿尔勒(科隆:沃尔拉夫-里夏茨美术馆)

8.3　《纪念莫夫》,1888 年,阿尔(奥特洛:克勒勒-米勒博物馆)

8.4　《小路、丝柏和星空》,1890 年,圣雷米(奥特洛:克勒勒-米勒博物馆)

9.1　《一双鞋子》,1886 年,巴黎(阿姆斯特丹:文森特・梵高美术馆)

9.2　《两只吃食的鼠》,1884 年,纽南(瓦塞纳尔:C・E・凡・比宁根-芬特纳・凡・弗利辛根收藏)

9.3　《申克韦根的房屋和谷仓》,1882 年,海牙(阿姆斯特丹:文森特・梵高美术馆)

9.4　《卸货中的载沙驳船》,1888 年,阿尔勒(埃森:富克旺美术馆)

9.5　《黄房子》,1888 年,阿尔勒(阿姆斯特丹:文森特・梵高美术馆)

9.6　《卧室》,1889 年,圣雷米(巴黎:卢浮宫博物馆)

10.1　《树、常春藤和石凳》,1889 年,圣雷米(阿姆斯特丹:文森特・梵高美术馆)

10.2　《死尸》,1883 年,海牙(奥特洛:克勒勒-米勒博物馆)

10.3　《耳朵上绷带的自画像》,1889 年,阿尔勒(芝加哥:利・B・布洛克夫妇收藏)

10.4　《巴塔伊的窗口》,1887 年,巴黎(阿姆斯特丹:文森特・梵高美术馆)

11.1　《文森特的椅子》,1888 年,阿尔勒(伦敦:泰特美术馆)

11.2　《收割者》(临摹米勒),1889 年,阿尔勒(阿姆斯特丹:文森特・梵高美术馆)

11.3　《高更的椅子》,1888 年,阿尔勒(阿姆斯特丹:文森特・梵高美术馆)

11.4　《普罗旺斯的干草堆》,1888 年,阿尔(奥特洛:克勒勒-米勒博物馆))

12.1　《左眼蒙绷带的男子》,1882 年,海牙(奥特洛:克勒勒-米勒博物馆)

12.2　《独眼男子》,1888 年,阿尔勒(阿姆斯特丹:文森特・梵高美术馆)

12.3　《乞讨的盲人》,1882 年,海牙(奥特洛:克勒勒-米勒博物馆或 1883 年)

12.4 《乐善好施者》(临摹德拉克罗瓦),1890 年,圣雷米(奥特洛:克勒勒-米勒博物馆)

13.1 《炉边捧读书本的农民》,1881 年,埃顿(奥特洛:克勒勒-米勒博物馆)

13.2 《两朵向日葵》,1887 年,巴黎(柏林:H·R·哈恩洛瑟收藏)

13.3 《夹竹桃》,1888 年,阿尔勒(纽约:大都会博物馆,约翰·B·洛布夫妇收藏)

13.4 《向日葵》,1888 年,阿尔勒(伦敦:泰特美术馆)

14.1 《伐木者》,1883 年,海牙(奥特洛:克勒勒-米勒博物馆)

14.2 《摇篮中的婴儿》,1882 年,海牙(信 217 中的草图)

14.3 《圣保罗医院的花园》,1889 年,圣雷米(埃森:富克旺美术馆)

14.4 《给婴儿喂奶的西恩》,1883 年,海牙(奥特洛:克勒勒-米勒博物馆)

15.1 《摇篮》,1889 年,阿尔勒(阿姆斯特丹:文森特·梵高美术馆)

15.2 《老年男子和孩童》,1882 年,海牙(北卡罗来纳州奈特代尔:马丽·埃诺尔·威特收藏)

16.1 《悲哀》,1882 年,海牙(伦敦:凯思琳·爱泼斯坦女士)

16.2 《开花的梨树》,1888 年,阿尔勒(阿姆斯特丹:文森特·梵高美术馆)

17.1 《播种者(1888 年 6 月)》,1888 年,阿尔勒(奥特洛:克勒勒-米勒博物馆)

17.2 《播种者》(临摹米勒),1889 年,圣雷米(奥特洛:克勒勒-米勒博物馆)

17.3 《播种者(1888 年 10 月)》,1888 年,阿尔勒(奥特洛:克勒勒-米勒博物馆)

18.1 《哭泣的妇人》,1883 年,海牙(奥特洛:克勒勒-米勒博物馆)

18.2 《戴黑帽的女人》,1883 年,德伦特(奥特洛:克勒勒-米勒博物馆)

18.3 《女人的头像——正面像》,1884 年,纽南(阿姆斯特丹:文森特·梵高美术馆)

19.1 《女人的头像——近于正面像》,1885 年或 1884 年,安特卫普(阿姆斯特丹:文森特·梵高美术馆)

19.2 《阿德琳·拉乌》,1890 年,奥维尔(克利夫兰艺术博物馆,小伦纳德·C·汉纳收藏)

19.3 《阿尔勒的老妇人》,1888 年,阿尔勒(阿姆斯特丹:文森特·梵高美术馆)

19.4 《躺着的裸女》,1887 年,巴黎(阿姆斯特丹:文森特·梵高美术馆)

20.1 《玫瑰和甲虫》,1890 年,圣雷米或奥维尔(阿姆斯特丹:文森特·梵高美术馆)

20.2 津德尔特第一个文森特的墓碑

20.3 《鬼面蛾》,1889 年,圣雷米(阿姆斯特丹:文森特·梵高美术馆)

20.4 《〈圣经〉和〈生命的欢乐〉》,1885 年,纽南(阿姆斯特丹:文森特·梵高美术馆)

21.1 《负重者》,1882 年,海牙(奥特洛:克勒勒-米勒博物馆)

21.2 《烧杂草的农人》,1883 年,海牙(阿姆斯特丹:文森特·梵高美术馆)

21.3 《背负煤袋的矿工妻子》,1881 年,布鲁塞尔(奥特洛:克勒勒-米勒博物馆)

21.4 《晚祷》(临摹米勒),1880 年,布鲁塞尔(奥特洛:克勒勒-米勒博物馆)

22.1 《冬天的牧师住宅花园》,1883 年,纽南(阿姆斯特丹:文森特·梵高美术馆)

22.2 《纽南的墓地和老塔》,1883 年或 1884 年,纽南(阿姆斯特丹:文森特·梵高美术馆)

22.3 《墓地草图》,1883 年,德伦特(信 325 中的草图)

22.4 《墓地》,1886 年,巴黎(奥特洛:克勒勒-米勒博物馆)

22.5 《阿利斯康》,1888 年,阿尔勒(奥特洛:克勒勒-米勒博物馆)

23.1 《掘地的农夫》,1885 年,纽南(阿姆斯特丹:文森特·梵高美术馆)

23.2 《掘沟者》,1882 年,海牙(柏林:柏林国立博物馆)

23.3 《掘地者》(临摹米勒),1889 年,圣雷米(阿姆斯特丹:文森特·梵高美术馆)

23.4 《修路者》,1889 年,圣雷米(克利夫兰艺术博物馆,汉纳·丰德捐赠)

23.5 《蒙马特采石场》,1886 年,巴黎(阿姆斯特丹:文森特·梵高美术馆)

24.1 《横跨瓦兹河的风景》,1890 年,奥维尔(伦敦:泰特美术馆)

24.2 《海滨的船只》,1888 年,圣马利(阿姆斯特丹:文森特·梵高美术馆)

24.3 《从蒙马儒尔眺望拉克劳平原》,1888 年,阿尔勒(阿姆斯特丹:文森特·梵高美术馆)

24.4 《食土豆者》,1885 年,纽南(阿姆斯特丹:文森特·梵高美术馆)

24.5 《收割》,1888 年,阿尔勒(阿姆斯特丹:文森特·梵高美术馆)

24.6 《为〈食土豆者〉作的素描》,1885 年,纽南(阿姆斯特丹:文森特·梵高美术馆草图)

25.1 《圣母怀抱受难耶稣之忧伤图》(临摹德拉克罗瓦),1889 年,圣雷米(阿姆斯特丹:文森特·梵高美术馆)

25.2 《橄榄树的风景》,1889 年,圣雷米(纽约:约翰·海·惠特尼收藏)

25.3 《自画像》,1889 年,圣雷米(阿姆斯特丹:文森特·梵高美术馆)

25.4 《茅舍屋顶和上面的男子》,1890 年,奥维尔(信 651 中的草图)

25.5 《夜间咖啡馆》,1888 年,阿尔勒(伯尔尼:H·R·哈恩洛瑟收藏)

26.1 《帕蒂斯·伊斯卡林》,1888 年,阿尔勒(伦敦:私人收藏)

26.2 《尤金·博赫》,1888 年,阿尔勒(巴黎:卢浮宫博物馆)

26.3 《露天夜咖啡座》,1888 年,阿尔勒(奥特洛:克勒勒-米勒博物馆)

26.4 《我们画家的圣诞招待会——来宾的光临》(波依斯-波顿画),不详

27.1 《通往鲁斯道嫩的道路》,1882 年,海牙(阿姆斯特丹:文森特·梵高美术馆)

27.2 《多德雷赫特的风车》,1881 年,埃顿(奥特洛:克勒勒-米勒博物馆)

27.3 《被圈的田地》(油画),1890 年,圣雷米(奥特洛:克勒勒-米勒博物馆)

附录二

梵高年表

1851 年		5 月：父亲提奥多勒斯·梵高牧师和母亲安娜科妮·卡本特斯结婚。
1852 年	津德尔特	3 月 30 日：哥哥(第一个文森特)诞生并死亡。
1853 年		3 月 30 日：未来的画家文森特诞生。
1857 年		5 月 1 日：弟弟提奥诞生。
1864 年	泽文伯根	10 月 1 日：文森特上寄宿学校。
1866 年	蒂尔堡	9 月 15 日：进入另一所寄宿学校。
1869 年	海牙	7 月 30 日：开始在古皮尔公司海牙分部做学徒。
1872 年		给提奥写第一封信。
1873 年	伦敦	6 月：转入古皮尔伦敦分公司；已有未婚夫的房东女儿厄休拉·罗耶拒绝了他的爱情；变得孤独；移情于宗教。
1874 年	巴黎	10 月：转入古皮尔公司巴黎总部。
1875 年	伦敦	1 月：返回古皮尔伦敦分公司。
	巴黎	5 月：再次回到巴黎办事处。
1876 年	英国	4 月：被古皮尔公司解雇；在拉姆斯盖特当助理教师。
		6 月：在艾尔沃斯的一所学校当助理教师。 11 月：在里士满布道。
		12 月：为看望父母而离开，此后再没有返回英国。
1877 年	多德雷赫特	1 月：被书店雇为职员。
	阿姆斯特丹	5 月：成为神学院的学生。
	布鲁塞尔	8 月：进入传道师学校。

1879 年	博里纳日	1 月：作为福音传道士开始工作。
		7 月：被解除传教职务；开始进入"蜕变时期"。
1880 年	布鲁塞尔	7 月：决定成为画家。
		9 月：在皇家高雅艺术学院注册；结识凡·拉帕德。
1881 年	埃顿	4 月：回到牧师公馆，陷入对守寡表姐凯·沃斯·斯特里克的单恋，遭拒绝。
		12 月 31 日：和父亲发生争执后离开牧师公馆。
1882 年	海牙	向表姐夫莫夫学画；和怀孕的妓女西恩（克利斯廷）同居；
		6 月：送西恩住院；
		7 月：西恩的孩子诞生。
1883 年	德伦特	9 月：到达德伦特。
		12 月：离开此地，去纽南父母的牧师公馆。
1884 年	纽南	1 月：照料受伤的母亲。
		7—8 月：卷入和邻家姑娘玛戈特·贝格特曼的恋爱风波。
		11 月：开始教三个学生绘画。
1885 年		3 月 27 日：父亲去世。
		4 月：创作"北方时期"的代表作《食土豆者》
1886 年	安特卫普	1 月 18 日：进入安特卫普美术学院学习。
	巴黎	2 月 27 日：搬往巴黎和提奥同住。
		3 月：进科尔蒙画室学画；交结土鲁斯·劳特累克、贝尔纳、高更、毕沙罗、西涅克、德加、吉约曼等画家。
1888 年	阿尔勒	2 月 21 日：到达阿尔勒。
		6 月：造访圣马利斯-德拉-梅尔。
		9 月 18 日：搬入"黄房子"。
		10 月 20 日：高更来到。
		12 月 23、24 日：割下耳朵去妓院送给妓女拉结，被送往医院救治；高更离去，提奥宣布订婚。

1889 年	阿尔勒	1 月 7 日：出院。
		2 月 9 日：重新住院十天。
		2 月 27 日：再次被强迫入院。
		4 月 17 日：提奥和乔安娜·邦格结婚。
	圣雷米	5 月 8 日：到达位于圣保罗的疗养院。
1890 年		1 月：画评家阿尔伯特·奥里埃在《法兰西水星报》上撰文盛赞文森特的绘画。
		2 月：作品在布鲁塞尔展出；其中一幅被比利时女画家安娜·博赫买去。
	巴黎	5 月 17 日：造访提奥、弟媳乔及侄子。
	奥维尔	5 月 21 日：到达奥维尔；结识加歇医生。
		6 月 8 日：提奥偕妻儿来奥维尔探访。
		7 月 6 日：文森特访问巴黎。
		7 月 27 日：开枪自杀。
		7 月 29 日：死于拉乌旅馆住所。

附录三

主要参考书目

1. 埃米·安德里塞：《梵高的世界》(*De Wereld van Gogh / Le Monde van Gogh / The world of van Gogh*)，有不同版本，在海牙、巴黎、米兰等多处出版。1957 年第二次印刷。是一本饶有趣味的摄影集，展现文森特笔下人物和风景的真实照片。

2. 道格拉斯·库珀：《文森特·梵高笔下的素描和水彩画》(*Drawings and Watercolors by Vencent van Gogh*)，纽约：麦克米伦公司；贝斯尔·霍尔拜因-弗拉格，1955 年。内中含有精致的水彩画复制品。

3. 雅各布·巴特·德拉法耶：《文森特·梵高的作品——他的色彩画和素描》(*The Works of Vencent van Gogh: His paintings and Drawing*)，纽约：雷纳尔出版社，1970 年。文森特所有为世人所知的作品均囊括于此。系根据 1928 年最初的四卷本法文版和 1937 年荷兰专家委员会的海伯利安出版社版(仅限于油画)修订而成。

4. 约翰·里瓦尔德：《从梵高到高更的后期印象主义》(*Post‑Impressionism from van Gogh to Gauguin*)，纽约：现代艺术博物馆，1956 年。是 1886 年到 1890 年间文森特在巴黎逗留的详尽叙述和精确解说，从中可以了解文森特和当时其他画家的关系。

5. 迈耶·夏皮罗：《梵高》(*van Gogh*)，纽约：哈里·N·艾布拉姆斯出版社，1950 年。夏皮罗对彩色复印品的分析堪称绝唱。

6. 安娜·西曼斯卡：《文森特·梵高不为人知的早期画作》(*Unbekannte Jugendzeichnungen Vincent van Goghs*)，柏林：亨舍尔出版社，1968 年。含有一组新近发现的文森特的画作，作于 1873 年和 1874 年，那是他成为画家以前很久。系 H.G.特斯蒂格的幼女所著。

7. 马克·埃多·特拉尔鲍特：《文森特·梵高》(*Vencent van Gogh*)，纽约：瓦伊金出版社，1969 年。这是一本最有影响力的有关梵高人生之路的传记作品，含有十分精致的绘画复制品。

附录四

注释

注释中出现的单一数字,系指明引文出自文森特信件中的具体号数。信件的原文和译本出版时都采用了这样的编号。最初的信件——用荷兰文、法文和英文写的——收录在四卷本的《文森特·梵高书信全集》(*Verzamelde Brieven van Vincent van Gogh*)中,该书由阿姆斯特丹的世界图书出版社(Wereld-Bibliotheek)于 1952 年至 1954 年间出版,1955 年再版。本书引用的书信,其译文大多出自美国出版的三卷本《文森特·梵高书信全集》(*The Complete Letters of Vincent van Gogh*),纽约图画协会(New York Graphic Society)编辑,1958 年在康涅狄克州的克林威治出版。然而,在许多情况下,基于雅格布·施潘贾德医生的建议,笔者对书信的译文作了润色和修改。

每一封信的执笔时间和地点,大致可以由下表决定。

一、文森特致提奥·梵高的信(外加别人对文森特的描述)

信的编号	书写地点	书写时间
1—8	海牙	1872.8—1873.5
9—26	伦敦	1873.6—1875.5
27—59	巴黎	1875.5—1876.3
60—83	英国	1876.4—1876.12
84—94a	多德雷赫特	1877.1—1877.4
95—122a	阿姆斯特丹	1877.5—1878.7
123—143a	埃顿,博里纳日,普鲁塞尔	1878.7—1881.4
144—165b	埃顿	1881.4—1881.12
166—322a	海牙	1881.12—1883.9
323—343	德伦特	1883.9—1883.11

344—435c	纽南	1883.12—1885.11
436—458a	安特卫普	1885.11—1886.2
456—462a	巴黎	1886.3—1888.2
463—590b	阿尔	1888.2—1889.5
591—634a	圣雷米	1889.5—1890.5
635—652	奥维尔	1890.5—1890.7.

二、文森特致安东·凡·拉帕德的信

R1—R6	埃顿	1881.10—1881.11
R7—R38	海牙	1881.12—1883.7
R39—R58	纽南	1884.1—1885.9

三、文森特致他妹妹薇莱米恩的信

W1	巴黎	1887
W2—W12	阿尔	1888.3—1889.5
W13—W20	圣雷米	1889.7—1890.2
W21—W23	奥维尔	1890.6

四、文森特致埃米尔·贝尔纳的信

B1(1)	巴黎	1887
B2(2)—B19a	阿尔	1888.3—1888.11
B20(20)—B21(21)	圣雷米	1889.10—1889.12

五、文森特致保罗·高更的信

| B22 | 阿尔 | 1888.10 |

六、提奥·梵高致文森特的信

| T1a—T41 | 巴黎 | 1887.7—1890.7 |

序言

[1] 169

第一章

[1] 79　[2] 329,518　[3] 弗兰克·埃尔加:《梵高的生活和作品研究》(纽约,弗雷德里克·A·普雷格,1958 年)17 页。【Frank Elgar, *Van Gogh: A study of His life and works*,(New York: Frederick A.Praeger, 1958 年),p.17. 】　[4] 180　[5] 218,W20
[6] 136　[7] W23　[8] 195　[9] 220　[10] 268a　[11] 319　[12] 392　[13] 418
[14] 392,591　[15] 431　[16] 503　[17] 590　[18] 607　[19] 541　[20] 617
[21] 649　[22] 132　[23] 542　[24] 133　[25] 435c　[26] 20　[27] 158　[28] 216
[29] 133　[30] 450　[31] 262　[32] 299　[33] 543　[34] 556　[35] 552　[36] 220
[37] 430　[38] 472　[39] 410　[40] 534　[41] 533　[42] 592　[43] W11　[44] 625
[45] 629　[46] 644　[47] 645　[48] W4　[49] 531　[50] 73　[51] 91　[52] 103
[53] 518　[54] 576　[55] 193,120　[56] 435c　[57] 133　[58] 431,451　[59] W1
[60] 20　[61] 25　[62] 248　[63] R33　[64] 220,252,R29,R30　[65] 252
[66] 506　[67] 604　[68] 126,127　[69] 357　[70] 221　[71] 392　[72] B21
(21)　[73] 558a　[74] 242　[75] 218　[76] 82a　[77] 195　[78] 199　[79] 489
[80] 343　[81] 514　[82] B21(21)　[83] 242　[84] 334　[85] W16　[86] B10
(18),509　[87] 76　[88] 541　[89] 574　[90] "更为概括的理解是,蝴蝶可以象征所有人的复活。其含意体现在它生命的三个阶段——毛虫、蛹和蝴蝶,显然它们象征生命、死亡和复活。"——乔治·弗格森著《基督教绘画的特点和标志》(纽约,牛津大学出版社,1945 年)7 页。【George Ferguson, *Signs and Symbols in Christian Art* (New York: Oxford University Press,1945). p.7. 】　[91] B8(11)　[92] B8
(11)　[93] W2　[94] 112

第二章

[1] 约瑟夫·坎贝尔:《上帝的面罩——最早的神话学》(纽约,维京出版社,1959年)54,56 页。[Joseph Campbell: *he Masks of God: Primitive Mythology* (New York: The Viking Press, 1959) p.54,p.56。】　[2] 230　[3] 28　[4] 78　[5] 36a
[6] 288　[7] 321　[8] 329　[9] 197　[10] R30　[11] 274　[12] 305　[13] 133
[14] 西格蒙德·弗洛伊德:《标准版西格蒙德·弗洛伊德心理学论著全集》卷 XIX

《心理分析的抵制》,1924 年[1925](伦敦,霍加斯出版社,1961 年),211—222 页。
【Sigmund Freud, *The Standard Edition of the Complete Psychological Works of Sigmund Freud* .XIX, *Resistance to Psychoanalysis* , 1924[1925](London：The Hogarth Press,1961 年),pp.211-222。】 [15] 219 [16] 232 [17] 133 [18] E・H・冈布里克:《艺术和幻想——图画表现上的生理学研究》(纽约,万神殿图书,1960 年),313 页。【E.H. Gmbrich：*Art and Illusion: A study in the psychology of Pictorial Representation* (New York；Pantheon,1960),p.313.】 [19] 514 [20] 470 [21] 133:"所以,不是向绝望屈服,我选择了忧郁中的积极部分……我喜欢的是忧郁中的希冀、热望和追寻,而不是它的绝望和哀伤。" [22] 301 [23] 324 [24] 伯恩哈德・伯利纳:"压抑性格的心理动力"《精神分析论坛》第一期(1966 年),244—264 页。【Bernhard berliner,"Psychoanalytic of the Depressive Character," *Psychoanalytic Forum* , I (1966),pp.244-264。】 [25] 艾伯特・J・卢宾: 出处同上,254—256 页。 [26] 乔安娜・梵高-邦格:《回忆文森特・梵高》,选自《文森特・梵高书信全集》,第一卷,美国版(康涅狄格州,克林威治,纽约图书协会,1958 年),xxviii 页。【Johanna van Gogh-Bonger,"Memoir of Vincent van Gogh" *The Complete letters of Vincent van Gogh* , Vol. I, American edition (Greenwich, Connecticut：New York Graphic Society,1958),p. xxviii。】 [27] 315 [28] 344 [29] 347 [30] 350a [31] 443 [32] 449 [33] 546,557 [34] 571 [35] 夏尔・莫隆:《文森特和提奥》,刊《弧线》,第 8 期(1959 年秋)。【Charles Mauron："Vincent et Théo", *L'Arc* , Gahiers Méditerranéens, No.8.(Autumn 1955).】 [36] 208 [37] 400

第三章

[1] 288 [2] 伊丽莎白・H・杜・奎斯恩-梵高:《对文森特・梵高的个人回忆》(巴伦,1910 年)。【Elizabeth H. Quesne-Banger, *Pensoon Lijke Herinneringen ann Vincent van Gogh* (Baarn,1910).】 [3] 100 [4] 247 [5] 133 [6] 292 [7] 390 [8] 91 [9] 乔安娜・梵高-邦格:《回忆文森特・梵高》选自《文森特・梵高书信全集》,第一卷,美国版(康涅狄格州,克林威治,纽约图画协会,1958 年),xxii 页。【Johanna van Gogh-Bonger,"Memoir of Vincent van Gogh" The Complete letters of Vincent van Gogh, Vol. I, American edition (Greenwich, Connecticut：New York Graphic Society,1958),p. xxii.】 [10] 15 [11] W13 [12] 梵高-邦格:同[9],xxiv 页;156。 [13] 94a [14] 92 [15] W4 [16] 344 [17] 358 [18] 72,94 [19] 89 [20] 122a [21] 429 [22] 126a [23] 128 [24] 143a [25] 132 [26] 埃里克・H・埃里克森:《自我同一性的问题》刊《美国心理分析协会期刊》,第

四期（1956 年），66—67 页。【Erik H. Erikson, "The Problem of Ego Identity" *Journal of the American psychoanalytic Association*，IV（1956），pp.66 - 67.】

[27] 马克斯・韦伯:《宗教社会学》(波士顿,灯塔出版社,1963 年)。【Max Weber, *The Sociology of Religion* (Boston: Beacon Press 1963).】　[28] 435c　[29] 348, 345a　[30] 358　[31] 379　[32] 345a　[33] 347　[34] 乔斯・德・格鲁特:《海牙学派》,二卷本,(鹿特丹,1968—1969 年)。【Jos de Gruyter, *De Haagse School*, 2 vols(Rotterdam: Lemniscant,1968—1969).】　[35] 400　[36] 347,393　[37] 390, 326　[38] 406　[39] 400　[40] 400　[41] 133　[42] 133

第四章

[1] 乔安娜・梵高-邦格:《回忆文森特・梵高》选自《文森特・梵高书信全集》,第一卷,美国版(康涅狄格州,克林威治:纽约图书协会,1958 年),xxxi 页。【Johanna van Gogh-Bonger, "Memoir of Vincent van Gogh" The Complete letters of Vincent van Gogh, Vol. I, American edition (Greenwich, Connecticut: New York Graphic Society, 1958), p. xxxi.】　[2] 110　[3] 153　[4] 154　[5] 155　[6] 158　[7] 193　[8] 164　[9] 358　[10] R21　[11] 198,201,201　[12] 342,R8　[13] 206　[14] 193　[15] 189,190　[16] 234;212,312　[17] 212　[18] 208　[19] 241,263　[20] 280　[21] 296　[22] 307,308　[23] 297　[24] 194　[25] 256　[26] 219　[27] 195　[28] 272　[29] 309　[30] 309　[31] 318　[32] 332　[33] 339　[34] 339a　[35] 343　[36] 345,345a　[37] 351　[38] 350a, 358　[39] 361,386a,388,362　[40] 358　[41] 362　[42] 352:"母亲的腿部受了伤……大腿骨头碎裂了,位置靠近骨盆和臀部的连接处。"　[43] 乔安娜・梵高-邦格:同[1],xxxvi 页。　[44] 387　[45] 377　[46] 380　[47] 382　[48] 392　[49] R44　[50] 346　[51] 404　[52] R57　[53] 94a　[54] 143a　[55] 190　[56] 190,230,W1　[57] 322a　[58] 195　[59] 452　[60] 435b　[61] 94a　[62] 442　[63] 427　[64] 458a　[65] 427　[66] 408　[67] 94a,435a,458a　[68] 218　[69] 429　[70] 418　[71] 345　[72] 204　[73] 像文森特一样,彼得・布鲁格,被称为农民布鲁格的长者,还有耶罗尼米斯・博斯,他们两人都出生在北布拉班特省,都擅长于用绘画来表现贫困的农民、被虐待者、外表粗陋者、残废者、负伤者,以及衰老者。但是,这并不证明他们两人或其中之一对梵高起了重要的影响作用;也许,他们三者所画题材的相似是由于他们敏感的儿童时代都在那块压抑的土地上度过,人们遭受苦难的情景给他们留下了震慑心灵的印象。　[74] 195　[75] 268　[76] R8　[77] 332　[78] 438　[79] R8, 417　[80] 343　[81] 247　[82] 453,264　[83] 117　[84] 218　[85] 276　[86] 299　[87] R28　[88] 370,371　[89] 383　[90] 372　[91] 408　[92] 433

[93]416　[94]427　[95]429　[96]427　[97]428　[98]429　[99]434
[100]184,408　[101]444　[102]435

第五章

[1]347,388a　[2]341　[3]关于柯奈留斯·梵高的资料来自于V·W·梵高博士。
[4]155　[5]161　[6]187　[7]408　[8]432　[9]433　[10]440　[11]451
[12]476　[13]W9　[14]W18　[15]乔安娜·梵高-邦格：《回忆文森特·梵
高》，选自《文森特·梵高书信全集》，第一卷，美国版（康涅狄格州，克林威治，纽约图
画协会，1958年），xxiii页。【Johanna van Gogh-Bonger, "Memoir of Vincent van
Gogh" The Complete letters of Vincent van Gogh, Vol. I, American edition
(Greenwich, Connecticut: New York Graphic Society, 1958), p. xxiii.】　[16]77,
248　[17]夏尔·莫隆：《文森特·梵高潜意识结构中的信号》，刊《心灵》，第八期
（1953），页数：24 – 31,124 – 143,203 – 209。【Charles Mauron, "Notes sur la
structure se I'incinscient chez Vincent van gogh,"Psyche', VIII (1953),pp.24 – 31,
124 – 143,203 – 209。】　[18]西格蒙德·弗洛伊德：《标准版西格蒙德·弗洛伊德
心理学论著全集》第十八卷《结构分析，1937年》（伦敦，霍格斯出版社，1961年版）。
【Sigmund Freud, The Standard Edition of the Complete Psychological Works of
Sigmund Freud . Vol. XXIII, Construction in Analysis, 1937 (London: The
Hogarth Press,1961).】　[19]西格蒙德·弗洛伊德：《精神分析的起源——致威
廉·弗利斯的信，要点和注释——1887—1902年》（伦敦，意向出版公司，1954年），
255—269页。【Sigmund Freud, The Origins of Psycho-Analysis: Letters to
Wilhelm Fliess, Drafts and Notes 1887 – 1902 (London: Imago Publishing Con.,
1954)pp.255 – 269。】　[20]埃里克·H·埃里克森：《自我同一性的问题》，刊《美国
精神分析协会期刊》，第四期（1956年），87页。【Erik H. Erikson,"The Problem of
Ego Identity" Journal of the American psychoanalytic Association, IV (1956),
pp.87.】　[21]W1　[22]W9;马克·埃多·特拉尔鲍特：《文森特·梵高》、《文森
特·梵高和女人》（安特卫普，皮尔·佩雷，1962年），16—28页。【Marc Edo
Tralbaut, 8X Vincent van Gogh; Vincent van Gogh et les Femmes（Antwerp:
Pierre Pere,1962),pp.16 – 28】　[23]155　[24]158　[25]262　[26]164
[27]201　[28]A·M·哈马彻尔：《梵高的生活和绘画》（伦敦，马尔伯勒优雅艺术
有限公司,1962年）.27页。【A.M. Hammacher, Van Gogh's Life in His Drawings
(London: Marlborough Fine Art Lid., 1962), p. 27】　[29]442　[30]442
[31]605　[32]257　[33]143a　[34]R16　[35]阿伯·C·凯恩和巴巴拉·S·
凯恩：《替代的儿童》，刊《美国儿童精神病学院期刊》，第三期（1964年），443—456

页。【Albert C. Cain and Barbara S. Cain, "On Replacing a Child," *Journal of the Academy of Child Psychiatry*, III(1964), pp.443 - 456.】　[36] 91　[37] 122a
[38] 315　[39] 325　[40] 326　[41] 358　[42] 411　[43] 97　[44] 226
[45] R40　[46] 408　[47] F34,F84,F87,F88,F1230,F1231 左页,F1231 右页,
F1236 右页,F1237,SD1687,SD1686。SD1686 是一幅情调阴郁的画作。见雅各
布·巴特·德拉法耶的《文森特·梵高的作品——他的色彩画和素描》(纽约,雷纳
尔公司,1970 年)【Jacob Bart de la Faille, *The Works of Vincnet van Gogh: His Painting and Drawings* (New York: Reynal & Co., 1970.】　[48] 129,126
[49] 236,553b,380,610　[50] 108　[51] 189　[52] 268　[53] 331　[54] R28
[55] 虽然相反,类似的转变发生在一个人的梦幻中,他的被宠爱的哥哥死了,并且
为母亲所称赞。结果,活着的弟弟则像文森特一样,感到只有遭受苦难和死亡才能
够给自己带来爱。在长期的独处之后,他终于结婚。而他和妻子的第一次争执使
他精神濒于崩溃,并产生被抛弃之感。这件事激起了一个梦幻,在梦幻中,他已经得
到的、建立一个家庭的美好现实大大地缩小了,并且被转变成一片墓地。由是他会
对他的妻子式的母亲说:"如果我是那死去的哥哥,你就会爱我。" 从创造力发展的
角度来看,文森特的经历和现代考古学之父、金衡制的发明者海因里希·施利曼相
同。施里曼的父亲也是一位牧师,他诞生几天之后他的哥哥死了,因此他被冠以哥哥
的名字。他哥哥被葬在附近的墓地里,幼时,他就喜欢去墓地探访他兄长的葬身之所。
施里曼对挖掘古代的物件有不可抗拒的兴趣,也许是源于他童年的经历和境况。见威
廉·G·尼德·兰德《海因里希·施里曼生活和工作的调查分析》,刊《欲望、情感、行
为》,第二卷(纽约,国际大学出版社,1965 年)369—396 页。【william G. Niederland,
"An Analytic, Inquiry into the Life and Word of Heinrich Schiliemann," *Drives,
Affects Behavior*, II(New York: International Universites Press, 1965), pp.369 -
396.】　[56] 142,W1　[57] 564　[58] 570　[59] 573　[60] 613　[61] O·兰克:
《分身,精神分析研究》,刊《意向》第三期(1914 年),97—164 页。【O Rank, "De
Doppelgänger. Psychoanalytische Studie," *Imago*, III (1914), pp.97 - 164.】
[62] 506　[63] R30　[64] 262　[65] 227　[66] R44　[67] W22　[68] 398
[69] 迈耶·夏皮罗:《文森特·梵高》(纽约,哈里·N·艾布拉姆斯,1950 年)40 页。
【Meyer Schapiro, *Vincent van Gogh* (New York: Harry N.Abrams, 1950), p.40.】
[70] 403　[71] 435,597　[72] W14　[73] 604　[74] 伯特伦·D·卢因:《欣快
症的精神分析》(纽约,W·W·诺顿,1950 年),150—155 页。【Bertram D. Lewin,
The Psychoanalysis of Elation (New York: W.W.Norton, 1950), pp.150 - 155。】
[75] 马丁·格罗蒂安:《自我同一性和死亡及临终的恐惧》,刊《山腹医院期刊》,第
九期(1960 年),147—155 页。【Martin Grotjahn, "Ego Identity and the Fear of
Death and Dying," *The Journal of the Hillside Hospital*, IX (1960), pp.147 -

155.】 ［76］沙皮诺：同［69］,P108。

第六章

［1］乔安娜·梵高-邦格：《回忆文森特·梵高》,选自《文森特·梵高书信全集》,第一卷,美国版(康涅狄格州,克林威治：纽约图画协会,1958年),xxv 页。【Johanna van Gogh - Bonger,"Memoir of Vincent van Gogh" The Complete letters of Vincent van Gogh, Vol. I, American edition (Greenwich, Connecticut：New York Graphic Society,1958),p. xxv.】 ［2］20。引文来自朱尔·米什莱所著《爱情》【Jules Michelwt, L'Amour.】 ［3］20 ［4］26 ［5］39b ［6］82a ［7］55 ［8］艾伯特·J·卢宾：《一个男孩的耶稣观》,刊《儿童精神分析研究》第十四期,(纽约,国际大学出版社,1959年),155—168页；以及艾伯特·J·卢宾：《宗教的精神分析观》,载《临床精神病学和宗教》,由 E·M·帕蒂森编辑(波士顿,利特尔-布朗出版公司,1969年).49—76页。【Albert J. Lubin, "A Boy 's View of Jesus," The Psychoanalytic study of the child, XIV(New York：International Universities Press,1959), pp.155 - 168；also Albert J. Lubin, A Psychoanalytic View of Religion," Clinical Psychiatry and Religion(Boston：Little,Brown,1969),pp.49 - 76.】 ［9］39b ［10］93 ［11］109 ［12］112 ［13］127 ［14］出自文森特1876年的布道。 ［15］A·J·韦斯特曼·霍尔斯丁：《文森特·梵高的心理发展》刊《美国意象》,第八期(1951年),239—273页。【A. J. Westerman Holstijin, "the Psychological evelopment of Vincent van Gogh" Amerian Imago,VIII(1951),pp.139 - 273.】 ［16］39 ［17］74 ［18］70 ［19］94,88 ［20］122a ［21］326 ［22］112 ［23］123,导言章节《埃顿-博里纳日-布鲁塞尔》的部分,《文森特·凡·高书信全集》卷 I(康涅狄格州,克林威治,纽约图画协会,1958年),172 页。【The Complete letters of Vincent van Gogh, Vol. I, American edition (Greenwich, Connecticut：New York Graphic Society, 1958), p. 172.】 ［24］143a ［25］542 ［26］605 ［27］288 ［28］306 ［29］326 ［30］314 ［31］213 ［32］336 ［33］398 ［34］R43 ［35］181 ［36］326 ［37］B8(II) ［38］136 ［39］335,339 ［40］309 ［41］133 ［42］R3 ［43］R34 ［44］310。

第七章

［1］440 ［2］443 ［3］438 ［4］436 ［5］442, ［6］442 ［7］438 ［8］442,449 ［9］442,444,448,449,452 ［10］450,449 ［11］449 ［12］马克·埃多·特拉尔鲍特：《文森特·梵高》(纽约,维京出版社,1969年),177—178 页。马库斯·A·克

鲁帕医生考虑了我以前的病史,并施以梅毒的治疗方案。【Marc Edo tralbaut,*Vincent van Gogh*(New York:the Viking Press,1969)pp.177－178.】 [13]458a [14]451 [15]446,447,450 [16]特拉尔鲍特:同[12],184页。 [17]443 [18]448 [19]453 [20]450 [21]441 [22]447 [23]452 [24]439 [25]448 [26]439 [27]449 [28]459a [29]451,452 [30]489 [31]W4 [32]266 [33]R35 [34]379 [35]T16 [36]159 [37]特拉尔鲍特:同[12],P.196。 [38]371 [39]W4 [40]459a [41]544a [42]特拉尔鲍特:同[12],200页。 [43]范·威克·布鲁克斯,编辑《保罗·高更的私密日记》(印第安纳,布卢明顿,印第安纳大学出版社,1958年),55页。【Van Wyck Brooks, ed., *Paul Gauguin 's Intimate Journals* (Bloomington,Indiana:Indiana University Press,1958),p.55.】 [44]A·S·哈特里克:《一个画家五十年的朝圣》(剑桥,1939年)。【A.S. Hartrick, *A painter 's Pilgrimage through Fifty Years* 】(Cambridge,1939). 】 [45]W1 [46]461 [47]505 [48]462 [49]460 [50]译作《保罗·高更的私密日记》,同上,56页 [51]489 [52]459a [53]462a [54]466 [55]T·J·霍尼曼:《梵高——和格拉斯哥的联系》,刊《苏格兰美术评论》第二期(1948年),如约翰·里瓦尔德在《从梵高到高更的后期印象主义》中引证的(纽约,现代美术博物馆,1956年),26页。【T.J. Honeyman,"Van Gogh:A Link with Glasgow," *The Scottish Art Review*;II(1948),as cited in John Rewald, *Post-Impressionism from van to Gauguin* (New York:Muscum1 of Modern Art,1956),P. 26. 】 [56]W1 [57]特拉尔鲍特:同[12],199页。 [58]哈马彻尔医生认为西涅克成为点彩派画家之前的作品极大地影响了文森特在巴黎的绘画发展。《梵高的绘画生涯》(伦敦,马尔伯勒优雅美术有限公司,1962年),90—93页】。【Dr. Hammarcher, *Van Gogh's Life in His Drawings* (London:Marlborough Fine Art Ltd.,1962). pp.90－93.】 [59]459a [60]544a

第八章

[1]马克·埃多·特拉尔鲍特:《文森特·梵高》(纽约,维京出版社,1969年),217页。【Marc Edo tralbaut, Vincent van Gogh(New York:the Viking Press,1969) p.217.】 [2]所有;穆尔塔图里(爱德华·道维斯·德克尔):《马克斯士·哈弗拉尔》或《荷兰贸易公司的咖啡拍卖》(纽约,伦敦屋和马克斯韦尔,1967年版),156—157。穆尔塔图里观察阿尔妇女的一个例子:"我不会说我在那里看到某一个妇女是这样或那样美丽。不,她们全都是如此之美,所以,在该处要忠贞不变地与谁相爱是不可能的,因为,后一个妇女往往会将前一个妇女的光彩从你脑中逐出⋯⋯" [3]474,481 [4]552 [5]W4 [6]W3 [7]B5(5) [8]542 [9]474

［10］B17(14)　［11］496,541　［12］539　［13］489,513　［14］543　［15］507
［16］513　［17］474,487,480　［18］509,546　［19］519,520,523　［20］492
［21］508　［22］530　［23］B14(9)　［24］479,484,485,487　［25］480　［26］493
［27］B11(13)　［28］249　［29］498　［30］534　［31］544　［32］574　［33］467
［34］468,482,490,498　［35］514　［36］505　［37］541a　［38］539　［39］516
［40］573,550　［41］560　［42］543　［43］544a 荷兰编辑，553a 美国编辑
［44］556　［45］557　［46］590b　［47］特拉尔鲍特：同［1］，240 页。　［48］544,
493,562　［49］565　［50］詹姆斯·波普-亨尼西：《普罗旺斯的风姿》(波士顿,利特
尔-布朗出版公司,1952 年),149、13 页。【James Poper-Hennessy, *Aspects of
Provence*（Boston：Little,brown,1952),p.149.13.】　［51］502,482,576　［52］W4
［53］469　［54］576,577　［55］482,542　［56］558a　［57］509　［58］B5(5)
［59］B18(15)　［60］470　［61］488　［62］463　［63］509　［64］W5　［65］587
［66］499　［67］502,496,521,509,496,539　［68］512　［69］522　［70］532,577
［71］581　［72］576　［73］533　［74］534　［75］533　［76］544　［77］菲莉丝·
格里纳克：《幻觉、头痛和光晕》,刊《心理精神分析季刊》第十六期(1947 年),171—
194 页。重载于她的专著《创伤、发育和性格》(纽约,W·W·诺顿,1952 年),132—
148 页。【Phyllis Greenacre，Vision，headache,and the Halo,” *Trauma*，*Growth*，
and Personality，XVI(1947)pp.171－194. reprinted in her trauma,Growth,and
Personality (New York：W.W.Norton,1952),pp.132－148.】　［78］出处同上。
［79］537　［80］西格蒙德·弗洛伊德：《标准版西格蒙德·弗洛伊德心理学论著全
集》第十七卷《幼儿神经症探源,1918 年》(伦敦,霍格斯出版社,1955 年),43 页。
【Sigmund Freud，*The Standard Edition of the Complete Psychological Works of
Sigmund Freud* . Vol. XVII，*From the History of an Infantile Neurosis*，*1918*
（London：The Hogarth Press，1955 年),p.43.】　［81］497　［82］476　［83］516,
517,531　［84］520;迈耶·夏皮罗《文森特·梵高》(纽约,哈里·N·艾布拉姆斯,
1950 年),64 页。【Meyer Schapiro，*Vincent van Gogh* （New York：Harry N.
Abrams,1950),p.64.】　［85］626a　［86］539　［87］W18　［88］626a　［89］亨
利·布朗：《蒙蒂切利的生活》,刊《展览会目录》,普罗旺斯,1959 年。【Henry
Braun,“La Vie de Monticelli,” *Catalogue of Exposition*，Galerie Lucien　Blanc,
Aix-en-Provence 1959.】　［90］626a。杰尔曼·巴赞引自皮埃尔·里普特为《展览
会目录》写的序言,同上。　［91］626　［92］626a　［93］477a　［94］429
［95］510　［96］469,500,W7　［97］540　［98］533,542　［99］500　［100］470
［101］W3　［102］105,113,165b,W8　［103］474,535,544a　［104］B17(14),581
［105］543,590b　［106］特拉尔鲍尔：同［1］,228 页。　［107］539,544a　［108］532,
541a　［109］特拉尔鲍特：同［1］,240 页；590b　［110］544a

第九章

[1]本章根据笔者以前的一篇文章《文森特·梵高的耳朵》修改而成。该文曾发表在《精神分析季刊》，第三十期（1961），351—384 页。【Alert J.Lubin, "Vincent van Gogh's Ear," *The psychoanalytic Quarterly*, XXX(1961).pp.351－384.】 [2]乔安娜·梵高-邦格：《回忆文森特·梵高》，选自《文森特·梵高书信全集》，第一卷，美国版（康涅狄格州，克林威治，纽约图画协会，1958 年），xiv 页。【Johanna van Gogh-Bonger, "Memoir of Vincent van Gogh" The Complete letters of Vincent van Gogh, Vol. I, American edition (Greenwich, Connecticut: New York Graphic Society, 1958), p. xiv.】 [3]《共和论坛报》，1888 年 12 月 30 日。【*Le Forum Républicain*, Dec.30,1888.】 [4]维克托·杜瓦托和埃德加·勒罗伊：《文森特·梵高的割耳悲剧》，刊《医神》，第三十六期（1936 年），169—192 页。【Victor Douteau and Edgar Leroy, "Vincent van Gogh et le drame de l'orelle coupée," *Aesculape*, XXXVI(1936), pp.169－192.】 [5]高更：《瞻望与回顾》，34 页。【Gauguin, *Avant et Après* p.34.】 [6]约翰·里瓦尔德：《从梵高到高更的后印象主义》（纽约，现代艺术博物馆，1956 年），268 页。【John Rewald, *post-Impressionism from van Gogh to Gauguin*(New York: Museum Modern Art,1956),p.286.】 [7]A·J·韦斯特曼·霍尔斯丁：《文森特的心理发展》，刊《美国意象》，第八期卷（1951 年），239—273 页。【A. J. Westerman Holstijn, "The Development of Vincent van Gogh," *American Imago*, VIII(1951), pp.239－273.】 [8]丹尼尔·E·施奈德：《心理分析家和画家》（纽约，国际大学出版社，1950 年），227—239 页。【Daniel E. Schneider, *The psychoanalyst and the artist* (New York: International Universities Press,1950), pp.227－239.】 [9]雅克·施尼尔：《燃烧的太阳——对梵高进行精神分析的通道》，刊《美国意象》，第七期（1950），143—162 页。【Jacques Schnier, "The Blazing Sun: A Psychoanalytic, Approach to Van Gogh" *American Imago*, VII(1950),pp.143－162.】 [10]弗兰克·埃尔加：《梵高的生活和作品研究》[*Van Gogh : A Study of his Life and Work*]（纽约：弗雷德里克·A·普雷德，1958 年），PP.202－203。 [11]A13 [12]W4 [13]570 [14]V·W·梵高：《关于回忆文森特·梵高的一些附加说明》，选自《文森特·梵高书信全集》，第一卷，美国版（康涅狄格州，克林威治，纽约图画协会，1958 年），页数 lviii。【V.W. van Gogh, "Some Additional Notes to the Memoir of Vincent van Gogh," in *The Complete letters of Vincent van Gogh*, Vol. I, American edition (Greenwich, Connecticut: New York Graphic Society, 1958), p. lviii.】 [15]572 [16]583 [17]574 [18]W10 [19]雷内·休伊：《梵高》（纽约，布朗，1958 年版），80 页。【Renen Huyghe, *Van Gogh* (New York: Crown,1958),p.80.】 [20]480 [21]493,494a,497,501a,

504,507,521,544,547,549　［22］514,541　［23］466　［24］498　［25］535　［26］538　［27］564　［28］534　［29］561　［30］B19a,560　［31］590b　［32］326,173,326　［33］B14(9)　［34］B9(12)　［35］122a　［36］212　［37］122a　［38］264,R37,604　［39］梵高-邦格：同[2],xx 页。　［40］R32　［41］256　［42］梵高-邦格：同[2],xx 页。　［43］B9(12)　［44］彼得·纳普：《耳朵和听觉》,刊《美国精神分析季刊》,第一期（1953）,672—689 页。【Peter H. Knapp, "The Ear, Listening and Hearing," *Journal of the American Psychoanalytic Association*, I(1953), pp. 672-689.】 心理学家和小儿科医生经过长期的观察,发现婴儿通过刺激他们的耳朵而达到肉体上的快感。见卡尔·亚伯拉罕的《耳朵和听觉通道是性感带区域》（1913 年）,刊《精神分析论文选》(纽约,培基图书,1953 年),244—247 页；另见米尔顿·I·莱文《小儿科医生对儿童手淫的观察》,刊《儿童精神分析研究》第四期（纽约,国际大学出版社,1951 年）,117—124 页。【Karl Abraham, "The Ear and Auditory Passage as Erotogenic Zones"（1913）, *Selected Papers on Psychoanalysis*（New York: basic Books,1953),pp.244-247. Milton I.Levine, "Pediatric Observation on Masturbation in Children," *The Psychoanalytic Study of the Child*, VI（New York: International Universities Presss,1951),pp.1117-124.】　［45］B14(9),560　［46］592,607,574　［47］高更：同[5],P.31。　［48］506,543　［49］492　［50］605,607　［51］542　［52］505,B19(17)　［53］B21(21)　［54］W8。有证据表明梵高对蒙蒂切利的评断是错误的；见艾尔弗雷德·沃纳：《蒙蒂切利——善于驾驭色彩的理性画家》,刊《美术》,卷 XXXIV(1959 年,10 月),44—47 页。【Alfred Werner, "Monticelli: Logical Colorist, *Arts*, XXXIV(Oct.1959),pp.4-47】　［55］571　［56］544　［57］498　［58］悉尼·特拉乔：《犹大,被爱的刽子手》,刊《精神分析季刊》第二十九期（1960 年）,528—544 页。【Sidney Tarachow, "Judas, A Beloved Executioner," The Psychoanalytic, Quarterly, XXIX（1960）, pp. 528-544.】　［59］里瓦尔德,同[6],P.363。　［60］82a　［61］3,13,39,49,77,82a,113,115,116　［62］253　［63］166　［64］L·布赖斯·博耶：《圣诞节'神经官能症'》,刊《美国精神分析协会期刊》,第三期（1956 年）,PP.467-488。【L. Bryce Boyer, "Christmas 'Neurosis'" *Journal of the American Psychoanalytic Association*, III(1956),pp.467-488.】　［65］欧内斯特·琼斯：《圣诞节的意义》,刊《实用精神分析随笔》[Essays in Applied Psycho-Analysis]卷 II（伦敦,霍格斯出版社,1951 年）,PP.212-224。【Ernest Jones, "The Significance of Christmas," Essays in Applied Psycho-Analysis, II(London: Hogarth Press,1951),pp.212-224.】

第十章

［1］576　［2］579　［3］乔安娜·梵高-邦格：《回忆文森特·梵高》,选自《文森特·

梵高书信全集》,第一卷,美国版(康涅狄格州,克林威治,纽约图画协会,1958 年)
"如果警察"([文森特]说),"保护我的自由,阻止儿童甚至成人围攻我的住所、攀爬
我的窗子……我将更能够保持自己的镇静。"页数:xlvii。【Johanna van Gogh-
Bonger,"Memoir of Vincent van Gogh" *The Complete letters of Vincent van Gogh*,
Vol. I,American edition (Greenwich,Connecticut: New York Graphic Society,
1958),p. xlvii.】 [4] 579 [5] 573 [6] 582 [7] 583,583b,585,587 [8] 589
[9] 维克托·杜瓦托和埃德加·勒罗伊:《文森特·梵高的精神错乱》(巴黎《医神》
编订,1928 年),53 页。【Victor Douteau and Edgar Leroy, *Ls Folie de Vincent van
Gogh*,(Paris: Editions Aesculape,(1928),p.53. 】 [10] 马克·埃多·特拉尔鲍
特:《文森特·梵高》[*Vincent van Gogh*] (纽约,维京出版社,1969 年),288 页;
W14。【Marc Edo tralbaut, *Vincent van Gogh* (New York: the Viking Press,1969)
pp.177 - 178.】 [11] 592,605 [12] 599,600,601,605,611 [13] 604,605,606
[14] 605,607 [15] 614,620,622 [16] 624,625,626,628,629,634a [17] W11
[18] 626a [19] 625,592,576,605 [20] 特拉尔鲍特:同[10],288 页。 [21] 602a
[22] 590a [23] 特拉尔鲍特:同[10],291 页。 [24] W15,592,W15 [25] 605,
628,W13,602a,613,571 [26] W15 [27] 见马格南医生:《苦艾中毒的临床徵
候》,刊《卫生评论》,第十二期(1890 年),909—923 页;拉格兰德医生:《法国流行的
苦艾中毒症》,刊《醉癖季刊》,第二十六期(1904 年),155—158 页;以及埃马·E.沃
克:《苦艾酒的作用》,刊《医学报告》,第七十期(1906 年),568—572 页。【Dr.
Margnan,"Des principaux signes cliniques de l'absinthisme," *Revue d'Hygiènde*,
XII(1890),pp.909 - 923;Dr.Largrand, "Absinthism in France," *Quarterly Journal
of Inebriety*, XXVI(1904), pp. 155 - 158;Emma E. Walker, "The Effects of
absinthe,"Medical record,LXX(1906),pp.586 - 572.】 [28] 588 [29] 亨利·施
特:《苦艾酒——精神错乱和犯罪》,刊《公共卫生学和法医学年刊》,系列四,二十三
期(1915 年),121—133 页。【Henri Schmidt, "L'Absinthe:L'aliénation mentale et
la criminalité," *Annales d'Hygiene Publique et Médecine Légale*, 4 série,XXIII
(1915),pp.121 - 133. 】 [30] 约翰·休林斯·杰克逊:《次癫痫性的病状》(1888—
1889 年),刊《约翰·休林斯·杰克逊论文集》(伦敦,霍德-斯托顿有限公司,1931
年),第一卷,366—384 页。【John Hughlings Jackson, "On Post-Epileptic States"
(1888 - 1889), *Selected Writings of John Hughlings Jackson*,(London: Hodder
and Stoughton,Lid.,1931), I,pp.366 - 384.】 [31] G·克劳斯:《文森特·梵高和
精神病学》,刊《精神病学和神经病学》,第 5 册(1941 年,9—10 月),引用 A16。
【G. Kraus,"Vincent van Gogh en de Psychiatrie," Psychiatrsche en Neuroligische
Bladen,No.5 (Sept-Oct.1941), cited in A16. 】 [32] 604 [33] 601,604
[34] 604,612,605 [35] 606 [36] 613 [37] 607 [38] 627 [39] 195,228,

336　[40] 101a　[41] 501　[42] 193　[43] 593　[44] 迈耶·夏皮罗:《文森特·梵高》(纽约:哈里 N·艾布拉姆斯,1950 年),PP.76,78。【Meyer Schapiro, *Vincent van Gogh* (New York: Harry N.Abrams, 1950), pp.76,78.】 [45] 罗兰·费希尔:《终身性的生物学结构》,刊《纽约科学院年鉴》第一百三十八期(1967 年),440—488 页。【Roland Fischer,"The Bioligical Fabric of time,"*Annals of the New York Academy of Sciences*],CXXXVIII(1967)pp.440‐488.】 [46] 信 B22 和 信 554 中的速写草图。　[47] 607(文森特在讨论《橄榄树的风景》)。　[48] 沙皮诺:同 [44],P.78。　[49] 554　[50] 在形成这些概念的过程中,我得益于斯坦利·斯坦伯格的《画家工作中的运动和平衡》一文,来自于旧金山精神分析协会和学会(1966 年 11 月),未公开发表。　[51] B18(15)　[52] W4,325　[53] A.M.哈马彻尔:《梵高的绘画生涯,梵高和西涅克的关系》(伦敦:马尔伯勒优雅美术有限公司,1962 年),P.30。【A, M, Hammacher, *Van Gogh's Life in His Drawing*; *Van Gogh's Relationship with Signac* (London: Marborough Fine Art Lid., 1962), p.30.】 [54] 601,605　[55] 616,617　[56] 629　[57] 648　[58] 630　[59] 631,633

第十一章

[1] 157　[2] 248　[3] 94a,590b　[4] 207,442　[5] 539,560,623　[6] 185,R20,605　[7] 143ε,133　[8] 148　[9] 212,247,576　[10] E·H·冈布里克:《绘画和幻想——图画描绘的心理研究》(纽约,万神殿图书,1960 年),313 页。【E. H. Gmbrich: *Art and !llusion: A study in the psychology of Pictorial Representation* (New York: Pantheon,1960),p.313.】 [11] 205　[12] 菲莉丝·格里纳克:《画家的童年时代》,刊《儿童精神分析研究》第十二期(纽约:国际大学出版社,1957 年)47—72 页。【Phyllis Greenacre,"the Childhood of the Artist," *The Psychoanalytic Study of the Child*, XII(New York: International Universities Press,1957),pp.47‐72.】 [13] 菲莉丝·格里纳克:《悬念和导因》,刊《精神分析季刊》第十期(1941 年),第一部分,69—94 页;第十期(1941 年),第二部分,610—638 页。重刊于《创伤、发育和个性》(纽约:W·W·诺顿,1952 年),27—82 页。【Phyllis Greenacre, "The Predisposition to Anxiety," *The Psychoanalytic Quarterly*, Part I,X(1941) pp.69‐94; Part II.X(1941),pp.610‐638.Reprinted in *Trauma*, *Growth*, *personality*(New York: W.W. Norton, 1952), pp. 27‐82. 】 [14] W20　[15] R5　[16] 126　[17] D·W·温尼科特:《幼年时代的视觉精神性神经疾病》,刊英文版《综合报》[*Collected Papers*](纽约,培基图书,1958 年),85—90 页。【D. W. Winnicott, "Ocular Psychoneurosis of Childhood," in *Collected Papers* (New York: Basic books, 1958),pp.85‐90.】 [18] 355　[19] 242　[20] 591　[21] A·威尔逊,引

自 P・特雷弗・罗珀的《呆滞目光中的世界》(印第安纳波利斯：鲍勃斯-梅里尔，1970 年)，36 页；弗雷德里克・W・梅尔：《梵高的自杀》，刊《美国医药学会期刊》，第二百一十七期(1971 年)，938—939 页；奥斯卡・沃德：《致编辑的一封信》，刊《美国医药学会期刊》，第二百十八期(1971 年)，595—596 页。165b【P. Trevor-Roper, *The World Through Blunted sight* (Indianapolis：Bobbs-Merrill, 1970)，p.36；Frederick W. Maire, "Van Gogh's Suicide," *Journal of American Medical Association*, CCXVII (1971), pp. 938 - 939；Oscar Ward, in a letter to Editor, *Journal of the American Medical Association*, CCXVIII (1971), pp. 595 - 596.】

〔22〕594,625　〔23〕309　〔24〕405　〔25〕435c　〔26〕331,367,516,501a　〔27〕乔安娜・梵高-邦格：《回忆文森特・梵高》，选自《文森特・梵高书信全集》第一卷，美国版(康涅狄格州，克林威治，纽约图画协会，1958 年)，xxiv 页。【Johanna van Gogh-Bonger, "Memoir of Vincent van Gogh" The Complete letters of Vincent van Gogh, Vol. I, American edition (Greenwich, Connecticut：New York Graphic Society, 1958), p. xxiv.】　〔28〕332,136

第十二章

〔1〕505,540,B19　〔2〕雅各布・巴特・德拉法耶：《文森特・梵高的作品——他的色彩画和素描》(纽约，雷纳尔公司，1970 年)，250 页。【Jacob Bart de La Faille, *The works of Vincent van Gogh：His Paintings and Drawings* (New York：Reynal & Co.,1970】　〔3〕602　〔4〕B12(10)　〔5〕R・H・威伦斯基：《荷兰的绘画》(纽约：比切斯特出版社,1955 年)，101 页。【R.H. Wilenski, *Dutch Painting* (New York：the Beechurst Press,1955),p.101.】　〔6〕B12(10)　〔7〕414,416　〔8〕B8(11)　〔9〕605,615　〔10〕605　〔11〕B12(10)　〔12〕135　〔13〕93　〔14〕B8(11)　〔15〕B7(7),501a　〔16〕B6(6)　〔17〕B11(13)　〔18〕B8(11)　〔19〕500　〔20〕99　〔21〕226　〔22〕574　〔23〕340　〔24〕509　〔25〕B10(18)　〔26〕B7(7),W5　〔27〕503　〔28〕558a　〔29〕501a　〔30〕213　〔31〕262　〔32〕B4(4)　〔33〕643　〔34〕542　〔35〕520　〔36〕B21(21)　〔37〕543　〔38〕528　〔39〕531　〔40〕B21(21)　〔41〕505　〔42〕540　〔43〕587　〔44〕595　〔45〕605　〔46〕614　〔47〕614a　〔48〕615

第十三章

〔1〕W21　〔2〕W21,640a　〔3〕641a　〔4〕维克托・杜瓦托：《加歇医生的怪异形象》，刊《医神》，第十三期(1923)，169—173 页，211—216 页，250—254 页，以及第

十四期（1924 年），7—11 页。【Victor Douteau，"Ls curieuse figure du Dr.Gachet," Aesculape，XIII（1923），pp. 169 - 173，211 - 216，250 - 254，and XIV（1924），pp.7 - 11.】 169 - 173，211 - 216，250 - 254，以及卷 XIV（1924），PP.7 - 11。

[5] 639 [6] 642,644,651,646,640,638 [7] 马克·埃多·特拉尔鲍特：《文森特·梵高》（纽约：维京出版社，1969 年），310 页。【Marc Edo tralbaut，*Vincent van Gogh*（New York：the Viking Press，1969）p.310.】 [8] 维克托·杜瓦托：《梵高的两个名不见经传的伙伴：加斯顿·塞克雷唐和勒内·塞克雷唐兄弟》，刊《医神》，卷 XL（1957 年），39—61 页。【Victor Douteau，"Deux copains de van Gogh，inconnus，les René Secrétan，Vincent tel qu'ils l'ont vu," *Aesculape*，XL（1957），pp. 39 - 61.】

[9] 638,W22,639,638,640a [10] 635,W22,648,638 [11] 638,W22 [12] 保罗·加歇：《加歇和穆勒医生》（巴黎：国立博物馆编订，1956 年）。【Paul Ghachet，*Le Docteur Gachet et Murer*（Paris：Editions des Musées Nationaux，1956）.】

[13] 吉约曼的油画《床上的妇人》现在藏于卢浮宫的加歇收藏厅。 [14] 636 [15] W22 [16] 458a [17] 644 [18] 641,W23 [19] A·M·哈马彻尔：《文森特·梵高的十年创作生涯》（纽约：哈里·N·艾布拉姆斯，1968 年），175 页。【A.M. Hammacher，*The Ten Greative Years of Vincent van Gogh*（New York Harry N. Abrams，1968，p.175.】 [20] 649,650 [21] 乔安娜·梵高-邦格：《回忆文森特·梵高》，选自《文森特·梵高书信全集》第一卷，美国版（康涅狄格州，克林威治，纽约图画协会，1958 年），1ii 页。【Johanna van Gogh-Bonger，"Memoir of Vincent van Gogh" The Complete letters of Vincent van Gogh，Vol. I，American edition（Greenwich，Connecticut：New York Graphic Society，1958），p.1ii.】 [22] 649 [23] 637,644,646,648。 [24] 《蓬图瓦兹新闻报》，1890 年 8 月 7 日。【*L'Echo Pontoisen*，Agu.7,1890】 [25] 维克托·杜瓦托和埃德加·勒罗伊：《文森特·梵高的精神错乱》[*La Folie de Vincent van Gogh*]（巴黎《医神》编订，1928 年），92 - 93 页；保罗·加歇：《提奥多尔医生和文森特·梵高》，刊法文版《医神》卷 XL（1957 年），4—38 页。【Victor Douteau and Edgar Leroy，*Ls Folie de Vincent van Gogh*，（Paris：Editions Aesculape，（1928），p.4 - 38.】 [26] 604 [27] 154,212,268 [28] 448 [29] 462,W11 [30] 302,132,193,288 [31] T39,595,598,599,602,603,604 [32] 77,386a [33] 347,350,358,362 [34] 472,638 [35] 489 [36] 309 [37] 530 [38] 648 [39] 524 [40] 531 [41] A·M·哈马彻尔：《梵高和语言》，引自雅各布·巴特·德拉法耶的《文森特·梵高的作品——他的色彩画和素描》（英文版，纽约：雷纳尔公司，1970 年），14 页。【A.M. Hammacher，"Van Gogh ang the Words" in Jacob Bart de La Faille，The works of Vincent van Gogh：His Paintings and Drawings（New York：Reynal & Co.，1970）】 [42] 506。1889 年之前，文森特卖出的画，仅仅是 1882 年以五十基尔德的价格卖给他叔叔 C.M.的十

八幅钢笔素描,以及1888年卖给萨利-洛里美术商行的一幅自画像。(关于这封信,见马克·埃多·特拉尔鲍特《文森特·梵高》,300页。) ［43］比较一致的看法认为被卖出的画是《红葡萄园》,但是德拉法耶目录的编辑者却相信那可能是一幅《向日葵》。 ［44］614a ［45］611 ［46］626a ［47］629a ［48］W20 ［49］迈耶·夏皮罗:《面对文森特的画》,刊《展望》,第一期(1952年),9－14页。还见之于D·沃尔伯格、S·伯顿以及J·塔伯顿编辑的《艺术的勘探》(纽约:视觉艺术出版社),154—166页。【Meyer Schapiro, "On a Painting of Van Gogh," *View*, I (1952), pp.9－14. Also in D. Wobberg, S. Burton, and J. Trburton, eds., *Exploring the Arts* (New York: Visual Arts Press, 1969), pp154－166】 ［50］649

附录五

索引

译后记

那是我移居纽约的第二年，我在曼哈顿下城的一家公司任职，距公司咫尺之遥有一家印度人经营的旧书店，它成了我午休时溜达排遣的必去之处。一天，偶然中我在书架上发现这本探索荷兰绘画奇才梵高心理成长和绘画成就的英文原著，阅读之下，兴趣陡生。

我是个梵高爱慕者，喜欢他那种色彩明亮狂野、跃动着强烈生命节奏的绘画风格。在国内曾读过多种有关他的译著和评论。梵高确是个怪异的人物，他以三十七岁的短暂生命为世人留下数百幅有视觉震撼的画作和数百封文笔恣肆的书信，这足以表明梵高的出现本身就是一个生命奇迹。我常常扼腕这个年轻的、才情兼具的绘画巨匠怎么会就这样用自己的手来草草结束生命，纵观梵高一生的行迹，在我心中留下了诸多谜团，比如，他是怎样从一个刻板的宗教传道者演变为一个充满创造激情的画家？他对画家高更亦爱亦恨的友谊究竟是基于怎样的心理？他为何割耳并将残耳送给一个妓女？他那种无与伦比的眩晕躁动的画风又是从何而来？

当然，在梵高身上，所有的怪诞和不合理都可以简单地归因于他的精神疾病，但是，它们背后的潜意识是什么？它们和梵高整个人生走向和绘画发展又存在着什么关系？这些疑问在我以前的阅读中从未得到过满意的答案。但是，眼下这本论著却给出了较为合理和颇具趣味的解析。

该书的作者艾伯特·J·卢宾曾是美国斯坦福大学临床精神病学的名誉教授,还是一位具有相当实践经验的精神分析师。他熟谙弗洛伊德创立的精神分析学说,在心理学专业上有高深的造诣。此外他还是个绘画艺术爱好者,并对诸多"边缘"学科抱有浓厚的兴趣。他站在精神分析这一独特的视角上,以梵高数以百计的画作和数以百计的书信来做"自由联想"的素材,同时运用了大量的背景资料,对梵高的一生展开追踪。通过梵高幼年的遭遇、宗教的挫折、爱情的失败、对父母的叛逆和弟弟的复杂感情,以及与同时代画家的关系等因素,来窥察这位画坛旷世奇才的内心冲动,对他的怪诞、疯癫,对他的割耳、自杀,对他绚烂眩晕的画风作了令人信服的解析。可以说这本论著是作者长年知识积累的磅礴喷发,它兼有学术性和趣味性,熔心理研究和艺术探讨于一炉。在诸多的梵高读物中,它的独特性和不可替代性是显而易见的。虽然其中或多或少地存在着不尽人意的牵强和附会,但这不影响它作为一条从另一极点进入梵高灵魂深处的通道。

在本书的翻译过程中,我多次前往纽约大都会艺术博物馆和纽约现代艺术博物馆,以伸手可触的距离观摩了梵高笔底的色彩世界。那些燃烧般的树、颤栗着的房屋、骚乱的天空、即将发生裂变的大地……所有这些景象无不猛烈地冲击和震撼我的心灵,增强我解读梵高、进入他内心世界的热望。

值得一提的是,为寻找翻译所需的旁证资料,我常去光顾一家设在世贸大厦裙楼里的书店,在店堂的电脑中我输入梵高的英文名字,想不到竟能检索到五百余种有关梵高的英文书籍。除了各种版本的梵高画册和书信集外,更有大量对他的人生和绘画进行研究的论著。从这些众多的书目中可以洞窥到国际上对梵高的研究已经跨越了绘画和艺术史的范畴,进入到文学、宗教、心理学、病理学、伦理学、人文学、地缘学、社会学等各个领域,成为一门综合性的学问,几可和中国的"红学"媲美。因此,我认为,国内的梵高研究还有许多有待拓展的空间,这就是另一个鞭策我翻译此书的动力。

这本书的翻译初稿在 2001 年 9 月 8 日完成,这天我译完了有关梵高之死的最后章节,为他的猝然弃世痛惜和伤感不已,以致奥维尔旷野里那声清脆的枪声一直残留在我耳中,久久不肯离去。三天后,纽约发生了世贸大厦遭毁的恐怖袭击,其时我正在隔着灾难现场两条街的公司上班。透过窗子我亲眼目睹了两座巨塔倒塌时飞沙走石、天昏地暗的惨象,目睹了门外街上逃生者狂奔乱跑、痛苦哀号的惨状。整个曼哈顿南端几乎成了空城,而我和另一个同事必须在公司的楼宇里留守。在世贸大厦倾圮后的死寂中,我坐立不安,我不堪承受无数生命在顷刻之间就烟飞尘灭的现实。为了排解内心的惶恐,我拿出未经润色的最后一个章节的译稿,逼着自己沉下心来,借着停电后窗外射入的微弱光线,对它们进行推敲和修改,而周围挥之不去的恐怖气氛在不断加深我对梵高之死的印象。因此,对我而言,这部译稿的完成造就我记忆中一段抹不去的伤痛,它连接着两个截然不同的时空和场景:从一百余年前奥维尔金黄色的麦田到二十一世纪初纽约高耸入云的水泥丛林,从一个天才画家的饮弹自杀到数千平民遭受飞机炸弹的他杀。而两者所释放出的信息却是相同的:生命的无常,人心的难测! 故而,我以为,解析生命,校正人心,这恐怕是一个永恒的课题。

程应铸

矿工

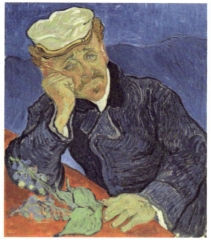

加歇医生

精疲力尽——在永恒之门

树根

路边截梢的柳树

白马

树

特兰凯塔那钢桥

夜色中的茅舍

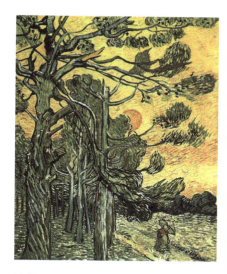

松林

补网

工厂

截梢的柳树风景

柳树、牧羊人和农妇

树林里的女孩

从画室窗口眺望到的风景

从画室窗口眺望到的雪景

鲁林太太和她的婴儿

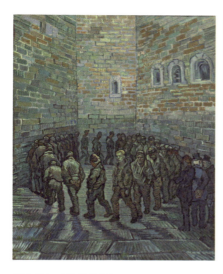

囚徒放风（临摹多雷）

三等候车室

小酒馆

织工

蒙马特

老情侣

楼梯

阿斯里尔斯公园

吊桥的草图

情侣

午间——田间小憩（临摹米勒）

诗人的花园

罗讷河的星空

牧师住宅的花园

公园篱边一角

吊桥

小路、丝柏和星空

纪念莫夫

两只吃食的鼠

一双鞋子

申克韦根的房屋和谷仓

卸货中的载沙驳船

黄房子

卧室

树、常春藤和石凳

死尸

巴塔伊的窗口

耳朵上绷带的自画像

收割者（临摹米勒）

文森特的椅子

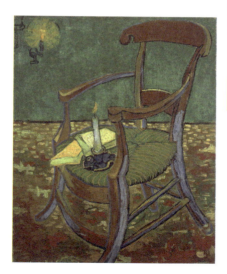

普罗旺斯的干草堆

高更的椅子

左眼蒙绷带的男子

独眼男子

乞讨的盲人

乐施好善者（临摹德拉克罗瓦）

炉边捧读书本的农民

两朵向日葵

夹竹桃

向日葵

伐木者

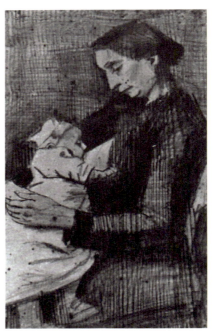

摇篮中的婴儿

圣保罗医院的花园

给婴儿喂奶的西恩

摇篮

老年男子和孩童

悲哀 　　　　　　　　　　　　　　　开花的梨树

播种者（1888 年 6 月）

播种者（临摹米勒）

播种者（1888 年 10 月）

哭泣的妇人

戴黑帽的女人

女人的头像——正面像

女人的头像——近于正面像

阿德琳·拉乌

躺着的裸女

阿尔勒的老妇人

玫瑰和甲虫

津德尔特第一个文森特的墓碑

《圣经》和《生命的欢乐》

鬼面蛾

负重者

烧杂草的农人

背负煤袋的矿工妻子

晚祷（临摹米勒）

冬天的牧师住宅花园

纽南的墓地和老塔

墓地

墓地草图

阿利斯康

掘地的农夫

掘沟者

修路者

掘地者（临摹米勒）

蒙马特采石场

横跨瓦兹河的风景

海滨的船只

从蒙马儒尔眺望拉克劳平原

食土豆者

收割

为《食土豆者》作的素描

圣母怀抱受难耶稣之忧伤图（临摹德拉克罗瓦）

橄榄树的风景

茅舍屋顶和上面的男子

自画像

夜间咖啡馆

帕蒂斯·伊斯卡林

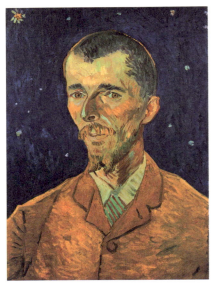

尤金·博赫

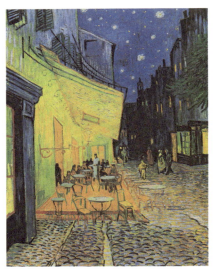

露天夜咖啡座

我们画家的圣诞招待会——来宾的光临（波
依尔-波顿画）

通往鲁斯道嫩的道路

多德雷赫特的风车

被圈的田地（油画）

圣马利的茅舍

被圈的田地（素描）

鸟巢

飞燕

麦田和收割者

北方的记忆——茅屋和丝柏

麦田和丝柏

星光灿烂

葡萄园和妇女

拉撒路的复活（临摹伦勃朗）

乡村小酒店

天使

拉撒路的复活（伦勃朗画）

基督在加利利海（德拉克罗瓦画）

长春花的枝蔓

海之舟

卡米尔·鲁林

夜晚（临摹米勒）

朱阿夫兵中尉米利埃

橄榄园

圣母马利亚、圣婴和两个圣徒（吉罗拉莫·戴·利布里画）

奥维尔市政大楼

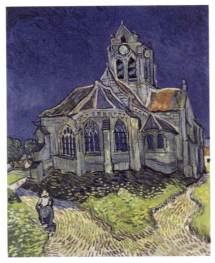

奥维尔教堂

曲腰的农妇

麦田上空的鸦群